Collection Témoignages
dirigée par Michka Seeliger-Chatelain et Tigrane Hadengue

ISBN 978-2-84594-510-4
Mama Éditions, 1 rue des Montibœufs, 75020 Paris (France)

VINGT ANS AUPRÈS DES NAVAJOS

Hózhó, mon chemin sur la voie de la beauté

De la même autrice

Chapitre : Créer et marcher dans la beauté
dans *Femmes chamanes*
Mama Éditions, 2020

AVERTISSEMENT DE L'ÉDITEUR

Les points de vue exprimés dans ce livre n'engagent que leurs auteurs.
Toute utilisation des informations contenues
dans ce livre relève de la responsabilité du lecteur.

Lorenza GARCIA

VINGT ANS AUPRÈS DES NAVAJOS

Hózhó, mon chemin sur la voie de la beauté

Préface de
Sylvie Crossman

Postface de
Jean-Pierre Barou

MAMA ÉDITIONS

PRÉFACE

Lorenza,
Femme Changeante

De tous les visages qui surgirent lors de l'exposition *Peintures de sable des Indiens navajos, La voie de la beauté,* dont nous fûmes, Jean-Pierre Barou et moi-même, les commissaires du 22 février au 31 mars 1996 au parc de La Villette à Paris, celui de Lorenza reste le plus vivant : beau visage buriné de Gitane ou d'Indienne, « femme mêlée » au sens où l'écrivait Montaigne en 1580 (usant, lui, du terme « homme mêlé », le monde ne s'étant pas encore féminisé...) dans un passage de ses célèbres *Essais* consacré à l'art de voyager : c'est-à-dire « honnête femme », capable de pérégriner sans considérer comme barbares des mœurs qui ne seraient pas les siennes. Tout le contraire, puisque Lorenza écrit au début de son livre : « C'est au cœur de leur monde que j'ai pu continuer à me rencontrer moi-même. » Ce monde, c'est celui des Indiens navajos, « le Diné » comme ils s'appellent eux-mêmes : « le Peuple ».

Son ascendance la prédisposait au voyage : un père andalou dans lequel forcément traînent le sang et le nomadisme gitans ; une mère-fille de « mondines », ces femmes au dos plié, dans l'eau jusqu'aux genoux pour repiquer le riz dans le sol du Piémont italien. Mais pourquoi là, en terre navajo ? Préparant dans l'atelier parisien de Robert Baudry le concours d'entrée à l'école des Beaux-Arts, Lorenza découvre le peintre américain Jackson Pollock dont la technique du *« dripping »* emprunte aux rituels des Amérindiens du Sud-Ouest américain, notamment les Navajos, au cœur desquels règne la peinture : pigments naturels coulant sur le sable entre le pouce et l'index de l'homme ou de la femme-médecine cherchant, au paroxysme des cérémonies, à remettre le ou la patient(e) en relation harmonieuse avec lui ou elle-même, mais aussi avec les autres et son environnement naturel. Car pour les Navajos, tout manquement à l'ordre et à la beauté qui sous-tendent ces relations induit le désordre, la maladie. Les peintures, mais aussi les chants et les danses qui l'accompagnent, sont comme une empreinte ou une projection de cette beauté qui agira sur celui qui en bénéficie.

Lorenza, à cette époque, est en désordre. L'art devient son « allié », sa « thérapie » ; le sable, qu'elle mixe avec la peinture à l'huile, « une force vitale, harmonieuse, qu'elle a perdue ». Pendant des heures, comme elle l'écrit, elle « laisse glisser ses pinceaux chargés de sable sur la toile de lin tendu » ; elle « dialogue avec le silence du sable ». Les Indiens navajos ne sont plus très loin... Quelques jours après sa première exposition – six grandes toiles sur lesquelles elle a jeté, comme Pollock, de la peinture à l'huile mélangée à du sable coloré –, ils arrivent à Paris pour la manifestation de la Villette où vont voisiner leurs peintures de sable fixes et éphémères. C'est leur plus précieux trésor, celui qui a assuré leur survie comme peuple ; qui les a maintenus, comme ils disent, sur la « voie de la beauté » : *hózhó* dans la langue navajo, un état d'équilibre, le contraire d'*ubris*, la démesure, l'injustice, la violence… disaient les Grecs.

Alors commence « la seconde vie » de Lorenza, sa vie « navajo ». Elle est encore en révolte, mais comme elle l'écrit, elle « ne veut pas que cette révolte l'amène à vivre avec des idées de revanche, de vengeance, de stratégies manipulatrices. Apprendre à vivre, ce n'est pas piller, exploiter, voler l'autre pour sa propre survie. C'est se relier à la sacralité qui est dans chaque instant de vie. » Elle « ose dire oui aux Dinés. » À eux, pour qui le désordre des humains vient d'une rupture avec cette sacralité qui est en nous et aussi dans le monde.

À la Villette, Lorenza rencontre deux hommes-médecine, Sam et Ben – elle leur offre une de ses peintures de sable, ils l'adoubent – et Lillie, leur accompagnatrice, la bénit au pollen. Elle répond à leur invitation d'aller les rencontrer sur leur territoire, dans leur désert d'Arizona, ce vaste *hogan* protégé par ses quatre montagnes sacrées, chacune représentant une couleur et un point cardinal et où Lorenza finira de reconquérir sa « forme intérieure ». Elle a retrouvé sa boussole, l'Est – plutôt que le Nord – l'aube, le commencement.

Elle s'est survécu à elle-même, elle peut maintenant travailler à la grande question du moment : la survie de la Terre. Avant de repartir de Paris, Lillie avait dit à Lorenza : « Tu dois penser au sable. » Le sable, toujours… À Pierre

Rabhi, l'homme du Sahel, pionnier de l'agroécologie, elle demande : « Selon toi, en quoi l'existence et la survivance du peuple du désert navajo est-elle importante pour l'humanité ? » Il lui répond : « Les peuples encore enracinés dans des traditions comme les leurs sont porteurs d'un patrimoine qui sera de plus en plus utile à l'humanité quand elle se sera finalement perdue dans sa grande illusion. » L'illusion du progrès matériel... Il ajoutait : « La manière la plus agissante de réaliser de nouveaux rêves, c'est d'abandonner ses illusions, Lorenza. » Elle va nourrir de nouveaux rêves, modeler une sculpture, *La Sirène porteuse du Nouveau Monde*, commanditée par le maire de La Rochelle avec un plus petit modèle remis au président de la nation navajo. Ils l'ont sauvée, elle les aidera alors que leur terre d'Arizona est de plus en plus sèche, leur santé altérée par la sédentarisation, par une alimentation trop grasse, trop sucrée, trop salée ; alors qu'ils ont été les plus touchés, après la population de New York, par la pandémie de la covid. Elle fonde une association : Navajo-France – dont Pierre Rabhi devient le parrain – pour favoriser les échanges entre les Dinés et le peuple français ; elle lance un projet, *Hózhó Farming* dont le but est d'associer, sur des fermes navajos, des préceptes de l'agriculture traditionnelle et des innovations pour s'adapter au changement climatique. Des paysans navajos sont attendus en France pour échanger avec des paysans français...

« Femme changeante » : si ce nom n'était pas déjà pris par la première de tous les Êtres Sacrés du panthéon navajo, on pourrait le donner à Lorenza Garcia. Car c'est bien le cheminement d'une conscience en transformation, du désordre vers la beauté, que nous donne à voir son histoire de vie ici racontée.

Sylvie Crossman
Éditrice, essayiste et romancière

Le vent souffle en Arizona
afin que le silence des canyons, des déserts arides,
et le bruit des boulevards et des rues de Paris, s'émancipent.
Sur le chemin de la beauté, je marche.

Le vent souffle à Paris
afin que les enfants, « gardiens du seuil »,
grandissent, entendent, ressentent, agissent en étant libres.
La beauté devant moi, je marche.

Le vent souffle l'appel à l'aventure
afin que les rivières des âges nucléaires
pleurent les larmes de ceux qui oublieraient la terre.
La beauté derrière moi, je marche.

Le vent souffle à l'ancêtre commun
celui qui, sans pleurer de rien, sans rire de tout,
sait parler du bonheur comme on parle à quelqu'un.
La beauté en dessous de moi, je marche.

Le vent souffle sur le sentier de l'épreuve
la rencontre du mythe, l'apothéose, le refus du retour,
la naissance pour un monde dans lequel rien ne meurt.
La beauté au-dessus de moi, je marche.

Il y a plus de vingt ans, mon regard s'est posé sur celui du soleil des Dinés, les Indiens navajos. C'est redevenu la beauté.

Je m'appelle Lorenza, et voici mon histoire...

TABLEAU I

Les jeunes années

MES ORIGINES

Es tan corto el amor y es tan largo el olvido.
L'amour est si court et l'oubli tellement long.

Pablo Neruda

Je ne connais pas tout de l'histoire de mes ancêtres. Le temps ne m'a pas encore permis d'effectuer des recherches quant à l'origine de la vie et des lieux où ont vécu les plus anciens de mes lignées. J'aime mes ancêtres. Je les aime et je les honore. Je les sens vivre. Je les sens être dans ma vie. Je suis le fruit de l'amour. Je pense que la chaîne humaine dont je fais partie est extraordinaire. Ma vitalité, mon enthousiasme, mon goût pour les choses belles, nobles, quelle que soit leur provenance sociale, je les dois aux miens et à leurs terres d'origine. Je suis issue d'une famille de l'Italie du Nord du côté de ma mère. Je suis espagnole d'Andalousie et française du Lot du côté de mon père.

Reliée à ma bonne étoile, j'ai grandi dans un bon foyer avec des gens sains, ouverts d'esprit, des gens d'esprit. J'ai été élevée dans un cocon où l'amour a régné. Même lorsque l'amour avait l'air de ne plus avoir l'air, l'amour a toujours été là. Les énergies visibles et invisibles de l'Espagne et de l'Italie sont dans mon sang. J'ai grandi dans cette ambiance familiale chaude et ronde, où les scènes de la vie quotidienne ressemblent à celles des comédies comiques et torrides de certains films en noir et blanc de cinéastes tels que Luis Buñuel et Federico Fellini.

De cette mêlée méditerranéenne familiale ont émergé des personnalités d'exception qui jouent encore un rôle de premier plan dans l'identité italienne et espagnole contemporaine. Le tempérament, le caractère, l'art de vivre, l'imprévisible, le déracinement, le sens de la famille et de l'honneur résonnent dans le vortex de mes entrailles. Je suis née latine, chrétienne et fille de familles d'immigrés. Je ne vais pas à l'église. Je ne fais pas ma communion, mais je suis baptisée par l'eau sacrée protectrice catholique. L'histoire de mes ancêtres les plus proches s'est enchevêtrée, durant les années douloureuses et tragiques de la Seconde Guerre mondiale. D'un côté, il y a l'Espagne du Caudillo Francisco Franco et son régime politique dictatorial ; de l'autre, en Italie, c'est la montée du Duce Benito Mussolini, fondateur du fascisme et allié du régime nazi d'Adolf Hitler par le Pacte d'acier de 1939. Ces deux périodes de l'histoire européenne ont mis fin à une vie devenue impossible pour les miens. Ils ont été chassés de leurs pays d'origine par la pauvreté et la politique. Ils ont ensuite trouvé refuge dans la proximité territoriale de leurs pays grâce à la généreuse position de « terre d'asile » qu'a représentée la France. Dans l'impossibilité de revenir en Espagne, mon grand-père s'engage dans l'armée française durant la guerre de 1939-1945... et meurt « pour la France », ainsi que le mentionne son acte de décès. À 5 ans, mon père devient pupille de la Nation.

Côté italien, l'histoire de ma famille témoigne du travail harassant des « mondines », ces femmes qui, chaque année, repiquaient le riz et arrachaient les mauvaises herbes dans les rizières au nord du Piémont, pieds nus, l'eau jusqu'aux genoux, le dos plié. Mon père m'a souvent répété : « Souviens-toi qu'en France, les Italiens et les Espagnols sont *invisibles* : ils sont accueillis comme des cousins un peu turbulents mais fréquentables. » Beaucoup de Français – plus particulièrement dans le monde des arts et dans celui de la gastronomie – reconnaissent avoir en eux un côté latin dans lequel ils se retrouvent : cette chaleur humaine, bruyante, excentrique et ce sens très fort de la collectivité.

Tout comme mes ancêtres, j'ai appris à vivre en m'adaptant du mieux que j'ai pu. Vivre en s'adaptant, c'est apprendre à ne manquer de rien, même avec pas grand-chose. Tout ce qui se gagne est acquis. Ce qui permet de survivre, c'est l'intelligence de se confronter aux aléas sans en être la victime. Même si je n'ai pas vécu leurs histoires, je garde en mémoire celle du passage possible d'un pauvre hère[1] durant le repas et de l'assiette vide que ma grand-mère maternelle posait sur la table pour lui.

Petite fille, je vivais avec elle. Un peu comme à l'ancienne. Ma grand-mère maternelle a connu la dureté de

1. Un être humain sans fortune ou sans considération.

la vie ouvrière, celle des rizières en Italie, le monde de l'entre-deux-guerres, l'immigration et la perte de son époux. Mère de cinq enfants, elle a su traverser les âges avec, pour compagnie, ses souvenirs affectueux pour son chapelet et l'Italie. Élevée par elle jusqu'à l'âge de 5 ans, je me souviens de son rire et de son fort accent lorsqu'elle m'appelait pour venir manger « *Lorenza! Vieni qui, ti ho fatto un po' di pasta al parmigiano*[2]. » Sa foi en Dieu se révélait dans le regard confiant et joyeux qu'elle posait sur le monde. Lorsque le mien venait à croiser le sien, une volée de confettis invisibles remplissait ma chair.

Ma grand-mère était la spécialiste de la polenta au lapin et aux champignons, et des pâtes fraîches. Le parmesan comme touche finale. Tout était préparé et fait maison selon les méthodes traditionnelles. Il y avait le temps pour la préparation de la pâte. Une fois faite, elle la laissait reposer quelques heures. Le torchon de lin blanc posé dessus. Ensuite, à l'aide du gros rouleau à pâtisserie en bois, elle étalait la pâte sur toute la longueur de la grande table de la cuisine. Mes yeux en voyaient à peine le haut. C'est sur la pointe des pieds que je suivais le déroulé de ses gestes, l'œil rivé sur la roulette à raviolis. Allers, retours. Plusieurs fois. Ma grand-mère dessinait de la dentelle sur la pâte étalée qu'elle saupoudrait de temps à autre de sa farine blanchâtre. Je ressentais le lien charnel entre elle et la pâte. Avec la farine, l'eau, le sel, c'était son pays qu'elle convoquait : ses odeurs, ses saveurs, ses couleurs et la magie de la fabrication des raviolis faits main. Toute cette « agitation » annonçait l'arrivée de grandes occasions. Le moment

2. « Viens ici, je t'ai fait des pâtes au parmesan. »

suprême où toute la famille se retrouverait le week-end autour de la table pour manger le plat traditionnel que ma grand-mère avait préparé. Une famille de douze personnes chaque week-end. Tout devait disparaître. Il fallait tout manger. Ne rien laisser dans les assiettes. Ne rien gâcher. Une assiette, deux assiettes.

À la troisième, il arrivait que l'on dise non. Elle répondait d'un regard attentionné et ferme : « *Non ti piace la mia pasta ?*[3]. » On ne pouvait pas dire non à la *mama* qui avait toujours réussi à nourrir son monde, même dans les pires épreuves. Sa maison était grande, ce qui permettait à la famille de dormir sur les lieux. Le samedi soir, il y avait une soupe légère de légumes et son os à moelle. Je voulais étirer le temps.

Le dimanche soir arriverait. Chacun repartirait avec, dans un sac, de quoi se nourrir une partie de la semaine. Le dimanche soir, tout le monde repartait. Moi, je restais.

Je restais et croyais que j'allais dire au revoir à mes parents puisque tout le monde se disait au revoir. Mais je ne disais pas au revoir à mes parents. Ma grand-mère m'amenait avec elle au fond de la maison, dans le cabanon, où un garde-manger était rempli de nourriture et de chocolat. Et lorsque je revenais devant la porte de l'entrée de la maison, mes parents étaient déjà partis. C'est comme ça que je suis restée tous les dimanches. Ça a duré cinq ans. C'est long, cinq ans. Ça sculpte l'âme de n'avoir pas entendu mes parents me dire au revoir. Ma maman, mon papa. Toutes ces choses de gosses, ces habitudes, qui feront la vie d'après.

---

3. « Tu ne les aimes pas mes pâtes ? »

Un jour, j'ai essayé. Je me rappelle avoir couru du cabanon jusqu'à la grille de l'entrée du jardin pour échapper à ma grand-mère. Ces deux extrémités délimitant son territoire. Entre les deux, il y avait la longue allée étroite en ciment. À gauche, un grillage séparait sa maison de celle des voisins. À droite, il y avait le potager de ma grand-mère et le sapin planté le jour de ma naissance. Mon cœur de petite fille était plein. Plein à craquer. Empli de détresse et de joie confondues, probablement. Je me vois courir jusqu'à la grille et l'atteindre violemment. Mettre mes deux mains sur les barreaux. Mon père au loin claque la portière de sa voiture. Je ne vois pas ma mère. Je veux crier. Je n'en peux plus. Je veux qu'ils sachent. Et puis rien. Aucun son, ou cri, ou mot ne sort de ma bouche. Plus de plein, de crainte, de détresse. Plus de pleurs. Je regarde autour de moi. Est-ce de la joie ? Si oui, laquelle ? Tout me paraît dense, épais, réuni comme jamais. J'entends. C'est le vent que j'entends. Il est tout près. Je sens son souffle frôler mes oreilles, pénétrer dans mon crâne. Vient le son des ailes d'insectes. Tout est comme harmonieux. Harmonieusement bon malgré l'échec. Je regarde mes pieds, mes mains. Je me sens en sécurité. Dans une bulle, une étole transparente. C'est sûr, elle me protège. Je n'entends plus le dedans de moi-même. Les bruits de la nature m'entourent. Tout ça, c'est que pour moi et moi seule, j'en suis certaine. Je reçois un cadeau spécial de ma « tour de contrôle ». Je me souviens. À l'autre bout de l'allée, je vois ma grand-mère arriver à ce moment-là. Avec ce même sourire qui ne la quitte jamais. Ses gestes me font penser qu'elle m'appelle. Je ne l'entends pas. C'est drôle, je n'entends pas sa voix. Quelque chose d'étrange me traverse. Tout est comme à sa place. Je sais que je n'ai mal nulle part. Parfois j'ai mal. Là, non. Je n'ai pas envie de pleurer. Parfois je pleure. Là, non. Le vent du jour qui s'éteint m'insuffle comme une histoire. Son histoire. J'écoute. C'est un chant. Le chant du jardin de ma grand-mère. Mais c'est mon chant aussi. Celui de mon histoire, petite fille forte et fragile. C'est le chant d'une solitude accompagnée. J'ai longtemps gardé le chant du vent dans ma tête. Il chante encore en moi. J'ai 5 ans. 5 ans.

Ce soir-là, nous sommes rentrées, ma grand-mère et moi, comme à notre habitude, dans la grande maison devenue vide. La cuisine nous attendait. J'ai sorti mon piano de ma boîte à jouets. Mon piano, c'est mon ami. Il a un clavier à une octave et une structure en bois pas plus haute qu'un caniche nain. Jouer du piano durant ces moments-là me permettait d'aller chercher le sourire de ma grand-mère lorsque tout le monde était parti. Je jouais. Elle avait la patience de m'écouter. J'aimais lui rendre l'amour qu'elle me portait en jouant pour elle. Quand je lui parlais, elle riait. Je ne sais pas si elle me comprenait. Alors je jouais. Je chantais. Rien que pour elle. Elle riait. Je crois que j'ai aimé chanter parce qu'elle chantait souvent. Elle chantait même pour les pâtes, ma grand-mère !

À 6 ans, sans plus d'explication, je suis allée vivre avec mes parents. Joie. Joie immense, intense, toujours accompagnée de la musique. Mes parents et moi allions voir ma grand-mère le week-end. J'allais dans le jardin, près de mon arbre. Le ventre plein. Et puis elle venait me chercher *« Vieni la mia bambina. Vieni a lavorare con me a Briscola*[4]. »

4. « Allez ma petite. Viens jouer à la Briscola avec moi. » La Briscola est un jeu de cartes traditionnel italien.

Mes parents aussi ont toujours aimé écouter de la musique et chanter. Le chanteur Johnny Cash, pour mon père, *Ring of Fire* ; Serge Reggiani, pour ma mère, *Les Loups sont entrés dans Paris*.

Au fil du temps, mon piano a grandi avec moi. J'ai gardé ce compagnon de route jusqu'à mon adolescence. Il m'a permis d'exprimer mes sentiments à travers la musique que j'apprenais, ou inventais. Entre rock et musique classique.

Mon piano s'est peu à peu désaccordé. Quand il a été impossible d'en jouer, mon père m'a dit : « On en fera un bar. Un piano-bar. » On a gardé le piano désaccordé pour m'inspirer des airs nouveaux. Avec ses fausses notes, j'ai appris à jouer le *cake-walk*. Un rythme qui a inspiré celui du *ragtime* qui accompagnait les danses nées dans les plantations de Floride dans les années 1850[5].

Je me suis ensuite acheté une guitare classique, que l'on appelle aussi guitare espagnole. Elle a pris place dans la famille, comme une personne : sa forme, ses sons ont nettement modifié l'ambiance de la maison. J'ai commencé à prendre goût à la guitare en apprenant, à l'oreille, l'éternel *Jeux interdits*, cette fameuse romance anonyme du film de René Clément. J'ai aussi appris certains titres de Françoise Hardy, que ma mère adorait. La nostalgie de ces musiques, c'était sa joie ! J'ai inlassablement pratiqué la guitare, passant de la guitare classique à la folk, puis à l'électrique. La guitare a profondément nourri ma vie musicale nomade.

5. Les esclaves afro-américains s'amusaient à parodier la démarche hautaine de leurs maîtres blancs. Durant ces réjouissances, des prix étaient attribués aux meilleurs danseurs, comme un gros gâteau de farine de maïs enveloppé dans une feuille de chou.

Au fur et à mesure de mes nouvelles découvertes musicales, je rencontre des musiciens dans mon quartier. J'ai à peine 15 ans. Eux, 30. Un groupe se forme. Le style varie entre la pop et le rock. Je suis la seule à me ranger du côté des hippies, influencée par « Il est interdit d'interdire », un refus de la société de consommation, un rejet profond des guerres, en quête de valeurs. La musique, c'est la clé de ma liberté. Allez jusqu'au bac ? Peut-être. Pas certaine de vouloir rester assise sept heures par jour, tous les jours pour étudier. Pour mon père, « Il n'y a pas mieux que les voyages, et l'école de la vie ». Selon lui, les études brident le sensible, affectent la mémoire, le raisonnement et la façon dont nous pensons. J'ai vite senti que ma vie se dessinerait avec les décisions que je devrais prendre. Besoin de m'émanciper. Comment ? Pour aller où ?

Avec les musiciens du quartier, nous partons jouer de temps à autre en province ou en banlieue parisienne. Mes parents me disent : « Fais attention à toi. » Mais jouer à plusieurs dans un groupe, c'est grisant ! Les voix, les sons, les instruments, entre pause, demi-pause, soupir, demi-soupir, doivent tous s'entendre. Quelle chance ! J'ai une bonne oreille. Le sens du rythme. J'assure ma place à la guitare rythmique et en tant que choriste. Ma robe indienne à fleurs, longue jusqu'aux orteils et la fraîcheur de me sentir démarrer dans le bon tempo de la vie... J'en rêve encore !

ÉCOUTER VOIR

Pourquoi est-ce que je comprends mieux
le musicien que le peintre ?

Pourquoi vois-je mieux en lui
le principe vivant d'abstraction?

Vincent Van Gogh

Depuis l'aube de l'humanité, la musique et la peinture ont été liées. Pour certains artistes, la peinture et la musique coopèrent avec la nature. La peinture en tant qu'art de l'espace et la musique en tant qu'art du temps. J'ai très tôt senti les deux vibrer en moi, telles deux facettes inséparables de mon être profond.

Lettres, mots, sons, couleurs, représentent visuellement et musicalement des concepts. Perçus simplement, ils ont un sens en soi. Mettez-les en mouvement, faites-les converger vers un but identique, ils peuvent en éveiller une multitude d'autres. L'art m'a permis de modeler mon besoin intense et charnel d'expérimenter la vie. Durant toute ma jeunesse, l'amour pour la musique, tout comme la peinture, a été source d'apprentissages, d'équilibre et de déséquilibre intérieurs. De soif de verticalité entre la découverte de théories contemporaines et l'art des peuples premiers, qui se reliaient au vivant. Je me suis perdue, souvent. Mais j'ai vécu ces moments comme un grand privilège. Une possibilité de m'étendre de l'intérieur. Je me suis cachée. Non pas par peur que l'on me voie fragile mais par goût de vivre autrement. L'art aide à ne pas vivre avec le regard d'autrui posé sur soi. Il permet de laisser libre cours à l'imagination. De rester centré. Puis de se lancer pour aller voir comment serait la vie si l'on devait la montrer autrement. La nature a déjà tout écrit. Il n'y a rien à inventer, juste à cocréer. Chaque expérience est une invitation à faire connaissance avec les racines salvatrices de notre indicible voie intérieure. L'art est comme le vent. L'art ouvre les frontières aux êtres humains et les rend parfois heureux. Vivre heureux, c'est vivre sans se préoccuper de savoir si on l'est ou pas !

DES RACINES ET DES AILES

Un critique a écrit que mes tableaux n'avaient ni commencement ni fin. Il ne l'entendait pas comme un compliment, or c'en était un. C'était même un beau compliment. Seulement il ne le savait pas.

Jackson Pollock

Influencée par la place de l'art dans ma vie, j'entre en 1977 à l'atelier parisien de Robert Baudry pour préparer les concours d'entrée aux grandes écoles d'art. Durant mon année de préparation au concours des Beaux-Arts, je suis infiniment bousculée et influencée par le peintre américain Jackson Pollock. Je le découvre. Je l'étudie. Un artiste novateur qui a exercé une influence déterminante sur le cours de l'art contemporain. Ses thématiques sacrifice-mort/fusion, homme-animal/fusion, homme-femme/germination-naissance abordent des thèmes universels dont la quête picturale est investie par le chamanisme. Attiré par tout ce qui relève de l'inconscient, à l'instar des surréalistes, son « émotion spirituelle » est restée sensible, entre art et rituels, à toutes ces préoccupations symboliques.

Je remarque que ce « peintre rituel » de l'art abstrait donnait accès à l'invisible grâce au recours à l'abstraction et à un processus créatif nourri par un monde peuplé de références chamaniques[6]. Bien qu'admise à l'atelier Baudry, il m'arrivait de rencontrer quelques difficultés en dessin comme en peinture pour les représentations picturales issues de natures mortes, des représentations artistiques d'objets inanimés. Intuitivement, l'art abstrait m'inspirait. Et ce fut l'une de mes peintures abstraites, appelée *Liberté* et réalisée durant plusieurs cours à l'atelier Baudry, qui fut retenue par le jury des Beaux-Arts lors de ma présentation de travaux personnels. Cette première sélection m'a amenée à participer, durant ce même concours, à une nouvelle épreuve de culture et d'analyse où chaque candidat devait prouver sa capacité d'interprétation, de créativité et de connaissance. J'ignore aujourd'hui encore si mes deux toiles appréciées par le jury ont été réalisées de manière consciente ou pas. Ce dont je me souviens, c'est que j'avais appliqué pour elles deux la technique du « dripping » utilisée par Jackson Pollock. Elle consistait à projeter, au moyen d'un bâton trempé dans la couleur, de la peinture sur les toiles posées à même le sol. Je créais, de manière contrôlée, des lignes mélangées entre elles. Ces gestes répétés me mettaient dans une sorte de transe. Tout en

6. Il se trouve que Jackson Pollock, né dans l'Ouest américain et ayant vécu dans l'Arizona, s'est identifié aux Indiens des territoires avoisinants. Dès l'âge de 11 ans, il rencontre des groupes d'Amérindiens qui lui parlent de rituels. Même s'il n'a aucune idée de leur art, l'espace et le caractère indompté et sauvage de ces peuples seront à la base de ses premières œuvres. Une rencontre décisive pour son évolution artistique aura lieu lors de l'exposition, « Indian Art of the United States », en 1941 au MoMa, Museum of Modern Art, de Manhattan. Durant l'exposition, des démonstrations de peintures de sable sont réalisées par des artistes navajos. L'évolution expressive des œuvres de Pollock tiendra compte de cette démonstration.

restant reliée aux thématiques imposées, ma perception artistique était de peindre mon ressenti pour les mots « liberté » et « fertilité ». Je me souviens y avoir mis toute ma psyché, toute mon énergie vitale. Liberté et fertilité avaient animé mon corps de sorte que, malgré le trac, je ne me suis pas sentie en difficulté pour les « défendre » lors de mon passage à l'oral. Peindre ainsi, et à travers les expériences traduites par Pollock, m'était apparu comme un moment d'existence irréfléchi, pulsionnel, inspiré par le mouvement du geste dans l'instant. Selon cette conception, l'action de réaliser la peinture, et non l'objet peinture, était devenue essentielle. J'ai mis toutes les chances de mon côté sans me demander si je pouvais entrer aux Beaux-Arts. J'ai eu mon concours d'entrée. Il faut dire que l'atelier Baudry était une bonne école préparatoire.

PREMIER AMOUR

À cette même époque, je rencontre le père de mon fils. Jipi. Nous emménageons dans l'atelier d'artiste où son père, László Szabó[7], a continué son métier de sculpteur. Nous avons la visite régulière de Lilly, la mère de Jipi. Lilly est une peintre américaine résidant à Paris et l'une des personnes qui soutient mon travail artistique. Niko, mon fils, est ainsi né au milieu des peintures, des sculptures et d'un monde dévoué à l'art. J'ai 20 ans.

---

7. Né en 1917 et d'origine hongroise, László a étudié dans les universités de Debrecen, Genève, Lausanne et Paris.

Quelques jours après la naissance de notre fils, Jipi m'offre un grand poster représentant une mère amérindienne portant son bébé dans le dos. Il n'y a pas d'indication quant à l'origine de ce portrait, mais on peut reconnaître le travail du grand photographe ethnologue américain Edward Sheriff Curtis[8].

Le hasard de la vie a fait que, une cinquantaine d'années plus tard, j'ai retrouvé cette photo sous la forme d'une carte postale lors de mes premiers voyages en terre navajo. Il était écrit au dos de la carte : *American native mother of the Navajo tribe with a child on her back* (photo by Edward S. Curtis). J'avais 38 ans. Je ne vivais plus avec le père de mon fils. J'avais So, ma petite fille d'un autre papa. Je me souviens avoir laissé s'échapper un long soupir, comme pour remercier le ciel. Ma rencontre avec les communautés amérindiennes était-elle déjà tracée ? Impossible de le dire malgré ce clin d'œil. La vie m'avait grandement façonnée. J'étais une « femme debout » !

Je me souviens de quelques paroles de la chanson *Wing* de Patti Smith.

I was a wing in heaven blue
soared over the ocean
soared over Spain
and I was free

---

8. Reconnu comme l'un des principaux anthropologues sociaux des Amérindiens d'Amérique du Nord et de l'Ouest américain, Curtis a constitué un monumental inventaire photographique. Une partie de son œuvre, publiée sous le titre *The North American Indians*, comprenait plus de 2 500 photographies et 4 000 pages de textes. C'est à travers son objectif que Curtis restituait les visages, les attitudes, les rites, les scènes de la vie quotidienne et l'intimité de quelque 80 tribus.

needed nobody
it was beautiful
it was beautiful.[9]

9. « J'étais une aile dans le ciel bleu, je m'élevais au-dessus de l'océan, au-dessus de l'Espagne et j'étais libre, n'avais besoin de personne, c'était beau, c'était beau. »

TABLEAU II

La rencontre qui a fait basculer ma vie

LE CHAGRIN D'AMOUR

J'ai trouvé Dieu dans les flaques d'eau, dans le parfum du chèvrefeuille, dans la pureté de certains livres et même chez des athées. Je ne l'ai presque jamais trouvé chez ceux dont le métier est d'en parler.

Christian Bobin, *Ressusciter*

Le chagrin d'amour, c'est la perte de notre intimité profonde. C'est aussi la fin de beaucoup d'illusions. Le chagrin d'amour rend lucide sur ce que l'on croyait jusqu'alors réel. Si le chagrin d'amour nous fait traverser le tunnel froid et obscur de l'abandon, il devient l'enseignant dès lors que l'écoute, l'acceptation, l'incubation, la transformation sont envisagées comme des « guérisseuses de l'âme » venant révéler ce qu'il y a de plus sacré en nous : le souffle de vie. Le chagrin d'amour, c'est l'ouverture à ce qui a été, à ce nous avons perdu et à ce que nous avons à retrouver en nous-même. C'est un espace sauvage, primitif, un espace de vie rempli d'amour à partager.

Vient ensuite dans ma vie mon nouveau grand amour et père de So, ma fille. Éric, passionné de musique, avait une collection incroyable de disques vinyles. Plus de deux mille albums habillaient un mur entier de notre appartement parisien. Sensible au son, Éric était capable de reconnaître à tout moment le jeu instrumental d'un musicien. De donner la date de sortie d'un album. La date de création d'un groupe. Nous allions régulièrement écouter des concerts, et sa passion, qui est devenue la mienne, était de nous rendre chaque samedi à Parallèles et Gilda, deux librairies plongées dans l'underground et la contre-culture française, relayant, à travers les fanzines, les BD, la musique et les livres, avec une pensée et une esthétique autre que le courant dominant.

So est née avec la musique. Niko n'a plus été un enfant unique. Tout était merveilleux. Je me sentais revivre. Cependant et cette fois-ci encore, l'amour n'a duré qu'un temps. Éric et moi travaillions dans le domaine de l'audiovisuel. Un domaine où l'on ne compte pas ses heures de travail. J'étais devenue une mère de deux enfants. Je devais assurer, parallèlement à mon travail, un quotidien stable. Lui voulait que je devienne peintre. Moi, je voulais assurer mon indépendance financière.

LETTRE AU CHAGRIN D'AMOUR

Début de soirée, le téléphone sonne: «Je rentrerai tard... des réunions de travail qui n'en finissent pas... Ne m'attends pas... bonne soirée...»

Je raccroche le combiné de téléphone. Mes deux enfants dorment à poing fermé. Moi, je n'ai plus de mots. Femme en activité, femme aimante, femme et mère de deux enfants magnifiques, je cherche un mode d'emploi. Comment gérer tout cela à la fois ? À vrai dire, je n'en sais rien. L'amour est là. Mais la flamme s'étiole peu à peu, dans un quotidien auquel je ne suis pas préparée. Maintenant, je dois vivre avec.

Des petites années se sont écoulées. La vie avec mon deuxième homme a changé. Les horaires, les attentions, les réflexions, les habitudes. Je dis oui, là où parfois je pense non. Je n'aime pas les conflits. Un défaut peut-être. Cependant, c'est noué dans ma poitrine. Je suis perplexe. Je doute. De quoi? Je ne sais pas. Éric est pris par son travail de directeur de production. Trop peut-être. Je suis une «nouvelle maman» avec tout ce que cela veut dire quand on doit aller bosser. Courir... Mais bon. Des petites années de petites tentatives. «Tu vas bien? Notre vie a changé, tu ne trouves pas ?» Crénom de non... Mes pensées deviennent pesantes. Les mois continuent à passer. Nous ne voulons pas nous faire du mal. Nous voulons assouvir chacun de notre côté nos naturels besoins d'autonomie et d'indépendance.

Nous nous sommes séparés dignement. Il y avait les enfants. Le mur de disques est lui aussi parti. Il nous arrivait de nous retrouver à Parallèles. Lorsque je me sentais nostalgique, j'écoutais *Les Mots bleus* du chanteur Christophe. C'était déroutant pour moi de nous être laissés partir l'un l'autre, même en bons termes. Je ressentais une perte profonde que je ne voulais pas voir. Je devais prendre de la distance avec ce sentiment, « tomber amoureuse », avec les projections et les illusions qui s'ensuivent. J'ai de nouveau sauté dans le vide.

J'écris cette vie, des années plus tard. Cet amour est parti, mais m'a laissé le meilleur : ma fille ! Le sentiment de perte a disparu. Les lianes des liens entre les pères de mes deux enfants flottent librement dans l'air de ma poitrine. Il n'y a plus de nœuds. L'amour ? Je l'ai retrouvé mille fois. Je me suis même mariée !

DU PIRE VERS LE MEILLEUR ?

Deux ans plus tard. Qui a dit « jamais deux sans trois » ? Pour mon troisième amour, j'ai voulu bien faire les choses, j'ai décidé de me marier.

Le jour du mariage, mon père m'amène à l'église. Ma robe de mariée, une robe de flamenco rouge à pois blancs. J'ai mon châle d'Andalousie sur les épaules. La totale ! Je pose mon cœur sur ceux de mes proches. Niko et So. Mon père avance à mes côtés, d'un pas assuré. Rassuré, peut-être, et fier comme un Andalou menant sa fille à l'autel. Après deux enfants. De deux pères différents. L'émancipation des femmes, c'est mieux dans les romans, parfois ! Ma mère, toujours jolie, ses beaux yeux clairs cachés derrière sa voilette, inspecte les lieux. La chapelle est propre. Nettoyée avec les voisines qui ont donné le coup de main la veille. Ma fille porte une robe blanche avec une ceinture de velours rouge vif. Sa seule envie, courir dans mes bras. « C'est bientôt fini, maman ? » Mon fils, habillé en costume trois-pièces bleu marine. Son nœud pap rouge, « la classe ». Oups, une larme à l'œil pas loin. Mon futur mari. Ta famille proche te regarde. Ton fils aussi. En rouge et bleu. Tu me rejoins. Adieu *padre* ! Mon héros *number one*. Cette fois-ci, c'est la bonne. Une nouvelle histoire commence. Qu'est-ce que j'ai ri quand le prêtre a prononcé les mots « pour le pire ». Du « déjà voo » comme le disent les Américains. Mes espoirs, mes souhaits mes idées, mes emmerdes. « Si je peux me permettre... du pire vers le meilleur s'il vous plaît, monsieur le curé. » Mon fils Niko tire sur la corde accrochée à la cloche unique de la petite église. « Non, attends, la cérémonie n'est pas terminée. » La cloche sonne. Sa chemise blanche sort de son pantalon. Ses pieds décollent du sol. So pleure son frère qui vole. On s'en moque. Le protocole, c'est une affaire de mode. Faites danser les anges ! La petite chapelle n'avait pas ouvert ses portes depuis des lustres. Ça s'est passé dans le Perche. Plus tard, on danse et on boit du champagne. Un verre de plus. Et hop ! Un verre de trop ! J'entends encore tes paroles, *padre*, claquer dans mes oreilles : « Je lui fais la guerre à celui-là si tu souffres avec lui... » « Papa. Arrête. » Tu quittes la salle. Le cœur bien rempli d'émotions. Marier sa fille espagnole dans le Perche ! Tu t'endors dans la caravane garée à deux pas de la salle des fêtes du village. Ma mère range les verres vides. « Bon alors, c'est fini ? » dit-elle. Quel souvenir ! Un des meilleurs de cette période de ma vie. Le pire, c'est quand le pire est là et qu'on n'est toujours pas armé pour le vivre !

Dans chaque église, il y a toujours
quelque chose qui cloche.

Jacques Prévert

Un jour où je me rends à vélo au laboratoire LTC[10], une des bobines image 35 mm d'un film, *The Blood of Heroes*, glisse de mon sac et roule tout près du caniveau. Paniquée, je descends de mon vélo. Pour quelqu'un qui comme moi voit des signes partout, celui-là, c'est le pompon ! Le film n'est pas endommagé. Mais une chute dans ma vie s'annonce. Mois après mois, tsunamis émotionnels, révélations, malentendus, confrontations, justice... La loi des mauvaises séries. Celle où la confiture passe par les trous de la tartine avant de tomber. Presque deux ans de mariage dont une cohabitation éprouvante de six mois m'attendent avant le divorce.

Dans le salon, les enfants jouent. Les amis passent prendre un verre. Discutent. « Ça va ? Vous vous en sortez ? » Nous à eux : « Oui, hein ? Tout va bien chérie ? » « Oui. Tout va bien chéri ! » On ne leur dit rien en fait. Rien – comme le fait de se lever pour faire lit à part au moins dix fois dans la nuit.

Aller dire le premier bonjour à la boulangère. Acheter ses croissants. Faire le café. Réveiller l'autre malgré les nuits blanches. Je vivais ce scénario dans lequel je voulais fuir et rester en même temps pour « sauver les meubles ». Six mois de cohabitation dans une vie de couple. Après deux ans de lune de miel en orbite sur Vénus sans atterrissage. Ça me rendait dingue ! On avait dit qu'on ferait autrement.

10. Laboratoire historique de la postproduction cinématographique, créé en 1935.

Vivre nos carrières mutuelles. Les accompagner pour danser avec la vie. « Y a du bon dans la routine. » La routine, celle de la mélancolie, des silences, des non-dits, était douloureuse. Je fume. Plus qu'avant. Je fouille dans les poches de mon homme aussi ! Avec de la culpabilité et de la peur dans chaque doigt. Savoir. En finir. « Je m'en fiche. On vendra tout ! » J'avais tout : une maison à la campagne, un appartement à Paris, un 4x4 pour dormir sur les routes. Un jour, tu m'as écrit : « Ne t'inquiète pas. » D'accord, me suis-je dit. Le temps n'a rien fait à l'affaire.

Sont venus les moments où je ne te reconnaissais plus. Des antennes invisibles se dressent au-dessus de ma tête, cherchant comme un radar à détecter les électrons nocifs qui viendraient envahir mon « chez-moi ». Plus les mois passent, plus les réveils du matin sonnent l'alarme. Tu rentres tard le soir. Puis, parfois, tôt le matin, avec un air froissé. C'est quoi cet amour ? Une illusion bourgeoise pour pérenniser le contrat de mariage ? Pas question ! Au risque de briser mes rêves d'innocence, voire de candeur, je n'aime pas la manière avec laquelle tu me traites. Tes mouvements d'humeur, tes états d'âme me plongent peu à peu dans un état de stress constant. Je me sens tel un poisson rouge dans un bocal. Je tourne en rond. Ou alors je flotte dans le vide. Je perds mes repères.

Cela m'a pris des mois à admettre que « ne m'attends pas ce soir », signifiait « j'en aime une autre ». L'avenue des miracles possibles était devenue l'impasse sombre des non-dits. Que faire de tout ça ? Ventre, entrailles, poitrine, tête, mes pensées, nouées de toutes parts, s'étaient laissé prendre par ce que les gens mariés vivent parfois dans leur vie. L'amour adultère ! Deux ans après avoir prononcé le « oui » solennel, le poisson avait mordu à l'hameçon du péché originel. J'avais chaud. Je prenais des douches froides. J'avais froid, je prenais des douches chaudes. Je pleurais à n'en plus finir. Des flots de chagrin. La vallée des larmes, m'avait dit un psy ! Moi, à mon psy : « Ne pas savoir, c'est ce qu'il y a de plus insupportable pour moi. Quant au reste, je m'en fous ! »

« C'est bon, Lorenza. Tu ne vas pas pleurer éternellement. *Next step !* » me disais-je en moi-même. Néanmoins, j'étais prise de spasmes, longs, saccadés. J'étais à vif. Incapable de verbaliser ce que je ressentais. Je suffoquais. Des crises d'asthme à répétition. La cortisone du bronchodilatateur me permettait d'avoir des heures tranquilles, mais courtes. La fatigue, la perte d'appétit, le manque de sommeil. Tout un tas de facteurs et de questions déferlaient comme une avalanche dans ma vie. Elles me glaçaient le dos. Qu'allais-je devenir ?

Le mal nuit davantage que le bien ne profite.

Michel-Ange

Janvier 1996

Chacun son tour, on monte la garde. Celle des meubles, des enfants, des regards en coin de l'œil. On fait comment ? On ne sait pas. On fait. Autrement. Et puis un jour, on fera ailleurs. Je ne sais rien. On se voit de moins en moins. L'appartement, devenu un lieu de transition, nous permet d'aller et venir. Le plus tranquillement possible, pour les enfants. Ma petite fille met mes chaussures. Mon fils joue au grand avec ses copains. Porte fermée. Porte ouverte. On joue, on gagne. Parfois on perd. La vie quoi ! Moi, je veux gagner. T'embrasser. Monter la garde pour que l'on s'aime encore. Mais, pour toi, ce n'est plus le moment. Seule dans l'appartement, je range. Les affaires, les vêtements, les souvenirs. Je range, selon je ne sais quelle logique, tout ce qui me passe par les mains et me traverse l'esprit. Dans des cases, des tiroirs, des caisses. J'avais vu loin et pour longtemps avec notre histoire. Ma vie ralentit. Je sens qu'elle râle comme une louve en danger. Je ne suis pourtant pas fleur bleue. J'existais avant lui !

Il est certain que ma vie m'appelait à dépasser mes châteaux ambulants. J'avais envisagé ce mariage d'amour comme un engagement délibéré vers la continuité de mon émancipation. Je voulais devenir une femme artiste, épouse, mère de deux beaux enfants, consciente de soi, à l'aise dans la société où elle vivait. Je voulais déjà être cette force sauvage indomptable, capable d'aiguiser le regard vers des horizons lointains. Mais la rage, la colère ont repris le flambeau et brûlé mes dernières images d'Épinal, à ce stade de l'histoire où je savais que l'homme que j'aimais avait rencontré une autre femme, depuis un moment, sans m'en avertir. J'ai compris beaucoup plus tard que la curiosité, l'intuition, l'instinct tout comme la transgression, sont des qualités qui font grandir. La perversion de la situation, créée par le pouvoir en place de cet homme, leur donnait, certes, l'apparence d'un défaut, voire d'une trahison ; un ressenti tenace de culpabilité. J'ai pris conscience et réalisé enfin à qui j'avais affaire. Ce qui n'évite pas la peur – celle de sentir qu'il est déjà trop tard.

Pour revenir à des choses terre à terre, j'allais courir au parc des Buttes-Chaumont, non loin de chez moi. C'est sous le séquoia de Californie géant que j'arrivais à me réconforter. Je m'asseyais à son pied et posais mes mains sur son bois. L'écorce de cet arbre est très épaisse. Dépourvue de résine, elle le protège du feu de manière naturelle. Je me collais à lui, cherchant à apaiser la mécanique de mon cœur. À reprendre mon souffle. Sa présence enracinée me rassurait. Sa cime, l'une des plus hautes des arbres de la capitale, m'invitait à regarder la vie la tête haute.

LA PEINTURE À L'HUILE, C'EST BIEN DIFFICILE...

J'ai voulu montrer que nous sommes unis
à chaque détail, chaque chose, chaque arbre,
chaque animal, chaque montagne de la nature (...).
Il y a une part de vérité, nous savons très bien que
nous créons la réalité. Mais si on comprenait que toute
cette réalité n'a pas besoin des hommes pour exister,
on serait sans doute un peu plus humble et un peu plus
respectueux aussi, non seulement de la nature,
mais également des hommes qui nous côtoient.

Antoni Tàpies

Paris, place de l'Opéra. Un vent glacé traverse mon manteau. J'ai froid. Tout est beau autour de moi mais, quel dommage, il n'y a pas un arbre. Cet espace unique qui croise l'avenue de l'Opéra mériterait un peu de verdure. L'architecte Georges Haussmann ne voulait rien qui puisse entraver la vue jusqu'au Palais des Tuileries afin que toute la perspective des environs soit dégagée. Les arbres parisiens sont à mes yeux des êtres sociaux remarquables et discrets. Symboles de longévité, ils mériteraient les honneurs de l'une des places parisiennes les plus connues au monde.

Je m'engouffre dans les couloirs du métro. Une affiche collée au mur me saute littéralement aux yeux. Elle représente un Indien des Amériques assis à même le sol, penché sur un dessin de sables colorés, qu'il semble tracer de ses doigts. Sur cette affiche, il est écrit: « Peintures de sable des Indiens Navajos à la Villette (La voie de la beauté) du 22 février au 31 mars 1996. » Cette affiche va rester gravée en moi...

Le soir, 22 h 30, chez moi. Aujourd'hui, j'ai coupé mes cheveux. Je ne cherche pas à plaire. Je suis comme je suis. Devant la fenêtre ouverte de ma cuisine, que j'ai transformée en atelier de peintre, je fume une cigarette. Je ne devrais pas. Mon asthme prend de plus en plus de place dans ma poitrine. Je cherche l'étoile du Nord, tant bien que mal. En vain. Il m'est difficile de repérer la constellation de la Grande Ourse, parce qu'il y a trop de nuages en ce temps d'hiver. La nuit froide semble pourtant m'envelopper dans ses bras. Je flotte dans ses airs, cherchant à poser ma tête contre son ciel. Je referme la fenêtre. Il est tard. Mes enfants dorment et il me reste des tas de choses à mettre en ordre avant le jour J. Une exposition de peintures dans une galerie parisienne m'attend avec, pour le jour du vernissage, un concert où je chante dans un groupe de musique blues rock.

J'observe, assez fière de moi, mes dernières toiles: six grands formats. Ma démarche consiste à mixer la technique de la peinture à l'huile à celle du sable que j'ai, pour certains, coloré à l'aide de pigments naturels. Les univers picturaux des toiles me font penser aux œuvres primitives du temps des cavernes. Chacune d'entre elles représente des mises en scène de superposition d'images graphiques similaires, générant l'illusion abstraite du mouvement. Celui d'animaux, de personnages mi-humain mi-animal, d'hommes et de femmes avec des masques, des ornements à la manière des chamanes, des formes de sexe, de signes et de symboles avec les croix, les hachures des tracés digitaux. Ces éléments, ces images qui se croisent, se désorganisent pour réapparaître, me permettent d'intégrer mon propre corps, ma nouvelle terre. Mais aussi mon propre regard. Je n'existe plus au regard de l'être aimé. Il me faut trouver un nouveau regard sur moi-même. Retrouver l'alchimiste en moi, qui me réconcilie avec l'artiste, mise de côté pour l'amour de l'autre. L'art est un outil qui permet d'exister. Je suis dans ma vérité puisque je sais enfin que l'homme que j'aime encore aime une autre femme. Je me sens libérée d'un sacerdoce qui a duré des mois. À présent, je dois retrouver goût à ma liberté. L'art est là, à mon service, tout comme je suis au sien. Heureusement, même si c'est difficile. Il m'aura fallu ce temps-là pour comprendre que l'art est une médecine. Ma médecine.

Alourdie par le sable, je soulève une à une mes créations posées à même le sol. Collé, gratté, fixé, modelé, devant une toile lisse à l'origine, j'ai dialogué des heures avec le silence du sable. Il est important de trouver un lien commun entre le corps – le mien – et la matière, le sable. À cette époque déjà, le sable est pour moi un élément vivant. Je sais que celui que j'emploie pour la réalisation de mes tableaux existe indépendamment de ma conscience et ne dépend pas de moi. Dialoguer avec lui consiste à aller chercher, à travers son histoire, une force vitale harmonieuse, celle que j'ai perdue avec l'être aimé.

La création artistique fait appel à la même puissance universelle que celle qui anime les êtres vivants, les éléments naturels comme le vent, le soleil mais aussi les génies protecteurs. La mise au monde d'une œuvre artistique est sacrée dès lors que nous la redonnons à l'univers. Grâce à la création artistique, je suis à l'écoute de tout ce qui me permet de guérir d'un chagrin d'amour, tout ce qui peut me donner l'accès à un au-delà de l'amour humain.

Rien n'est lisse dans ma vie. Depuis toujours, j'ai mal à l'âme, et cette souffrance est enfouie, comme au fond d'une grotte. Je me sens telle une personne qui, cherchant une ouverture vers la lumière, avance et raconte une histoire qu'elle peint sur les parois qui l'entourent. L'art est mon allié. Il est aussi ma thérapie. Ces deux facettes apaisent le chaos intérieur dans lequel je me trouve. Ce chaos est une souffrance qui crie sa peine en silence. Aussi, créer devient vital et est un défi lancé à mon existence. Un défi lancé à ma solitude, qui permet de défragmenter le moule réducteur de l'épouse modèle d'un mariage affecté par le masochisme. Mon expérience est douloureuse, solitaire. Mais elle est initiatique. Par l'art, je cherche à recouvrer une autre facette de moi-même, mon moi primitif. Je sais que cela me permettra de mettre au jour des dons créateurs, de restaurer des mémoires anciennes, dont l'origine m'est encore inconnue. Je n'ai plus d'homme à aimer, plus de travail régulier et je suis seule pour élever mes enfants. L'art est ce qui va me permettre de façonner ma nouvelle vie.

Il se fait tard, je referme les livres posés sur la table. Ils illustrent les vies d'artistes dont j'apprécie le travail. Il y a Jean Dubuffet, artiste français, Manolo Millares et Antoni Tàpies, artistes espagnols. Lors de mes cours aux Beaux-Arts, j'ai appris qu'une partie de leur recherche artistique s'inscrivait dans une démarche antiesthétique, dans la lignée de l'art brut ou de l'*arte povera* italien des années 1960. Je cherche à les rejoindre.

Puis je pense de nouveau à l'affiche du métro. Cette exposition à La Villette parle de peintures de sable et de beauté, selon la philosophie des Indiens navajos, peignant avec du sable coloré. Y aurait-il un rapprochement à faire face à ma nouvelle quête ? Je ne sais plus rien, en fait, et j'ai du mal à m'endormir. Cherchant dans des cartons empilés ce qui pourrait m'occuper l'esprit, je retrouve la VHS du film *Little Big Man*[11]. Ce film culte, fort apprécié par la plupart des Amérindiens d'Amérique du Nord, est grandement incarné dans le rôle principal par Dustin Hoffman. Je me dis que la venue des Indiens navajos à Paris, prévue quelques jours après le vernissage de ma propre exposition, n'est pas anodine. J'irai les rencontrer. Avant, il me faut dormir.

Inspire, expire...

On dit parfois : « Créer, c'est souffrir ». Je m'entêtais à croire que la souffrance causée par ce chagrin d'amour répondait à un appel. Il y a, chaque seconde, tant de gens

11. Une œuvre cinématographique remarquable d'Arthur Penn avec Dustin Hoffman, Faye Dunaway et le chef indien Chief Dan George. Un vrai chef de la nation amérindienne Tsleil-Waututh (« Capilanos » en français) de Vancouver Nord en Colombie-Britannique, au Canada.

qui souffrent à cause des guerres. Mon cas ne ressemblait à rien de tout cela. Je cherchais juste à vivre en conscience, malgré la part de mystère que me réservait la vie. La pointe de mon pinceau prête à toucher la toile blanche, je ne savais rien de ce qui allait se dessiner. J'étais à la recherche d'un équilibre, d'une harmonie et refusais d'y projeter quoi que ce soit mentalement. Les courbes colorées sur la toile se croisaient à droite et du haut vers le bas. L'alchimie des couleurs et des formes révélait des énergies tantôt fragiles, tantôt fortes. Tout pouvait basculer vers l'un ou l'autre, à tout moment. La voie du milieu est parfois indéfinissable. Je me laissais guider par une sorte d'intuition et laissais, çà et là, mes pinceaux chargés de sable glisser sur la toile de lin tendu. Aller puiser dans le berceau de l'humanité, travailler la symbolique des formes et des couleurs m'inspirait au plus haut point. Et puis, parfois, comme par enchantement, une perspective graphique de « déjà-vu » me permettait de poser mes pinceaux. L'œuvre avait parlé d'elle-même.

La création se compose d'une foule d'histoires imbriquées les unes dans les autres et qui finissent par constituer un atlas universel. J'aspirais à rencontrer le mouvement créateur dont toute chose naît, aiguiser mes inspirations et exigences les plus profondes, percer le monde du silence et de la solitude afin de retrouver mes racines véritables, ma nature sauvage.

Le sable est le symbole de l'innombrable, de la postérité, du deuil, des jours de la vie, de la sagesse, des pensées divines. Concernant mon travail artistique, le sable venait naturellement s'incarner et se confondre, dans une unité qui englobait la mort et la renaissance. Cette matière n'est pas statique. Elle porte en elle l'intemporalité. Çà et là, je la déposais. Ces deux matières s'acheminaient entre elles, se laissaient embellir. Équilibre calme et tranquille auquel j'aspirais. Le langage symbolique des couleurs est tout aussi important que celui de la forme. Tout comme le sable, les pigments noirs, blanc, ocre jaune, ocre rouge et bleu que j'utilisais avaient leurs propres existences. Indivisibles aux espèces et minéraux du passé, ils avaient traversé le temps. Lorsque l'on se tourne vers l'intériorité, tout est lié. J'étais l'être patient cherchant les pièces manquantes d'un puzzle inachevé et ces furtifs instants créatifs m'ont permis de comprendre qu'il me fallait chercher ce qui était divisé pour le réparer et m'ouvrir à la vie dans sa dureté, sa beauté, son mystère.

J'aimais peindre la nuit, au sein de la capitale endormie. La nuit représente un vide, un espace propice à la venue des idées, et se laisser inspirer par ce vide nourrit la créativité. Quand venaient les aurores, c'était terrible. Épuisée, je me sentais assaillie par des pensées contradictoires.

J'avais deux vies à gérer, l'une dédiée à la création, et l'autre au quotidien factuel. Tout était à reconstruire et je ne voulais pas rester dans un appartement ne signifiant plus rien pour moi. Je voulais refaire ma vie ailleurs. Il me fallait gérer une séparation qui allait aboutir à un divorce, un déménagement, un nouveau job à trouver, une réorganisation totale pour la vie de mes deux enfants. J'avais l'estomac noué par la peur de ne pas y arriver. J'appelais des avocats, il m'en fallait un, des déménageurs, ça coûtait une fortune. Où allais-je m'installer ? Dans un appartement ou une maison ? Et dans quelle ville ?

J'hésitais entre Nantes et La Rochelle. J'avais de beaux souvenirs d'enfance reliés à l'île de Ré où j'allais en vacances avec mes parents. La réalité de mes journées ressemblait à une tornade, tantôt blanche, tantôt noire. Si j'avais au fond de moi une sorte de certitude et de calme envers ma capacité à transformer le plomb en or grâce à l'art, le doute et une anxiété profonde m'assaillaient en ce qui concernait le quotidien. Pour ne pas les transmettre à mes enfants, je devais m'en servir comme d'un levier, approfondir mes nouveaux projets de vie, prendre un temps de recul pour être plus efficace. Ma nouvelle solitude ne me ferait pas peur, et c'est la tête haute que je m'en sortirai.

*

Jour J. Tout est prêt. Organiser une exposition d'art est une expérience unique et enrichissante. Je participais à une expo collective où les tâches réparties permettaient à chacun des artistes, et surtout à moi, de vivre cette expérience avec moins de stress. Chacun avait une approche spécifique du thème global : L'art et la cité. Avant l'arrivée du public, nous échangions sur nos objectifs respectifs entre peintres, sculpteurs et photographes. Notre souhait était que cette soirée soit cohérente et sensée pour un public averti. Le galeriste avait un bon carnet d'adresses. Il attendait du beau monde. De mon côté, j'avais convié des amis de la production de cinéma et de l'audiovisuel. Mon objectif n'était pas seulement de montrer au public mon travail, mais également de le vendre. C'est toujours délicat de définir le prix à payer pour une œuvre. Il doit être juste à la fois pour l'artiste et l'acheteur ; prendre en compte le coût de la matière première, la complexité des techniques et du travail investi dans la création de la pièce.

Cette exposition fut un véritable succès. Deux grands formats vendus le jour même ! Heureuse, mais claquée.

De retour à la maison, le spleen m'envahit. Je suis seule. À quoi bon tout cela ? Une immense tristesse monte dans ma poitrine et je m'endors tout habillée sur mon canapé. Je suis réveillée en pleine nuit par un cauchemar. Je m'en souviens comme si c'était hier : toutes mes dents de devant se cassent. Elles s'émiettent en mille morceaux les unes après les autres et finissent par tomber dans ma bouche. Ensuite, une force monstrueuse invisible me prend par la mâchoire, essayant d'arracher les racines des dents de ma bouche[12]. Je suis prise de panique et une crise d'asthme aiguë s'ensuit. Je cherche mon bronchodilatateur (Ventoline) à la hâte et appuie sur le pulvérisateur bien au-delà de la dose prescrite. L'asthme vous fait croire que vous allez mourir étouffé. Ce qui arrive malheureusement pour certaines personnes dont les bronches sont extrêmement fragilisées. Durant les périodes d'exacerbation de l'asthme, la Ventoline permet une dilatation immédiate des voies respiratoires. Tous les muscles, les parois et les voies respiratoires pulmonaires se détendent.

---

12. Des textes psychanalytiques, comme religieux, expliquent que la perte de dents dans un rêve signifie une angoisse associée à une peur de la mort, ou bien à la peur de perdre quelque chose d'important. Cela peut-être un amour, une amitié, ou un objet. Durant les périodes de transition, ce type de rêve pourrait également être le signe d'un changement profond et annoncer un renouveau. Selon la Bible, rêver de perdre ses dents est un signe initiatique qui désigne la libération de la parole sage. Selon la symbolique des religions musulmanes, perdre ses dents représente la longévité, ou le lien avec ses ancêtres.

Dans l'impossibilité de me rendormir, j'ouvre mes cahiers de dessins, mes boîtes de pastel et de sable, pour dessiner. Demain, j'irai à la rencontre des Indiens navajos à la Villette. Nah ! Ce futur dessin sera ma carte de visite. J'irai leur donner directement pour les remercier de leur venue.

Je ne savais pas que cet acte symbolique allait sceller ma destinée. Mon dessin était lié à ma quête et mes besoins d'équilibre, de beauté, à mon lien avec ma famille, la nature et les forces bienfaisantes des mondes invisibles. Il représentait ma famille entourée de beaux personnages. L'un d'eux avait la bouche ouverte, un chanteur qui laisse sortir le son de sa voix. Il y avait également une Terre, bien ronde, de la même dimension que le cercle de la bouche ouverte. Un homme était accroupi, tête baissée, en méditation, dans des couleurs proches du noir, et un autre personnage en dessous, assis dans la même position, portait des formes claires et blanches.

Cette peinture illustrait symboliquement mon devenir. Le globe terrestre symbolisait une sorte de réconciliation avec moi-même et tous les mondes.

Confrontée à toutes ces dimensions entre rêve et réalité, la vie me poussait à prendre soin de moi afin d'affronter sereinement un nouveau départ. J'étais dans cet appel, celui de l'ailleurs, celui de l'interdépendance qui guérit tout ce qui peut être guéri si l'on veut bien s'en donner la peine. Cette nuit a été un nouveau défi à affronter. Cet acte créatif, ou bien était-ce un souhait, m'a permis d'apaiser une forme de fragilité émotionnelle et nerveuse. En même temps que je terminais mon dessin, je demandais aux dieux de m'aimer plutôt que me tomber sur la tête !

TABLEAU III

Rencontre avec mon destin

MA RENCONTRE AVEC LES INDIENS NAVAJOS AU PARC DE LA VILLETTE

Paris, 26 février 1996. C'est par une journée ensoleillée que je décide de me rendre à pied de chez moi jusqu'au parc de la Villette. Une bonne demi-heure de marche me fera le plus grand bien. L'air est frais, les rues sont claires et les passants semblent aller et venir comme à l'accoutumée. Les quartiers cosmopolites qui se succèdent les uns aux autres n'ont rien d'un « chichi » embourgeoisé par le temps, et le petit commerce y est très actif. On peut y voir beaucoup de primeurs, bouchers, boulangers, de restaurants populaires. Ça sent la menthe, la harissa, le riz cantonais. Il y a aussi quelques brasseries « à la parisienne » et leurs odeurs de frites. Chemin faisant, quelques airs de musique reviennent à ma mémoire. La célèbre chanson écrite par Boris Vian en 1954 sur une musique de Jimmy Walter dont les paroles disent : *« C'est le tango des bouchers de la Villette, c'est le tango des tueurs des abattoirs. »*

Puis celle de Jacques Dutronc, *Il est cinq heures, Paris s'éveille*, qui évoque elle aussi les abattoirs de la Villette dans un couplet: *« À la Villette, on tranche le lard... »*

Me voici face à l'entrée principale de la Grande Halle, où se trouve la Fontaine-aux-Lions de Nubie. De là, je me dirige vers le pavillon Tusquets, dans lequel se trouve la délégation navajo. Le propos de l'exposition organisée par les commissaires, Jean-Pierre Barou et Sylvie Crossman, s'articule autour de la rencontre d'un peuple qui place la beauté au cœur de sa philosophie. Cette thématique me parle au plus haut point et, mon dessin sous le bras, je pénètre dans le pavillon. Dans une pièce, à hauteur du regard, sont exposés des tableaux en sable fixé, des aquarelles et des tapisseries, tous extraordinairement travaillés, avec une grande délicatesse pour ce qui est des formes et des couleurs liées à l'histoire des Indiens navajos. Une énergie particulière émane de cette pièce et je me laisse transporter par tout ce qui s'en dégage. Pressée de les voir en vrai, je m'avance peu à peu vers une autre salle. Celle-ci est pleine de monde. Des personnes de tout bord, de tout âge, ont les yeux fixés vers un point que je n'arrive pas à voir, au-delà de la foule debout. J'ai des frissons. Je vais devoir affronter tout ce monde et je crains de suffoquer par manque d'air. J'entends au loin un homme parler à voix haute, en français: « Ce n'est pas un chamane: il n'a pas un don, mais plutôt une puissance de travail et de mémorisation hors du commun, un sens rare de la discipline, de l'ordre, de la hiérarchie... Vous voyez, les hommes-médecine, avec leurs doigts chargés de sable, sont actuellement en train de tracer les contours des Êtres Sacrés... » Le discours s'arrête. Suit une sorte de mélopée qui ressemble à un chant. Je ferme les yeux. Je craque. Je pleure et je n'arrive pas à m'arrêter de pleurer. J'entends plusieurs voix d'hommes chanter. Sentant bien que ça chante en moi, je ne sais quelle force me pousse à me frayer un chemin dans la foule. Avec mes larmes, mes dessins sous le bras, la Ventoline dans mon sac, j'avance, en m'excusant, avec une sûreté qui me surprend. On dirait que plus rien ne m'arrête. Tandis que je m'approche finalement du centre de la pièce, j'aperçois deux hommes superbement vêtus de leurs habits traditionnels.

Assis à même le sol, l'un d'eux semble dessiner à main levée une peinture éphémère avec du sable coloré. Elle est assez grande pour être vue par le public qui l'entoure. Mais il y a encore trop de monde autour de moi et je commence à avoir du mal à respirer. Pas formidable, tout de même, cette situation, avec mon asthme. Je décide de me faufiler de nouveau et repère une brèche à travers laquelle je me glisse pour me trouver finalement sur le pourtour de la scène centrale où se déroule la réalisation de la peinture de sable. Tout autour, il y a des bancs. Des personnes à ma gauche se lèvent et s'en vont. Dingue, une place libre m'attend ! Je file m'asseoir. Tout près de l'endroit où je suis installée, j'aperçois une Amérindienne également assise. Un peu gênée d'avoir pris la place aussi vite, j'observe les gens qui sont debout. La femme amérindienne me regarde rapidement puis sourit, le regard dirigé vers les chanteurs. J'ouvre mon sac, sors discrètement mon tube de Ventoline et aspire à pleins poumons mes deux doses consécutives de corticoïdes. Puis je regarde prudemment la femme. On est presque assises côte à côte. Elle est typée, élégante, la quarantaine passée. Sa posture est étonnamment verticale, son dos et son port de tête sont droits et allongés. Ses cheveux sont tressés en une longue natte posée sur l'une de ses épaules, tombant presque jusqu'au sol. Elle porte une jupe de velours chiné d'un bleu profond. De longues boucles d'oreilles en perles de turquoises et de corail longent son cou. La beauté intérieure de cette femme me donne presque envie de pleurer. C'est pénible à la fin, il faut que j'arrête de pleurer. Je prends sur moi et j'écoute, je regarde. Tous mes sens sont aiguisés et je me sens comme électrisée. Un lien charnel très fort avec eux me fait penser que je me sens *chez moi*. Il est vrai que la création peut mettre un individu dans un espace de grande ouverture de cœur. Je suis émue par leur présence. Les heures s'écoulent et je ne vois pas le temps passer. La femme amérindienne finit par se rapprocher de moi et nous finissons par dialoguer. Mon anglais est épouvantable. Ça fait des années que je ne l'ai pas pratiqué. Mais j'ai un engouement à partager, à ma manière, mes impressions et mon ressenti. Je me sens petit à petit entrer en symbiose avec toutes ces énergies et ces forces qui émanent de nos échanges. Elles me dépassent et m'orientent. Je me sens en confiance et attirée par ce qui est certainement invisible et au-delà des apparences. C'est simple. C'est beau. Je bascule d'un ressenti à un autre pour rejoindre ce que me dit la femme amérindienne. Je me demande parfois si nous parlons bien de la même chose. Mais comme il nous arrive de rire ensemble et en même temps, je me dis : « Peu importe ». Nous sommes connectées, comme on dit dans le langage courant ! Elle s'appelle Lillie. Arrive la fin de la journée. L'exposition est sur le point de fermer ses portes et je dois bientôt partir rejoindre mes enfants. Il faut que j'arrive à parler à l'un des maîtres de cérémonie et lui présenter mon dessin. L'un d'entre eux finit par se diriger vers nous. Ces instants deviennent pour moi de plus en plus précieux et mon cœur bat la chamade. Ne cherchant pas à gaspiller les richesses uniques que la vie continue à m'offrir en ce jour exceptionnel, j'ai peur de nouveau et cherche à me recentrer. Malgré cela, j'ai l'impression d'être un anachronisme ambulant. Je cherche une cohérence entre le moment où je me suis décidée à les rencontrer et cet instant présent qui me paraît littéralement magique. Une part de moi m'amène à croire que présenter mon dessin va arriver comme un cheveu sur la soupe. Je me dis qu'après tout, je reviendrai les voir une autre fois. Mais l'homme navajo semble me scruter et commence à me poser des questions. Qui je suis ? Qu'est-ce que je pense de l'exposition ? Je lui souris, tout en cherchant le regard de Lillie. Et comme son regard est tourné ailleurs, je me présente finalement à lui, telle une gamine qui doit réciter sa leçon. « Bonjour ! Je m'appelle Lorenza, je suis artiste peintre, chanteuse. Je découvre l'univers des Navajos, c'est magnifique... Ça fait du bien, merci d'avoir fait le voyage jusqu'à nous pour venir partager votre culture... Je ne vais pas rester longtemps, mes enfants m'attendent. Merci ! »

Ouf, j'ai presque tout dit !

L'homme de cérémonie se présente. Il s'appelle Sam et est l'un des hommes-médecine invités parmi d'autres. Il est attentif et prend le temps de m'écouter. J'explique donc qu'en tant qu'artiste, mon désir d'être en harmonie avec la beauté de la vie est fondamental. Il m'explique à son tour que, pour eux, ce qui rend les objets beaux, c'est leur pouvoir, pas leur forme et que leur finalité n'est pas artistique. Les mots résonnent comme un trésor caché au fond d'un grenier. L'énergie qu'ils portent en eux m'emplit de choses comme inachevées ou dépassées. Sur le moment, je n'arrive pas à tout saisir. Mais Sam semble vouloir me faire comprendre des choses que je ne connais pas. Il me fait comprendre que je me retrouve malgré moi sur une voie de la providence, qu'une vie nouvelle se prépare et que je fais tout ce qu'il faut pour qu'elle se manifeste. Puis il se lève en me disant simplement au revoir. Un nouveau ressenti vient prendre place dans ma poitrine. Je me sens immense de l'intérieur. Je me sens comme un grain de sable parmi les grains de sable posés sur l'estrade de l'exposition. Les praticiens, spécialistes navajos interviennent ici pour nous dévoiler un peu de leur âme ainsi que pour enseigner « la voie de la beauté ». Je me dirige vers Lillie qui vient de terminer une conversation. Elle semble calme et je lui souris. Puis elle partage rapidement ce qu'elle ressent de son séjour en France. Elle me parle notamment du monde des ancêtres. Je ne sais pourquoi, mais de ces échanges naît une fine larme qui coule dignement sur sa joue. J'avoue ne plus rien comprendre à ce qui se passe. Je me sens gênée, ne sachant pas très bien comment réagir. C'est là qu'intervient l'un des organisateurs de l'exposition. Pensant que je connaissais déjà les Navajos, il m'explique devant Lillie qu'elle doit se rendre dans un laboratoire pour passer des examens médicaux. Il me demande si je veux bien l'accompagner le lendemain matin. Lillie acquiesce, alors j'accepte la proposition. Je prends toutes les informations nécessaires pour la rejoindre à son hôtel. Puis je dis au revoir à tout monde comme une enfant sage à qui on a raconté une belle histoire et qui sait que quelque chose de beau l'attend. J'ai tout de même la sincère impression qu'un film se joue devant moi et que sans l'avoir prémédité ou écrit le scénario, j'en deviens l'une des actrices !

Je me suis donc rendue à son hôtel dès le lendemain matin. Lillie m'attendait dans le hall de l'entrée et nous nous sommes dirigées vers le laboratoire médical du quartier, non loin de la Villette. De là, nous sommes allées prendre un petit-déjeuner chez moi. Son souhait était de se détendre avant de retourner à l'exposition. Une fois chez moi, elle a sorti de sa poche un petit sac en peau de daim, l'a délicatement ouvert et en a sorti une poudre jaune très fine. Elle s'est dirigée vers l'une des fenêtres de mon salon en prononçant des mots en navajo. Elle a ensuite déposé cette poudre sur son front, sa bouche, puis vers le plafond en direction du ciel, et en direction du sol. Elle m'a ensuite demandé d'en faire autant, en me précisant de regarder loin devant moi. Elle m'a demandé de faire un vœu. J'ai suivi ses instructions à la lettre. Je me souviens de la précision de mes gestes. Ce qui m'arrivait ce jour-là était une première. Il me fallait être impeccable, du moins c'est ce que je me souhaitais. Elle a refermé sa petite pochette et l'a remise dans son sac à main.

Nous nous sommes ensuite rendues au pavillon Tusquets où le reste de la délégation l'attendait. Elle m'a expliqué en chemin que la bourse de peau de daim qu'elle appelait « sac-médecine », contenait plusieurs pincées de poudre jaune appelée « pollen de maïs[13]. » La porter à son front

13. Le pollen de maïs est une substance purificatrice qui symbolise la connaissance, garante de la santé dans la spiritualité navajo.

permettait de purifier les pensées, la porter à sa bouche, permettait de bénir son être tout entier ; élever le pollen vers le ciel, puis le répandre sur le sol, bénissait l'espace où nous étions debout et, en conséquence, tout l'univers.

Je laisse mon numéro de téléphone à Lillie puis la quitte pour m'en retourner, joyeuse, à mes occupations.

Trois jours passent. Le téléphone sonne. La voix d'une femme, celle de l'une des organisatrices de la Villette s'occupant de la délégation navajo m'explique : « Un des hommes-médecine souhaite vous voir. Quand pouvez-vous venir ? » Ma parole, je rêve : ils veulent me voir !

C'est donc à leur demande que je retourne à l'exposition de la Villette avec, sous le bras, ma peinture. Mon but est de pouvoir enfin échanger avec un homme de connaissance navajo, sur la fonction de mon art et mon rôle d'artiste. Je me sens sereine, posée, beaucoup plus que la première fois. La salle de l'exposition est pleine. Ben, l'homme-médecine, me fait un signe de la main. Je me dirige vers lui et le laisse parler en premier : « Lorenza, vous vous êtes occupée de l'une des nôtres. Notre souhait est de vous remercier directement de votre générosité et nous permettre de vous connaître davantage. » L'autre homme-médecine, Sam, est aussi présent à ses côtés. Tous deux m'interrogent posément. Ils me demandent qui je suis, ce que je fais dans la vie. Je leur explique sans trop de détails mon parcours, je leur présente mon dessin et son but, qui était de les rencontrer. Je leur décris mes approches techniques, artistiques ; comment j'utilise la matière, le sable, les pigments, les symboles ; comment ces derniers « m'apparaissent », me « parlent ». J'exprime le sens et le goût que j'ai pour les couleurs, les formes ;

celles qui s'opposent ou se rassemblent pour créer un graphisme particulier. Je parle de créativité, de création, de ma rencontre symbolique avec le peintre Jackson Pollock, de quête d'équilibre, d'harmonie, de nature et de respect.

Mes phrases sont courtes. Mes mots sont simples. Leurs présences qui m'inspirent me font aller au-delà de ce que j'aurais pu penser ou exprimer. Je finis par leur offrir mon dessin en guise de cadeau de bienvenue, leur dis combien je suis impressionnée par les bienfaits de leur présence et la richesse d'une culture que je découvre peu à peu. Ben prend le cadeau tout en me remerciant. Sam me propose de venir les voir autant que je le souhaite durant toute la durée de l'exposition. Pour conclure, ils me présentent comme « invitée » aux organisateurs de la Villette. « Je viendrai vous voir avec une amie institutrice et les enfants de sa classe », leur dis-je. Ils me sourient. Quelle aventure !

Sans vraiment savoir que ces moments marqueraient ma destinée pour toujours, j'étais déjà dans cet appel de l'ailleurs. Ma vie avait une nouvelle allure – plus légère. Ma situation actuelle s'alignait sur une conscience nouvelle : celle de guérir une blessure profonde en gardant confiance en la vie. J'oubliais Paris et mon mal de vivre. Comblée, j'ai mis un temps toutes ces expériences « de côté » pour replonger dans ma vie parisienne. Cependant, quelque chose avait changé dans ma vie.

*

Ma rencontre avec les Navajos va définitivement bouleverser mon existence. Après toutes ces expériences très intenses, je suis conviée par la délégation navajo à leur dernière soirée en France, au repas d'adieu dans un restaurant asiatique non loin du parc de la Villette. Je pensais que cette soirée serait officielle, mais les personnes invitées par eux forment un petit groupe assis autour d'une table conviviale. Surprise de faire partie de la tablée, je suis heureuse de retrouver mes trois nouveaux amis. Après des effusions de rires et des conversations joyeuses, vient le temps des photos souvenirs, ensemble. Puis, pour ceux qui le souhaitent, le moment des « au revoir » arrive.

Je raconte à l'homme-médecine Sam ma courte expérience avec le pollen de maïs. Il m'explique que celui-ci purifie et régénère, comme l'eau bénite peut le faire pour les chrétiens. Il m'explique également que le pollen peut porter chance à des souhaits, des projets. Je me laisse guider par les mots de Sam, puis lui exprime mon souhait premier : celui de la bienveillance envers mes enfants, que le pollen puisse les protéger de toute influence malveillante, qu'il puisse garantir dans leurs vies la sérénité, la bonne santé, la paix, le bonheur et la prospérité. Je demande aussi que le pollen puisse me permettre de jouir d'une vie heureuse et pacifique. Sam me répond : « Viens nous voir chez nous un jour, ce que tu verras là-bas n'a rien à voir avec ce que tu as vu ici. » Il me propose ainsi d'aller le voir sur le territoire navajo, aux États-Unis. Je me souviendrai toujours de ses yeux lorsqu'il m'a invitée. Son regard laissait apparaître des étendues de paysages désertiques de terres rouges, avec comme des montagnes au loin à l'horizon. Avant que nous nous quittions tous, Lillie me dit : « Tu dois penser au sable ».

Ces instants précis que je n'aurais pu prévoir m'ont permis de comprendre, plus tard, que j'étais au tout début d'une longue histoire. Tel un rêve devenant réalité. Je n'aurais jamais pu imaginer que les couloirs du métro de la station Opéra allaient me porter vers les hommes-médecine qui, depuis la nuit des temps, parlent et chantent la guérison avec leurs doigts chargés de sable. Un peuple qui place la beauté au cœur de sa philosophie ; cette communion avec un grand Tout que nous nommons ici « le vivant ».

Quelques mois ont passé. J'ai décidé de quitter Paris pour aller vivre avec ma fille à La Rochelle. Mon fils a, quant à lui, poursuivi ses études à Paris. En me rendant un jour à la mairie, je suis tombée sur un livre. Le même que j'avais acheté chez Parallèles, juste avant mon départ de Paris. *Histoire des Navajos*, de Rieupeyrout. Comme je l'ai écrit plus tôt, je ne connaissais pas grand-chose des Amérindiens, hormis ce que j'avais vécu avec les Dinés à Paris et l'unique livre que j'avais dans ma poche et dont je retrouvais la copie conforme à la mairie de La Rochelle. J'ai pris ça comme un signe. J'ai compris que j'irais les retrouver le moment venu.

Durant ma première année à La Rochelle – cité millénaire tournée vers le Nouveau Monde –, inspirée par les paroles de mes amis navajos, je concrétise plusieurs projets artistiques. Les choix politiques de la ville se définissent autour de la préservation du patrimoine naturel et architectural. Je sollicite le maire, Michel Crépeau, en lui faisant part de mes projets, et me présente en tant que décoratrice et scénographe dans l'évènementiel. Passionné par les domaines de l'environnement et de l'art, Michel Crépeau sera à l'origine de la validation de mes nombreuses et volumineuses réalisations artistiques dans sa ville, concrétisées avec des artistes locaux. Durant dix années, je réaliserai, avec le service culturel, des projets novateurs pour illustrer des faits tout aussi historiques que culturels.

Mon premier projet artistique retenu se concrétisera dans la confection de cabanes de Noël décorées par des peintures de sable totémiques, réalisées avec l'aide de soixante femmes en insertion. Pour moi, j'étais toujours en lien avec Lillie, c'était évident. Je devais penser au sable. J'exécutais son conseil. Un autre projet validé par Michel Crépeau est celui de *La Sirène porteuse du Nouveau Monde* – une sculpture que j'ai modelée avec une terre rouge. Porteuse d'espoir et de renouveau, je remettrais un second modèle au président de la nation navajo comme symbole de lien entre eux et nous – un autre, plus grand, a été acheté par une ville de Normandie, près de Honfleur.

Les mois passent. Un jour, à ma grande surprise, je trouve dans ma boîte aux lettres une enveloppe provenant des États-Unis. Un courrier de Ben. Lui aussi me propose de le retrouver sur le territoire navajo. Je partirai seule, pour la première fois de ma vie. La chance continue à me sourire. Un an après ma rencontre avec les Navajos, je suis prête à mettre les pieds sur le continent des peuples premiers de l'Amérique du Nord.

1997, MES PREMIERS PAS EN TERRE NAVAJO

Après plus de quatorze heures de voyage, je récupère ma voiture de location à l'aéroport. Il fait nuit. Perdue au milieu des kilomètres de rues de Phoenix, qui n'en finissent pas, je roule toute la nuit jusqu'à Sedona. Mon souhait est d'arriver le plus tôt possible dans la réserve. En plein décalage horaire, j'ai la sensation d'errer à travers un univers qui respire les grands espaces. C'est au petit matin que je finis par arriver à Tuba City, Arizona. Une petite ville proche du Grand Canyon. Je suis submergée par la beauté de la lumière du jour. Elle laisse apparaître des paysages désertiques quasiment lunaires, que je découvre pour la première fois. Le sable est rouge, ocre jaune, brun. La forme des dunes donne une sensation de rondeur, de douceur malgré un aspect rugueux, accentué par la sécheresse. Fatiguée par le voyage, je finis par m'endormir dans la voiture avant d'aller à la rencontre de la famille de Lillie. Plus tard, je rencontre sa mère. Ses yeux brillent. Lillie lui a expliqué qui je suis. Ma première nuit en terre navajo, je la passe dans cette chaleureuse famille d'accueil. La maman de Lillie souhaite me laisser son lit pour dormir. Je ne veux pas. Elle insiste. Elle dormira durant plusieurs nuits sur un matelas posé à même le sol, comme cela continue de se faire dans certaines familles. Elle me présentera à la nature. Elle m'offrira un collier traditionnel qu'elle a elle-même réalisé ; un bel ours de pierre touche mon plexus solaire lorsque je le porte. Je suis profondément émue par l'accueil et les gestes de reconnaissance de cette femme généreuse. Je m'étais occupée de sa fille à l'autre bout du monde. En retour, la famille me prend en charge immédiatement. Je m'applique aux tâches journalières. Il faut aller chercher l'eau dans de grands containers, ramener les moutons avec le père de famille, le lama et les chiens. J'apprends les codes de vie. Ils sont simples. On se lève très tôt, au lever du soleil et on se couche très tôt, un peu après le coucher du soleil, en n'oubliant pas d'éteindre la lampe à gaz. Il n'y a pas d'eau courante dans la maison. Il y a des bassines d'eau pour la cuisine et d'autres pour se laver. L'organisation, le sens du collectif et le partage s'apprennent au quotidien. Rien n'est jamais un poids, une morale, mais plutôt un apprentissage permanent. On rit. La nature est vaste. Nous sommes au pied du Grand Canyon. Je finis par dormir, avec d'autres, à la belle étoile dans un 4x4 familial. Un matelas, un oreiller, une couverture de laine. Les nuits sont fraîches. Mon bonheur est aussi vaste que la voûte céleste qui me regarde. Je suis touchée par tant d'immensité. La vie semble simple. Ici, je comprends pourquoi on prie. Alors je prie. La magie de l'interdépendance, cette grande famille, où tout est relié, m'ouvre ses portes. Rien ne manque. Tout est là.

*

La suite de ma première aventure en terre dinée prend un tour encore plus surréaliste. La date de mon rendez-vous avec Ben approche. Ma nouvelle famille d'accueil me confie à une jeune fille qui connaît les routes et le fonctionnement de la réserve. Mon rendez-vous se situe non loin de Window Rock, capitale de la réserve. Neuf heures de route. Des paysages hors du commun. Les lignes droites des routes se perdent à l'horizon. J'écoute inlassablement KTNN, la radio locale navajo. Je me sens bien. Ça y est, j'y suis. À l'heure et au bon endroit.

Ben n'est pas au rendez-vous. Mince. J'attends. Une heure passe. Je commence à perdre patience. Une femme amérindienne qui connaît Ben finit par nous dire qu'il est parti, « par là » pour une cérémonie. « Par là », c'est vers d'autres grandes étendues. Il faut quitter la route fédérale et prendre les routes tribales et les *dirt roads*, ces chemins de sable pleins de creux et de bosses qui desservent des centaines de familles à l'ombre des canyons. Je n'ai pas loué de 4x4. Il semble que l'aventure continue. Entre les roches rouges et les arbustes secs, je me sens comme perdue. La jeune fille à mes côtés aussi. Mais je ne baisse pas les bras ! J'arpente les chemins non tracés. Le plancher de la voiture racle la caillasse. Ma compagne est inquiète. Elle ne connaît pas le coin. Nous finissons par nous perdre. Je suis furax, il faut bien le dire. Un coyote traverse ma route de gauche à droite. Ma jeune compagne indienne pousse un petit cri : « Un grand malheur va nous arriver ! » Décontenancée par le réflexe de ma jeune amie, je continue à suivre la route de sable sinueuse. La nuit commence à tomber. Que faire ? Dormir sur place ? Repartir ? Je pose la question à la jeune fille, qui reste muette. Ça ressemble à quoi un grand malheur, ici ?

Bientôt la nuit. Devant, je suis aveuglée par de grands phares puissants au loin. Une grosse et haute voiture se rapproche de la mienne. Puis s'arrête net à ma portière. Je vais mourir ou quoi ? La vitre fumée de la voiture se baisse. Une femme. Elle nous dit, dans un anglais au fort accent : « Qu'est-ce que vous faites là ? Vous savez où est la cérémonie ? Venez avec moi et une fois arrivées, remettez à l'homme-médecine ces *objets sacrés* pour la cérémonie qui doit être un peu plus loin. » Un peu plus loin ? Il fait nuit noire et notre route finit par s'arrêter. Un grand feu sur notre gauche éclaire des chevaux à longue crinière et, dans un coin opposé du champ, une activité intense. Il y a des odeurs de plantes brûlées et de cuisine. Je me gare, descends de la voiture. La femme m'indique où se trouve l'homme-médecine. Je me rapproche... Ma parole, c'est Ben ! Je ne comprends plus rien. Je suis blanche. J'ai les « objets sacrés » à la main. Ma camarade est chrétienne. Elle n'a pas pour habitude d'aller dans les cérémonies traditionnelles. Elle reste dans la voiture en écoutant la radio ! Aussi surpris que moi, Ben me dit en me voyant : « Comment as-tu fait pour me retrouver ? » Je n'en sais rien moi ! Je lui remets les objets en essayant de lui livrer des explications. En vain, je suis ailleurs. Mais en bonne Française, je l'engueule : « Tu m'as donné rendez-vous, je viens de France pour te voir et... » Il rit, me demande où je suis garée. Quelle drôle de question. Je lui montre puis le regarde. « Oh, tu t'es garée juste derrière ma voiture ! » Mon inquiétude, ce n'est pas la voiture, c'est Coyote. Je lui raconte l'histoire. Il me répond : « Tout va bien, si tu es arrivée jusqu'au lieu de cérémonie, il ne t'arrivera rien... » Je crois comprendre que Coyote, c'est comme un esprit et un trouble-fête.

Pour l'homme-médecine, c'est clair : la succession d'évènements qui m'ont guidée jusqu'à lui, le fait que je me sois garée juste derrière lui et que Coyote n'ait pas troublé mon chemin, tout confirme que je dois bien être là, à ce moment précis. Il me présente à quelques personnes. Des hommes et des femmes de tous âges, portant de somptueux bijoux d'argent et de turquoises. Nous nous dirigeons vers le *hogan* et y entrons par la porte située à l'est.

Le *hogan*, espace de vie pour les Navajos, est une architecture octogonale faite de bois et de terre, un lieu spirituel où l'on chante et où se réalisent les peintures de sable lors des cérémonies de guérison. Échange, discussion, partage, interrogation, silence. Les valeurs de cette culture, où le monde est un tout, s'orchestrent d'elles-mêmes. Je leur joue l'histoire de Coyote ! Tranquilles, ils rient. Puis, ils chantent en langue navajo. Je finis par chanter avec eux. Ma voisine de gauche m'a autorisé à le faire en écoutant ma voix presque inaudible lorsque je me suis mise à fredonner uniquement les mélodies. Ici, je n'aurai plus de grand malheur dans ma vie. Une confiance s'installe. Je les crois.

CHANTER POUR CÉLÉBRER LA VIE

Une chaleur douce émane de l'intérieur du *hogan*. Il y a très peu de lumière. Des senteurs de bois de genévrier et de cèdre rouge semblent venir de l'intérieur du foyer central allumé : un poêle à bois rond et bas, qui miroite autour de lui, et en divers points épars, une insaisissable danse de petits éclats chauds et scintillants. L'espace intérieur, d'environ six mètres de diamètre, est sans séparation avec un orifice central qui sert de cheminée. L'ouverture de la porte du *hogan* est fermée par un rideau de laine, derrière lequel je devine les silhouettes de deux ou trois personnes, se tenant debout autour d'un feu extérieur dans la nuit noire. À l'intérieur, mes deux voisines sont, tout comme moi, assises sur une peau de mouton posée sur la terre battue. D'autres se tiennent sur des sièges pliants. Adossé sur les rondins de bois structurant le *hogan*, l'ensemble du groupe forme un cercle. Personne ne pose son regard sur l'autre. Cela me trouble. Combien de fois ai-je pu entendre en France qu'il fallait regarder dans les yeux les personnes à qui l'on parlait par signe de politesse. Ici, c'est le contraire. Ça me plaît. Après mon entrée dans le *hogan*, Ben m'avait demandé de tourner autour du feu dans le sens des aiguilles d'une montre avant de m'installer vers le côté sud. Personne n'a porté un regard particulier sur moi. C'est tellement bon d'apprendre à vivre autrement.

L'architecture inhabituelle du *hogan* dans lequel je me trouve semble être écologiquement adaptée à cette expérience particulière. J'apprends que c'est dans le *hogan* que chants et guérisons célèbrent le renouvellement de la vie. Prendre soin du *hogan*, ou maison traditionnelle, avec les chants, c'est prendre soin des familles. C'est aussi guérir la Terre. Les portes de l'est sont toujours tournées vers là où le soleil se lève. Le soleil est ce qu'il y a de plus puissant dans l'univers : il donne la vie à toute chose. Je n'oserai pas sortir de cet espace sacré durant toute la durée des chants, de peur de déranger la vie. Durant une nuit entière, j'apprendrai à écouter les chants. Des femmes et des hommes resteront aussi. Pour chanter, se reposer. Pour dormir. Puis juste avant le lever du soleil, nous sortirons du *hogan* et dirigerons nos prières vers l'est. Les chants, le feu et l'odeur du genévrier et du cèdre rouge ne nous auront pas quittés. J'apprendrai par l'une de mes voisines que cet espace sacré représente le *hogan* féminin. Être dans un *hogan*, c'est entrer dans les entrailles de la Terre. C'est reconnaître que nous sommes les enfants de notre mère, la Terre et de notre père, le Ciel. Toutes les cérémonies commencent toujours par le chant du *hogan*. Je comprends que la vibration des chants m'a reliée durant toute une nuit à l'esprit bienfaisant de *Hózhó*, la beauté, qui est pour tout le monde.

SÁ'A NAGHÁI BIK'E HÓZHǪ

Sá'a Naghái Bik'e Hózhǫ est le concept clé de la philosophie navajo, l'élément indispensable pour la compréhension de ce monde. Ces termes paraissent dans de nombreux chants ou prières, et sont régulièrement chantés en groupe. J'apprends que ces mots équivalent à exprimer « longue vie et bonheur ». Dans une traduction plus élémentaire, *Sá'a Naghái* veut dire : « Dans la marche de la vieillesse, ou longue vie. » *Bik'e Hózhǫ́* : « Sa belle voie », ou le bonheur. Cette expression rend compte de la fonction du Cercle de vie. Ce dernier inclut la conduite avec laquelle la vie d'un Navajo peut être menée selon le *Sá'a naghái bik'e hózhǫ́*. Être navajo, c'est essayer d'atteindre le grand âge, la vieillesse, tout en aspirant à vivre une vie d'harmonie, de joie et de bonheur. Chaque individu apprend à s'occuper en premier lieu de ses nécessités personnelles, puis viendront celles de la famille proche, de la communauté, de la société et de l'environnement. Tous ces éléments doivent être pris en compte durant le précepte du cycle de la vie. Lorsque l'on vit avec ses proches, il est possible d'en élargir le cercle à ceux qui sont en dehors de la famille, aux amis, au collectif dans son ensemble. C'est ainsi que se construit la voie de la beauté et que l'on apprend à marcher avec elle.

Je me sens à la fois petite et puissante. Avec moins de poussière dans la mécanique du cœur. Un nouveau souffle respire en moi dans ce matin frais. Je n'ai pas compris un mot des couplets et refrains des chants. Je laisse faire. J'ai du bonheur de vivre à rattraper. Deux mondes s'accouplent en moi : d'un côté celui de la femme blessée, de l'autre celui de la femme sauvage. Ces deux parties dansent ensemble pour s'unir en moi dans le *hogan* – cet espace reconnu comme sacré pour les Dinés.

Ressentant le besoin de me rendre utile, je me dirige vers le fourneau situé à la droite du *hogan*, en tournant autour de lui dans le sens des aiguilles d'une montre.

Ça sent le café chaud. « Sers-toi », me dit une femme. Je me sers. Je meurs de faim. Deux femmes pétrissent des petites boules de pâte blanche, qu'elles étirent jusqu'à former une galette épaisse et bien ronde. Elles les posent tantôt sur une grille au-dessus des braises ou bien dans de l'huile bouillante. Très vite, cette galette dorée et bien graisseuse ressemble à une énorme chips. C'est le célèbre et renommé *frybread*. Pour de nombreux Amérindiens, le *frybread*, ou pain frit, relie les générations entre elles ainsi que le présent au récit douloureux de l'histoire navajo. Il est dit que le pain frit navajo est né lorsque les États-Unis les ont forcés à marcher plus de 480 km lors de la Longue Marche[14]. Célébrer la vie, c'est savoir d'où l'on vient. Chanter, c'est assurer un foyer et un cercle familial soudé. Est-ce à dire que si nous ne chantons plus, nous nous déconnecterons des fondamentaux qui célèbrent la vie ? Je demande à l'une des femmes s'il m'est possible de confectionner une galette pour en faire un *frybread*. Le mien ressemble à une poire allongée. Elle rit en le voyant frire dans l'huile avec les autres. Ma seconde vie commencera en Arizona, en l'année 1998. Qu'il en soit ainsi !

14. Pour éviter que les populations autochtones ne meurent de faim, le gouvernement leur avait donné de la farine blanche, du sucre raffiné et du saindoux – les ingrédients du pain frit. Le rocker indien Keith Secola, avec qui j'ai réalisé en 2016 mon album musical, *La Beauty*, célèbre cette nourriture dans sa chanson populaire « Frybread » : un symbole amérindien pertinent représentant l'histoire de la survie des peuples amérindiens.

TABLEAU IV

La vie comme chemin initiatique

La vie est un cadeau dont je défais les ficelles chaque matin, au réveil.

Christian Bobin

Ma vie n'a de cesse de vibrer avec ce que j'appelle « mon chemin initiatique ». Un parcours de vie fait de réalité, de découvertes et d'apprentissages. Il en est ainsi depuis le jour de ma naissance. Il en sera de même lorsque je quitterai ma vie sur terre pour un autre monde. J'ai beaucoup de chance. Je suis née dans un pays où il m'est possible, en tant que femme, de m'exprimer comme je le souhaite, de vivre telle que je suis. Dans un pays où les bombes ne tombent pas sur mon toit. Cela dit, *toute vie est sacrée.*

Je suis née un jour d'automne. Une saison où les couleurs sont chatoyantes, où les odeurs enivrantes des champignons, des mûres et de l'humus augurent pour moi la sagesse de l'hiver. Ma mère se souvient du jour de ma naissance : « Ce jour-là, à la clinique, je suis tombée dans les pommes durant mon accouchement ! » Moi, à ma mère :

« Mais alors ? Comment ça s'est passé exactement ? » Ma mère : « Ça s'est bien passé. Lorsque je suis revenue à moi, tu étais là ! Ton teint était un peu jaune. Ta tête avait la forme d'un petit pain de sucre ! Tout s'est bien passé. » J'imagine ce moment qui n'est pas des moindres ; l'absence légère de ma mère. Moi bébé, qui cherche « comme une grande » le chemin vers une nouvelle lumière. Le bébé émet son premier cri. La mère entrouvre les yeux. « Bonjour ! »

Ce jour-là, il semble que chacune d'entre nous est sortie de notre endormissement. Un éveil commun à la faveur de l'automne. Cette épreuve a-t-elle été initiatique pour moi ? Très certainement. Elle fut mon premier rite de passage.

MON CHEMIN INITIATIQUE AVANT MA RENCONTRE AVEC LES DINÉS

Passé la trentaine, peu après la naissance de ma jolie petite fille, j'ai dû me « prendre en main » à nouveau.

Une nuit, un bruit étrange me réveille. Autour de moi, tout le monde dort. D'où vient ce bruit ? Je mets un peu de temps à me rendre compte qu'il vient de moi. De ma respiration. Mes bronches sifflent. Une dizaine de minutes passent. Je dois me lever car j'ai du mal à respirer. Ne voulant réveiller personne, je me dirige vers la cuisine. Je ne me sens pas très bien. La maison de l'amie dans lequel nous sommes a un petit jardin. Je décide d'aller dehors. La nuit est noire. Il ne fait pas très chaud. L'air frais me permet de prendre de grandes respirations. Je vais mieux. Je rentre. Je sors de nouveau. N'arrivant pas à réguler ma respiration, je me vois passer le reste de la nuit finalement dehors. Le lendemain matin, groggy par le manque de sommeil et le froid de la nuit, je me rends à la pharmacie. La pharmacienne : « C'est une crise d'asthme, mademoiselle. Je ne peux rien faire. Il faut voir un médecin rapidement. » De l'asthme ?

Depuis cette nuit et durant quelques années, j'ai été sujette à des crises d'asthme de plus en plus aiguës. À travers ces expériences qui me surprenaient et qui m'étaient difficiles « à faire vivre » à mon entourage, il me fallait agir. Je commençai à faire un bilan allergologique. Cependant, l'idée de savoir à l'avance que je pouvais être allergique aux acariens, aux moisissures, aux pollens des arbres, des fleurs, aux poils de chat, de cheval, de chien, me stressait encore plus. Pour moi, ça voulait dire « mourir avant l'heure ». Décidément, non ! Je voulais pouvoir monter à cheval, courir avec les chiens, monter aux arbres et respirer l'odeur des fleurs quand je voulais.

Les crises d'asthme peuvent être impressionnantes. J'avais peur. J'étais aussi fascinée par ce qui se passait en moi. Durant les crises, il m'arrivait de me sentir partir, « sortir de mon corps ». Ces moments perturbants sont facteurs d'épuisement et peuvent provoquer des crises de panique. En cela, « partir » devenait pour moi un soulagement aussi. J'apprenais à vivre avec la présence de ce symptôme et à pratiquer le yoyo entre une « maladie chronique » et une possible ouverture à autre chose pour moi-même. N'ayant pas toujours avec moi un inhalateur qui me permette de dégager mes bronches lors d'une crise, il m'arrivait de me rendre à la pharmacie la plus proche. Les pharmaciens me voyaient arriver. Manque de souffle, pupilles dilatées, respiration bruyante – et le sourire, car je n'aime pas créer des peurs pour les autres. Parfois, sans mon ordonnance médicale, les pharmaciens me donnaient des corticoïdes à prendre sous forme de comprimés. Un jour, je me suis juré de ne plus prendre de médicaments ni de devoir courir aux urgences. Dans les cas d'exacerbation et d'inflammation très fortes, l'hôpital avait été à deux reprises ma dernière porte de sortie. Un an plus tard, j'étais devenue dépendante aux médicaments, qui n'empêchaient pas les crises. Parfois, il m'arrivait de devoir quitter en pleine soirée les amis chez qui j'étais invitée. À cause des crises. Cette situation finissait par m'agacer. Je ne voulais plus vivre ainsi. Ma vie était de plus en plus polluée par des ressentis de tristesse, de mépris et de colère. Que se passait-il ? Qui maîtrisait quoi ? Était-ce mon corps ? Mon mental ? Y avait-il une cause à tout cela ? J'avais deux beaux enfants, un travail passionnant dans la production audiovisuelle. L'amour était présent. Pourtant, quelque chose que je ne saisissais pas me mettait bel et bien en alerte. J'ai décidé d'aller voir une thérapeute, spécialiste des techniques du *rebirthing*[15]. Avec son aide et dans un état modifié de conscience, grâce aux techniques de respiration amplifiée, j'ai pu revivre un souvenir lointain. Un étrange voyage à travers lequel mon cœur aurait pu, semble-t-il, exploser. Je me souviens que, quand j'ai ouvert les yeux après la séance, ma thérapeute

15. La technique de rebirthing, mise au point dans les années 1970 par l'Américain Leonard Orr, pose les bases d'une méthode, à travers des techniques de respiration amplifiée, permettant de partir à la découverte de sa propre personnalité, sa propre réalité. L'objectif est de transformer les mémoires et croyances, notamment depuis la naissance et d'amorcer un processus de guérison issu de blessures anciennes, tout en comprenant les limites, peurs et perceptions du patient.

semblait avoir été impressionnée par ma traversée. Elle me demanda de lui décrire ce que j'avais vécu.

Je ferme les yeux de nouveau pour décrire les scènes. « Je me sens dans une sorte de cocon sombre, chaud. Je pousse. Je tire, je me débats. Je tangue à gauche. À droite. Je descends profondément. Je suis en apnée. Je me vois. Un bébé gigotant dans son bain amniotique. Puis plus rien. Enfin presque rien. Je suis à l'intérieur du bébé. Je me vois de l'intérieur. Transparent. Lumineux. La sensation émise à ce moment-là me plonge au fond des océans. Je nage dans la mer. J'ondule. Tourne sur moi-même. Je jubile, ma parole ! Des formes sombres se dessinent puis deviennent plus claires. Elles aussi ondulent. J'entends un rythme. Plutôt un battement régulier. Je suis toujours en apnée. Je m'accorde au battement régulier. Mon corps tout entier se gonfle comme un ballon transparent. Puis il se rétrécit. Je pousse. Je tire, je me débats de nouveau. Il y a quelqu'un ? Il n'y a personne ? Je sens que je vais m'étouffer. Je cherche un moyen. Sortir. Puis rien. Juste le tempo d'un rythme, mon guide. De nouveau, je vois le corps du bébé. Avec la force de sa tête, le bébé pousse devant lui. Quelles secousses ! Le rythme s'accélère. L'eau devient claire. L'espace alentour s'agrandit. De l'espace ! Enfin ! Mon propre corps tremble de tous ses membres. J'ai froid. Même si je ne comprends pas très bien ce qui se passe réellement, je me sens libérée d'un enfermement. » J'ouvre les yeux. Ma thérapeute, un peu ébahie, me regarde. Après ma description de cette expérience, elle me dit : « Il semblerait bien que vous ayez vécu en conscience le jour de votre naissance. Vous êtes aujourd'hui venue me voir pour vous mettre au monde en conscience et par vous-même. »

Plus tard, afin de ne plus prendre de cortisone, voire de guérir totalement de mon asthme, c'est sous la supervision d'un guérisseur venu du Pérou et d'un accompagnant psychothérapeute américain que je décide de participer en Europe à une session d'ayahuasca. Je n'ai aucune expérience en la matière. Je sais que l'utilisation de cette médecine comporte des risques. Cependant, je ne souffre pas de troubles psychiatriques ou de problèmes psychologiques. Je me souviens avoir eu l'occasion de tester une fois, durant mon adolescence et par curiosité intellectuelle, une espèce de champignons du genre Psilocybe. Cueillis en Ariège, dans les champs humides remplis de bouse de vache. Les effets furent faibles. La dose que j'avais prise l'était aussi. Prendre de l'ayahuasca me permettra de ritualiser une intention avec des personnes compétentes et professionnelles. L'une de mes intentions étant que la médecine de la plante puisse me guider vers une libération. J'étais anxieuse. J'avais entendu dire que ces expériences pouvaient être désagréables.

Qu'adviendrait-il si une crise d'asthme me prenait durant la cérémonie ? Le psychothérapeute américain accompagnant, ancien asthmatique, avait pu être guéri de ses symptômes grâce à la médecine de la plante. J'étais en de bonnes mains. De plus, ma détermination était une façon de créer un face-à-face avec moi-même. Avant de prendre la boisson qui était préparée par le guérisseur péruvien, j'ai demandé à la plante qu'elle soit mon alliée. Ma session allait durer huit heures. Il valait mieux qu'elle et moi puissions faire « bon ménage ». Les souvenirs de cette cérémonie me reviennent : je me vois petite fille. Dans le jardin de ma grand-mère. Des larmes coulent.

Ma grand-mère! Elle est là! Mon cœur semble dire: « Merciiii. Au revoir. Merciiii » Je m'allonge de tout mon corps. L'odeur des herbes, des fleurs et des légumes de son jardin revient à moi. La nature. Le bruit des insectes. Le vent. Le chant du jardin. Tout est là. Je me sens bien. En sécurité. Cela faisait longtemps que je n'avais pas eu recours à cette sensation d'amour liée à ma grand-mère, son jardin. Puis une force venant comme de moi-même se fige dans mon corps. Je ne vois rien. Tout est noir. Un sentiment d'attente m'envahit. Mon cœur ne fait qu'un tour. Instinctivement, je me mets à parler à la médecine de la plante. Cette force en moi. Que faire ? Je m'entends parler à voix haute. « Je vais y arriver. J'arrive. » Ma voix semble prendre tout l'espace de la salle dans laquelle je me trouve. Huit autres personnes que je ne connais pas se trouvent un peu plus loin dans cette même salle. Je répète de nouveau mes phrases. Ma poitrine s'ouvre. L'histoire du cancer-nénuphar dans le livre de Boris Vian, *L'Écume des jours*[16], me revient en mémoire de manière inattendue. De grandes feuilles vertes sortent de ma poitrine. Je pleure. Bien sûr, je pleure. « Elle ne manque pas d'air. » J'entends cette phrase dite par l'une des personnes dans la salle. Je ne sais pas si ces mots me concernent. Cela dit, c'est vrai, je ne manque pas d'air. Un voile, celui de la culpabilité, se libère grâce à mes pleurs. Je dis au revoir et merci à celle

16. Boris Vian a écrit ce roman dans lequel toutes les choses et tous les personnages évoluent en fonction de l'état de santé de Chloé. Dans la maison de Chloé, et Colin son fiancé, la maladie de la protagoniste fait que la maison elle-même rapetisse et devient sombre. Plus Chloé est malade, plus Colin découvre la rude âpreté de la vie. Les métaphores du livre servent à dénoncer les absurdités de la société.

qui m'a choyée durant ma petite enfance. Mon corps et ma tête s'allègent. Le guérisseur s'approche de moi puis souffle sur mon corps une eau parfumée. Hum, ça sent bon. Son souffle ressemble au vent. Il me rappelle celui du haut des cimes des montagnes. Je respire cet air frais aux fragrances de feuilles et de fleurs. Le vent emporte avec lui des parties de moi-même. De lourdes plaques de couleur grise se décollent de l'intérieur de ma peau. J'ouvre la peau. Autour de moi, des petites plaintes de personnes résonnent dans la salle. Je me mets à rire. Je frappe avec ma main le sol en rythme et en riant. Non pas pour me moquer. Je remercie la plante. Mon alliée. Ma main tape, tape sur le sol. Un parquet en bois ? Non. Je ne sais ni comment, ni pourquoi, je me retrouve dans un autre décor, assise sur une dune de terre et de sable. Des racines sorties du sol. Elles m'entourent. Assise. Dans le creux de la terre, les racines autour de moi. Je me sens posée. En équilibre entre le ciel et la terre. Venant de la gauche, une spirale colorée se rapproche de moi. Une appréhension reliée à la mort m'envahit. C'est ma peur. Avec une rapidité hors du commun, je m'entends dire à mes enfants « je vais bien ». La spirale devient peu à peu un cercle de couleur rouge, relié par quatre points symétriques de couleurs blanche, bleu, jaune et noir. Le cercle se présente à moi. Puis, tournant dans le sens des aiguilles d'une montre, il monte vers le haut. Je lève la tête. Ma respiration est intense. Le cercle coloré descend vers moi. Je me retrouve en son centre – un flash du futur ? Plus tard, je prendrai conscience que les quatre couleurs sont celles des quatre points cardinaux navajos. La roue m'entraîne jusqu'au cœur de la Terre. J'entends un rythme battre. Ce sont mes mains sur le sol. Puis plus rien. Je ne fais qu'une avec la terre. Ma grand-mère. Ma mère, mon père, mes enfants, mes amis, l'univers, la Terre. Tout le monde semble être là à présent, dans cette grande image aux couleurs vibrantes. Je me sens divinement bien. Je comprends pourquoi je suis sur Terre. Je veux rester. Vivre ici sur Terre. *What a trip!*

Après la cérémonie, je me sens rincée. Régénérée. En joie. Les accompagnants nous demandent de nous reposer. S'ensuit un débriefing personnalisé. Je partage combien la médecine de la plante m'a soutenue. J'ai pu libérer des angoisses générées, pour la plupart, par un ressenti de culpabilité profonde. Celle de n'avoir pas pu dire au revoir à ma grand-mère ; de m'être sentie éloignée de mes parents durant ma petite enfance. Tout cela sans plainte, pour ne pas déranger. La culpabilité est un poison féroce. J'en étais libérée, il n'empoisonnerait plus mon corps et mon mental. La joie était de retour.

Durant ce voyage initiatique, je n'ai pas vu de choses qui n'existaient pas. J'ai vu des choses qui existaient déjà, prendre vie. La salle choisie par les accompagnants donnait sur une nature en fleurs que l'on pouvait regarder à travers une baie vitrée. Malgré la puissance de la médecine de la plante, voir la nature m'avait mise dans un état d'esprit apaisé, qui me permettait d'aller là où la médecine me guidait. Ne pas connaître les personnes autour de moi ne m'avait pas dérangée : chacun avait son propre espace, suffisamment éloigné de l'autre. J'ai continué à expliquer à mes accompagnants que les huit heures de la cérémonie étaient vite passées. J'ai pu goûter à l'art de l'introspection avec une honnêteté et une loyauté particulière. Je prenais conscience qu'il m'était possible de changer d'anciennes croyances. J'ai aimé ressentir les forces du vivant à l'œuvre. La cérémonie m'invitait à vivre à travers plusieurs temporalités. Durant ces huit heures, un jeu s'était tissé entre le temps linéaire et une temporalité cyclique – en forme de spirale. Cela m'a permis de comprendre par la suite qu'il me serait possible de naviguer entre le passé, le présent, le futur et plus encore. Ne disposant pas de toutes les pièces du puzzle, mon destin attendait que je l'accomplisse.

Par respect pour cette médecine, le territoire où elle prend racine, les guides qui portent la connaissance de ses bienfaits, je n'ai pas voulu expérimenter une seconde fois la cérémonie de l'ayahuasca comme on me l'avait proposé. Ce remède était arrivé au bon moment, car il m'aidait à résoudre ce que les autres médicaments ou techniques ne pouvaient pas régler. Il a aussi renforcé mes défenses et mon corps pour résister aux effets secondaires des médicaments. Mon corps, mes émotions, ma psyché et ma perception d'un monde plus grand ont ainsi interagi. Peu à peu, mes crises d'asthme se sont dissipées. J'ai appris à savourer les choses de la vie de manière plus apaisée. À vivre, en accord avec l'ordre de l'univers, la suite de mon chemin initiatique.

MON CHEMIN INITIATIQUE APRÈS MA RENCONTRE AVEC LES DINÉS

Mon état de santé ne m'a pas épargnée. Quelques années plus tard, vers mes 40 ans, d'autres petites misères sont arrivées. Je perdais mes cheveux. Ma vue avait rapidement baissé. J'étais très active dans ma vie familiale et professionnelle. J'avais peu d'appétit. Je dormais peu. Après quelques rendez-vous, avec différents médecins pour être sûre du résultat, une hyperthyroïdie a finalement été diagnostiquée, avec des nodules suspects qui nécessitaient, selon un spécialiste, une ablation de la thyroïde[17] et une prise de médicaments à vie[18]. Je me souviens de mon entretien avec l'endocrinologue, spécialisé dans la gestion des troubles de la glande thyroïde, hyperthyroïdie et hypothyroïdie. Je me souviens surtout de ma réaction : « Comment puis-je admettre, malgré votre savoir, que la seule solution que vous ayez à me proposer est que me soit enlevée ma thyroïde avec, pour finalité, une prise de médicaments à vie ? Selon vous, n'y a-t-il pas d'autres moyens, plus doux, qui me permettraient de réguler, par moi-même, mon système hormonal ? Ce que j'entends de vous est que je ne serai finalement jamais guérie. Je ne peux pas suivre ce que vous me préconisez. » Il ne voulait rien savoir. Ne voulait prendre aucun risque. Je quittai son cabinet furax. Pourquoi ? Parce que je savais dorénavant qu'il me fallait trouver une solution

17. Seuls les nodules suspects ou volumineux doivent être opérés. Selon la taille, le siège du ou des nodules, on réalisera une ablation partielle de la glande thyroïdienne. En présence d'un cancer, cet examen anatomopathologique permet de classer le cancer en plusieurs catégories. Certaines d'entre elles nécessitent l'ablation complète de la glande avec un traitement complémentaire par iode radioactif.

18. Les personnes qui ont subi une thyroïdectomie totale doivent faire l'objet à vie d'un traitement substitutif par hormones thyroïdiennes. Sans cet apport d'hormones thyroïdiennes, les gens souffrent de fatigue, de dépression, de difficulté à se concentrer, de troubles de la mémoire, de problèmes de la peau, des cheveux, de constipation, de crampes, de douleurs articulaires, de baisse de la libido et de règles plus fréquentes.

au problème par moi-même. Je devais me prendre de nouveau en main, contre vents et marées. C'est ce que j'ai fait. Seule, avec mon monstre dans la gorge, je suis partie, quelques mois plus tard, retrouver les hommes-médecine dinés rencontrés à la Villette.

Depuis ce diagnostic, j'ai pris l'habitude d'établir un bilan thyroïdien tous les deux ans. Il y a six mois de cela, en vue d'un nouveau contrôle, je suis allée faire une échographie thyroïdienne[19] à Paris. Lorsque le spécialiste – assez plaisant – a émis son diagnostic, je suis restée sans voix ! « Eh bien dis donc, il y en a du monde ici ! » « Que voulez-vous dire ? » lui ai-je demandé. « Des canyons. Il y a des canyons », a-t-il répondu. Allongée sur le dos, la tête posée à plat et le cou dénudé, je regardais avec lui les formes de ma gorge qui se dessinaient sur l'écran. « Des canyons ? Je ne comprends pas. » Parlait-il de nodules ? « Des petits, des grands ? » lui demandais-je. « Cela ressemble au Grand Canyon ! » Prenant l'information sur le ton de l'humour, je réplique : « Vous m'étonnez ! Qu'est-ce qu'il y a dans mes canyons ? » « Des Navajos. C'est bien eux qui vivent dans les canyons, non ? » Abasourdie, j'insiste : « Des Navajos ? » « Oui, répond-il en riant, Ce sont bien les Navajos qui vivent dans le Grand Canyon ! » Mon sang n'a fait qu'un tour. Aussi surprenante que soit cette histoire véridique, elle s'est, pour moi, révélée magnifique. Je n'avais, auparavant, jamais rencontré ce médecin spécialiste. Lui ne me connaissait pas non plus. À la fin

19. Elle sert à obtenir des images de la glande thyroïde et à y déceler des anomalies. Cet examen complémentaire, non invasif, rapide et simple permet d'analyser l'aspect et la taille de la thyroïde ainsi que sa structure tissulaire.

de son énoncé, je lui ai révélé que je passais une partie de ma vie en terre navajo car, à la suite d'un diagnostic d'hyperthyroïdie avec nodules, j'avais décidé d'aller à la rencontre des hommes-médecine navajo pour me guérir. Un peu surpris par ma réponse et, peut-être pour garder le contrôle sur ses propos en tant que médecin spécialisé, il me répond d'un ton amusé : « Vous voyez, mon diagnostic est bon ! Vos guérisseurs ont su laisser leurs traces dans votre thyroïde, qui, quant à elle, se porte relativement bien, mademoiselle Garcia. Continuez à aller voir vos amis. Faites vos examens sanguins et revenez me voir l'année prochaine. »

Que dire face à ce moment imprévisible ? J'ai quitté l'hôpital dans un état second. J'ai scandé à tue-tête dans la rue des *« éya, éya... »* J'avais envie de raconter mon histoire à tous les passants. « Eh, vous savez quoi ? Il m'est arrivé une drôle d'histoire à l'instant. » J'ai traversé le canal Saint-Martin en chantant. Je me suis arrêtée face à l'eau, j'ai sorti une pincée de tabac de mon sac-médecine et je l'ai offerte à l'eau – un homme-médecine m'avait recommandé de remercier l'esprit de l'eau lorsqu'elle se trouvait sur mon chemin.

Arrivée chez moi, j'ai pris mon tambour et j'ai continué à chanter. Chanter en guise d'offrande. Chanter pour les esprits sacrés. Ceux des Dinés, sans oublier tous les autres esprits bienfaisants.

Cette expérience m'a permis de faire confiance à mon intuition et de prendre en charge ma propre responsabilité face à ce qui m'était arrivé et ce qui m'arriverait. Le corps parle. Ses messages sont des signaux d'alarme qui mettent en alerte. Guérir implique la présence des lois du mystère auxquelles aucun être ne peut se substituer. Que l'on ait la foi ou pas, c'est à elles que nous appartenons. J'étais sans cesse à fleur de peau. Une porte qui claque, un enfant qui pleure – tous ces sons et vibrations pénétraient mon corps jusque dans mes os ! J'ai désiré, au plus profond de mon être, la stabilité et la régulation naturelle de ma thyroïde. Cette guérison est bel et bien arrivée dans ma vie. Les paroles d'un homme-médecine me reviennent : « Ta guérison dépendra de toi. De la confiance envers l'homme, la femme de connaissance vers qui tu iras, de la qualité de ta présence et de l'intention que tu auras émise lors des rituels. Apprends à repartir d'un bon pas avec l'esprit libre. Ressens la brise fraîche du matin toucher les pores de ta peau. Sens combien ton corps est fragile et fort à la fois. Les lois du mystère sont en toi. Elles te permettent de vivre heureuse. »

LA CÉRÉMONIE DINÉE EN MOI, JE MARCHE

Durant mes voyages en terre dinée, il m'est arrivé d'assister à certaines cérémonies familiales. J'aime apprendre d'eux et leur donner en retour mon soutien. J'ai pu ainsi rencontrer des personnes dont l'état d'esprit me semblait plus libéral que d'autres. Certains d'entre eux avaient passé une partie de leurs vies parmi les Américains, les Mormons, les Mexicains. Étaient-ils plus émancipés de certains « préjugés », confirmés par d'autres plus traditionalistes ? Peut-être que oui. J'étais néanmoins touchée par ce que tous émanaient. Traditionnels ou pas. Leurs croyances tout autant que leurs tabous m'ont ouvert l'esprit sur la vision de leur monde. Selon ma propre perception, aller vers l'inconnu et garder confiance en soi aide à vivre au-delà des préjugés. Il est primordial de s'ouvrir à la compréhension d'autres réalités en allant rencontrer réellement les gens. Les sentir, les toucher et se sentir touché par eux. Cette manière de vivre a concrètement nourri mon intuition.

Vivre, comme j'ai eu la chance de l'expérimenter, le déroulement d'une cérémonie traditionnelle en tant que personne non-navajo semble être quelque chose de rare. Les hommes et femmes-médecine, sans oublier les familles concernées, sont ceux qui approuvent, ou pas la présence de personnes étrangères. Le souhait des Dinés est de protéger leur culture des étrangers. Cette détermination féroce est à mes yeux pleine de sagesse car la menace d'une assimilation culturelle amérindienne à l'idéologie américaine dominante et aux pratiques pseudo-chamaniques inspirées des « Indiens » est une réalité à laquelle ils font face.

À la suite à mes problèmes de santé liés à ma thyroïde, il a été question, cette fois-ci, d'être en phase avec ma requête : bénéficier d'une cérémonie. Mon besoin a été de continuer à faire le point avec moi-même tout en me reliant à leur sagesse, un équilibre sur le chemin de la beauté. J'apprendrai que chaque homme-médecine détient trois ou quatre spécificités de guérison, appelées « voies » de guérison. Il faut beaucoup de mémoires pour préserver la qualité des rituels. Une cérémonie réussie est dirigée par un ou plusieurs hommes-médecine en capacité de ne faire aucune erreur durant celle-ci. Je me suis dirigée auprès d'un homme-médecine que l'on m'avait conseillé. Après m'avoir écoutée, celui-ci a accepté de me recevoir quelques jours plus tard dans le *hogan*[20], afin que je puisse continuer ma conversation avec lui de manière plus approfondie. Selon la tradition dinée, la description d'une cérémonie ne doit pas être divulguée. Même s'il m'a été possible d'en découvrir certaines, dans des livres ou sur des vidéos, mon souhait est d'expliquer ici exceptionnellement, sans divulguer ce qui doit rester secret, l'une d'entre elles. Les cérémonies sont sacrées. Elles doivent rester secrètes. Les parties décrites sont une invitation à comprendre l'impact de guérison engagé par l'homme-médecine pour son patient lors d'un rituel.

Le jour J arrive. Par la porte située à l'est *(ha'a'aah)*, j'entre dans le *hogan*, en tournant dans le sens des aiguilles d'une montre. L'homme-médecine, assis à l'ouest *(e'e'aah)*, me demande de m'asseoir à côté de lui côté nord, *(náhooks)*. Une femme entre à son tour, puis s'assoit à côté de moi. Quelques minutes plus tard, c'est au tour de deux hommes, qui s'assoient du côté sud *(shádi'ááh)*.

Il fait chaud dans le *hogan*. Une odeur parfumée de terre et de cèdre se mêle à celle du feu. Du petit bois pétille dans le poêle central dont la porte est ouverte. Une légère fumée en forme de spirale monte vers le haut du *hogan*, ouvert sur le ciel. Sa forme carrée, en bois, par lequel s'achemine le tuyau du poêle, donne sur le ciel encore

20. Selon l'origine mythique du *hogan*, la charpente est construite à partir de quatre pôles nommés, le pôle sud, appelé le pôle de la Femme Montagne, le pôle ouest, appelé le pôle de la Femme Eau, le pôle nord, le pôle de la Femme Maïs. Le sommet du *hogan* représente un arc-en-ciel. Pendant la construction du *hogan*, des chants ont été chantés et ont établi le *hogan* comme lieu de cérémonies. Aujourd'hui, les cérémonies commencent par le Chant du *Hogan*.

éclairé par le soleil d'une fin de journée. De cette façon, avec la terre et le ciel comme partie intégrante de la structure, les Navajos restent connectés à ce qu'ils ont de plus cher. Je sens la présence forte de l'homme-médecine. Je ne le regarde pas. Cependant, je sens mon cœur frapper fortement contre ma poitrine. Chez les Dinés, le pouvoir de l'homme-médecine est réel. Jusqu'à présent, il m'a été facile d'aider à la préparation des cérémonies pour les autres personnes. Aujourd'hui, c'est de la mienne dont il s'agit. Cela me rend un peu fébrile. L'homme-médecine commence à me parler : « Lorsque la construction du *hogan* dans lequel tu te trouves a été terminée, les deux chanteurs qui sont assis avec nous, et le guérisseur, ont béni le *hogan*, le dessus et les quatre directions[21] des murs. Cela rappelle à la famille et à tous les membres de notre communauté que le *hogan* est consacré aux cérémonies en la grâce du Créateur. Tu es dans une demeure sacrée. Dans l'abri, la protection et le refuge de mon peuple. En raison de l'harmonie dans laquelle le *hogan* a été construit, toi, en tant que non-navajo et nous, nous pouvons être ensemble pour endurer, écouter les épreuves et restaurer *hózhó*, dans le cadre de l'harmonie entre les montagnes sacrées et sous la garde de Terre-mère et Ciel-père. »

Les mots de l'homme-médecine me touchent profondément, résonnent dans les moindres parties de mon corps et dans ma tête. Ils me font du bien. Je commence à me détendre. Dans cet état de recueillement, je remarque qu'il y a, à même le sol, un petit tas de charbons ardents étalés

21. Les quatre directions du *hogan* représentant les quatre montagnes sacrées qui entourent le territoire diné.

devant lui. Une longue boîte en bois de cèdre est également posée près de lui, à même le sol. De sa boîte-médecine, il sort de longues plumes et des pointes de flèches de pierres noires et attrayantes. Les plumes me font penser à celles de l'aigle. Puis il sort une épaisse pièce de cristal translucide qu'il dirige vers les petites flammes du poêle central. L'homme-médecine entame un chant. Il est accompagné des deux hommes chanteurs présents. Deux membres de la famille de l'homme-médecine entreront plus tard dans le *hogan*. Dans sa boîte, il prend une petite forme conique faite de feuilles de maïs, qu'il tend à l'un des hommes. Celui-ci presse l'enveloppe du rouleau de maïs dans lequel, je le comprendrai plus tard, se trouve une sorte de tabac utilisé pour les cérémonies. L'homme-médecine prend un bâton de bois qu'il sort du feu et plonge dans le tas de charbons de bois, qu'il finit par faire briller en soufflant dessus. Peu à peu, le charbon rougit. L'homme-médecine est capable de voir, à travers les charbons chauffés, des avertissements, des divinations qui prédisent la nature de la peine ou de la détresse d'une ou plusieurs personnes. Sa voix change peu à peu de tonalité. « Je vois autour de toi des personnes dans la laideur[22] » – des personnes porteuses de mauvaises intentions, me confirmera-t-il plus tard. À ces mots, je me sens glisser à travers les fissures d'une autre perception du monde. Apparaissent à ma mémoire des personnes auxquelles je pense souvent malgré moi, et qui ne sont pas très sympathiques à mon égard. Le fait que l'homme-

22. Pour cet homme-médecine, « dans la laideur » exprime le fait que lorsqu'une personne émet à plusieurs reprises des pensées négatives envers une autre, elle crée de la disharmonie.

médecine ait pu mettre le doigt sur ce constat et sur ce que je ne voulais pas voir jusqu'à présent – la jalousie – me met mal à l'aise. Les chanteurs continuent à chanter. Ma tête devient lourde. Je me sens confuse – chargée d'énergies déplaisantes – jusqu'à ressentir la présence de ces personnes dans le *hogan*. Une envie de vomir me porte au cœur. L'homme-médecine me demande de répéter après lui des mots, en langue navajo. Je les répète les uns après les autres. Puis il allume, avec un bâton de bois incandescent, l'épais rouleau de feuilles. Il en tire de grosses bouffées et rabat de son autre main, vers son visage et vers son corps, la fumée épaisse du tabac. Il fait de même pour moi. C'est à mon tour de fumer. J'aspire profondément la fumée du tabac et, selon les ordres du guérisseur, j'exécute les mêmes gestes vers ma tête et mon corps. La fumée du tabac s'infiltre jusqu'au fond de ma gorge. Une violente toux sort de mes bronches. Je ne m'étais pas imaginé à l'avance que je pourrais me montrer ainsi devant tout le monde. Je me sens mal à l'aise. Sous les mots et le regard de l'homme-médecine, je réponds à ses directives. Il me demande de fumer encore. « *My God*, je vais vomir ou quoi ? » Je tousse intensément, de manière répétitive. Ma toux semble sortir des profondeurs. M'était-il déjà arrivé de tousser avec une force pareille ? Jamais ! Mon ventre se dénoue peu à peu. Étrangement, l'envie de vomir va cesser durant le prolongement de la cérémonie. De son côté, l'homme-médecine, qui a repris le rouleau conique, continue à tirer la fumée du tabac et m'en recouvre la tête et le corps. Il en fait de même sur lui, puis passe le rouleau aux autres personnes présentes. À leur tour, elles se recouvrent de la fumée épaisse du tabac. Rincée, épuisée, je sens mon dos se courber vers l'avant jusqu'à faire face au foyer central. Les chants reprennent. L'homme-médecine m'explique que lorsque nous nous présentons assis à même la terre devant son feu, nous nous libérons de nos ténèbres. Et ce faisant, nous les dépassons. Dès lors, le temps que nous continuons à fumer le reste du tabac de la cérémonie me permet d'évoquer les problèmes que j'ai pu rencontrer. Il me demande d'énoncer les miens au feu, de manière honnête et sincère. Je cherche mes mots. C'est la première fois que je me retrouve dans cette situation : devoir parler au feu avec mon cœur, de moi-même et à voix haute devant d'autres personnes. Avant de parler de mes problèmes, mon souhait premier est de me présenter à ceux présents dans le *hogan*. Mes parents, mes enfants, mes amis, ma vie professionnelle, mon quotidien en France. Plus je me dévoile, plus que je rends compte combien j'aime ma vie. Suivent les problèmes : décrire pourquoi certaines personnes de mon entourage, sont « dans la laideur ». L'intensité de ma voix semble sortir de mes tripes. Je m'exprime en anglais ou en français lorsque je ne trouve pas les bons mots. Convoitise, rancœur, rivalité, méchanceté, dédain... Je leur décris ma gêne d'avoir amené tout ce fatras jusqu'ici malgré moi. Mes paroles vont et viennent. Elles ressemblent à une prière. Une mélodie forte en émotion. Je demande au Créateur de m'aider à ne pas me « voiler la face » ; à devenir une femme plus consciente ; plus forte et claire envers moi-même et envers ceux que j'aime. Je demande à me libérer des scories, les miennes et celles d'autrui, afin de ne pas les transmettre à mes enfants et à mes proches. Plus je parle de manière franche et authentique, plus je ressens la puissance qui émane de l'homme-médecine assis à mes côtés. Une sorte de basculement énergétique se produit en moi et tout autour de moi, me portant hors du temps. Je ne suis plus gênée par quoi que ce soit car l'homme-médecine m'a donné l'espace nécessaire pour exprimer mes ressentis. Prendre ce temps pour moi. Avec les autres. Eux aussi m'écoutent. Aucune perception de jugement, de perversion, de moquerie, de malice. Cette sorte d'espace-temps me procure un bien fou. Un voile se lève.

Encore des mots, encore des chants et des prières. Quelques instants plus tard, l'homme-médecine prendra dans sa main les plumes de l'aigle. Il passera sur moi en tapotant la fumée du bois de cèdre sur mon visage, le haut de mon crâne, sur mon cou, mes mains, mes jambes, mes genoux et mes pieds. Puis, à l'aide d'une sorte de morceau d'os – j'apprendrai qu'il s'agit de la clavicule d'un aigle – il va souffler vers moi un son unique et aigu, un acte de purification de l'esprit, de l'âme et du corps – les miens, les siens et ceux des autres personnes présentes. Puis c'est au tour de la femme assise à côté de moi. Elle s'exprime en langue navajo. Je saurai plus tard qu'elle demande la présence des Êtres Sacrés et les remercie. Elle leur demande de bénir sa famille et toutes les personnes présentes, que nos pieds soient bénis afin qu'ils puissent toucher la terre en la respectant. Que les jambes, les bras de notre corps puissent prendre part correctement à nos activités.

Je ne sais pas combien de temps s'est écoulé. Un des chanteurs se lève. Après avoir tourné dans le sens des aiguilles d'une montre, il sort par la porte. Le vent léger du dehors vient rafraîchir l'intérieur du *hogan*. Je me sens émue devant tant d'amour. Tout est si simple. Sans filtre, sans masque, sans revendication. C'est aussi ça, la beauté.

Des larmes coulent sur mes joues. Les petites flammes du feu se réduisent d'elles-mêmes peu à peu, laissant dans le *hogan* une lumière encore plus intime. Peut-être est-ce la fin de la cérémonie ? Faut-il que je parte à mon tour ? Il n'en est rien. L'homme qui était sorti entre à nouveau et retourne s'asseoir à la même place. Je respire à pleins poumons. Le tabac, les prières, les paroles et les chants en navajo font effet sur moi. Je me sens purifiée, nettoyée d'un « poids », d'un mal-être – de la laideur. S'ensuit une sensation de détente intérieure profonde – l'attraction de l'harmonie avec l'énergie qui se dégage du *hogan*. La bénédiction par le tabac, le chant, la prière pour moi, participent à la fonction du *hogan* pour attirer les bonnes forces. Toutes les personnes autour de moi semblent profiter de ce moment unique. Par conséquent, je m'allonge sur la peau de mouton posée sur le sol en terre battue. Je comprends que je ne me suis jamais permis d'être dans la gratitude et dans l'accueil du sacré comme je le suis à présent. Mais qui suis-je en fait ? Avec tous mes a priori, mes prétentions, mon paraître. Je suis à côté du feu, de l'homme-médecine et des autres personnes. Je sens se dissoudre dans la terre sous mon corps tous les apparats inutiles qui ont jusqu'ici façonné ma vie. Je lâche totalement prise, submergée par un ressenti d'amour. Je me sens connectée à la Terre, au *hogan* et à tout ce qui m'entoure. Sans dire un mot, mon regard se dirige vers la femme assise à côté de moi. « C'est la voie de la beauté ; c'est à cela que nous croyons, nous, les Dinés », me dira-t-elle plus tard. Les prières se terminent. Ma voisine s'est assoupie. Il est temps de sortir. Je me lève. Bien que cela ne soit pas mon intention, je me rappelle que pour les Navajos, aucune personne ne peut enjamber le corps couché d'une autre personne. Peu importe à quel point un *hogan* peut être encombré de personnages endormis. En guise de remerciements, j'offre à l'homme-médecine et à chacun des participants des fruits frais achetés pour eux. Je me dirige ensuite vers les deux chanteurs qui ont soutenu la cérémonie. Je leur dis que j'aimerais apprendre des chants, un jour. Les chants de la cérémonie doivent rester secrets. En revanche, ils me donnent certains noms de chanteurs renommés qui ont enregistré des chants que l'on peut apprendre. Je garde en tête certains d'entre eux.

L'homme-médecine se dirige vers moi et me dit: « À partir de maintenant, ta vie s'inscrit dans un renouveau. C'est un véritable recommencement. Sens comme tout autour de toi est vivant. Respire la terre, l'air frais, les étoiles, la lune, la nuit. Remplis-toi de tout ce qui t'a fait jusqu'à présent. Tout cela appartient au mystère de la vie. Entre dans le mystère de ce nouveau cycle sans en avoir peur et fais-le vibrer en toi. » Je me dirige vers ma voiture avec ces paroles de grande sagesse. Puis chacun part à son tour.

LES SIGNES DE LA VIE

Partir à la recherche d'approches de la guérison en harmonie avec le mental, le corps, l'esprit et la conscience, m'a permis d'avoir une meilleure compréhension des choses. En découvrant celle des Dinés, j'étais bien sur mon chemin de vie. Cela me rendait unique. Afin de m'y tenir, il me fallait garder l'œil ouvert sur les signes. Mon expérience pouvait devenir utile pour d'autres. Vivre avec « les Indiens » n'était pas un fantasme, mais une responsabilité. Celle d'écouter et d'apprendre comment une pensée traditionnelle amérindienne peut nourrir, philosophiquement et énergétiquement, un être sur son propre chemin.

La vision des charbons ardents de l'homme-médecine, qui ne connaissait rien sur ma vie, était nette et précise. Cependant, comment était-il possible que des personnes « dans la laideur » puissent participer au mauvais fonctionnement de ma thyroïde ? Selon lui, je vivais ma vie dans de « mauvaises conditions », c'est-à-dire en dehors de *hózhó*, la beauté. Mon état de santé résultait des liens, passés et présents, avec des personnes qui ne me procuraient pas de joie réelle. Elles participaient, consciemment ou inconsciemment, au « déséquilibre » que je ressentais plus ou moins dans ma vie. J'avais pris la fâcheuse habitude d'attirer des relations qui me maintenaient dans des réflexes que je connaissais bien – prendre sur moi, ne rien dire, ne pas se plaindre, même quand tout va mal. Il est vrai que je n'aimais pas les conflits. Ne pas m'exprimer, c'était les éviter. Les chocs émotionnels causés par mes plus importantes séparations grandissaient. Le corps, l'âme et l'esprit n'en pouvaient plus. J'étais saturée, devenue incapable par moments de lire les signes de la vie sur mon chemin !

Quelques jours après ma cérémonie, l'homme-médecine a pris le temps de m'expliquer que ce type de fonctionnement provoque, de toute évidence, un manque de conscience de l'importance de la vitalité. Les énergies des corps – causal, physique, émotionnel, spirituel, énergétique, psychique, s'ils ne sont pas dans la joie et l'harmonie

– amènent à être, temporairement ou définitivement, « dans la laideur ». Ces phénomènes sont sources de maladies, de mal-être et de fausses croyances. Le processus de guérison implique de retirer les « choses laides » la colère, la tristesse, la violence – qui ont pénétré dans les corps du patient, afin que celui-ci retrouve l'état de *hózhó*. Selon lui, je ne pouvais pas être dans la laideur. Ayant pris mon élan pour vivre en joie sur mon propre chemin, l'effort que j'avais pu fournir durant ma cérémonie avait nourri l'harmonie, pour moi et pour les autres. C'est un principe de guérison pour les Dinés.

Comprendre l'état de *hózhó* est une chose. Cheminer sur le sentier Pollen, comme je le fais, en est une autre. Au premier abord, j'ai vécu mes initiations sans vraiment comprendre ce qui m'arrivait. Maintenant, où que je sois, nourrir ma quête d'harmonie *hózhó* est devenu essentiel. Je suis toujours dans le mouvement et les ajustements pour continuer à marcher dans la beauté du mieux possible. Non pas parce que je dois le faire – on m'a dit que je devais le faire – mais parce qu'il en va de mon énergie vitale, de mon lien avec l'ordre de l'univers et de ma compréhension des choses – voir les signes et avancer en harmonie sur mon chemin.

Afin de continuer à m'ouvrir à eux, j'ai aimé prendre du temps auprès des hommes et des femmes de connaissances en dehors des cérémonies. Ces démarches m'ont aidée à décrypter l'impact des croyances, superstitions et tabous. Les leurs sont différents de ceux des Occidentaux. « *Your people's beliefs are not mine.* » – « Les croyances de ton peuple ne sont pas les miennes », m'avait dit un jour l'un d'entre eux, lorsque je lui avais dit qu'en France, il ne fallait pas croiser un chat noir, que c'était considéré comme un mauvais présage[23].

Chez les Dinés, on ne peut pas être en contact avec des outils de cérémonie si l'on n'est pas correctement préparé à les utiliser. Lorsqu'on s'est peigné les cheveux, ceux qui sont restés sur la brosse doivent être enterrés afin d'éviter que quelqu'un qui vous souhaite du mal les prenne, les mélange avec des herbes et du gravier de fourmilière, et lance une mauvaise pensée qui vous apportera la maladie. Les phénomènes naturels tels que la foudre, le vent, le tonnerre, sans oublier les fantômes et les sorciers, peuvent pénétrer dans le corps d'une personne et entraîner chez elle des maladies. On m'a toujours dit d'éviter les arbres foudroyés, les coyotes et les serpents.

PASSAGE DE LA QUARANTAINE ET CONSCIENCE DE SOI

Ce que m'a enseigné l'homme-médecine durant la cérémonie a été fondamental. J'ai interprété les leçons de celle-ci comme un « passage de la quarantaine pour une meilleure conscience de soi », et non comme la fameuse crise de la quarantaine. J'ai ressenti une profonde libération lors de ce rite de passage. Cela m'a permis de me lier profondément à la spiritualité Diné pour incarner la beauté dans ma vie. Ce que j'ai eu à lâcher était, *inconsciemment*, un sentiment d'échec. Je n'étais ni libérée des liens avec

23. Des légendes du Moyen Âge associent le chat noir au félin de Lucifer, qui aurait envoyé sa fille sur Terre accompagnée d'un chat noir pour enseigner la magie « noire » aux mortels.

des hommes et des femmes que j'avais aimés d'amitié ou d'amour, ni des chocs affectifs liés à mes séparations. Une dépendance vibratoire en disharmonie avec mon chemin de vie se jouait encore entre eux et moi. Je le savais mais je ne voulais pas y prêter attention. Je m'étais habituée à vivre avec. Une de ces femmes, que je considérais comme une amie, m'avait dit un jour, lors d'une conversation que nous avions autour de la relation entre les hommes et les femmes : « Toi, tu ne sais pas retenir les hommes. » Je me sentais rabaissée par le jugement de cette femme. Retenir un homme pour le « garder » ou bien par peur d'être seule ?

Je remercie mon corps. Lui a su poser les limites. Avec ce qu'il me renvoyait, je devais agir autrement que d'une manière radicale comme l'avait été à mes yeux le diagnostic de l'endocrinien – « sacrifier » ma thyroïde sans chercher à la guérir. Pour moi, le corps, mais aussi l'âme et l'esprit, étaient en jeu. Pour les Dinés, Il n'y a pas d'un côté le bien et de l'autre le mal. C'est ce qui m'a déterminée à me reconnecter avec l'aspect sacré de la guérison lors de mes initiations auprès d'eux. Chez les Dinés, il n'y a pas de séparation entre le monde profane et le monde sacré. Ils me l'avaient expliqué, mais je ne l'avais pas vécu dans ma chair, à travers un rituel me concernant. La vie me secouait de nouveau. Je me suis retrouvée face à moi-même, consciente du nouvel obstacle à franchir. Je savais qu'une part de moi restait encore collée à certaines névroses – la faute, le reniement, le renoncement. J'avais gardé une fâcheuse tendance à faire passer l'autre avant moi. Je manquais de confiance et d'estime de moi. Je n'avais pas conscience de qui j'étais. Tout en étant animée par la volonté de me réaliser en tant que femme artiste, la perception que j'avais de moi-même reposait sur des expériences douloureuses répétées. C'était trop lourd à porter, je me sentais incapable de savoir par où commencer pour relever la tête. La vision de l'homme-médecine a percé le voile de mes blessures pour me guider vers une beauté cachée de moi-même – la conscience de soi. J'ai perçu les rituels comme une force extérieure à moi. Ces ouvertures harmonieuses, vécues au milieu du désert de l'Arizona, m'ont de nouveau mis sur le chemin de la joie. J'ai pris conscience que la difficulté – il y en a toujours dans la vie – deviendrait peu à peu un guide avec lequel je pourrais me repositionner et être davantage utile pour le collectif en canalisant et en partageant en France la conscience navajo[24]. Il manquait une corde à mon arc[25], je l'avais enfin trouvée !

La quarantaine a été pour moi un passage initiatique vers la conscience de soi, qui m'a permis de réintégrer ma place dans le Tout[26], de restaurer en moi les liens symboliques de la Terre et du Ciel, l'équilibre entre le féminin et le masculin, la beauté. Tout cela est une seule et même chose. J'ai conscience que chacun d'entre nous, êtres humains

---

24. Interview *La Télé de Lilou Macé*, 14 mai 2017.

25. Cette réflexion est reliée à l'arc et la flèche qui, pour certaines cultures Native Americans, est une métaphore de la vie. La lune leur a donné l'arc, et les flèches sont venues du soleil. Le Soleil est masculin ; les flèches le sont aussi. La lune est féminine, l'arc l'est aussi. Ensemble, le soleil et la lune, l'arc et la flèche, mâle et femelle, réalisent cet équilibre, qui est le reflet de la vie. Un arc, aussi solide ou bien fait soit-il, ne peut remplir sa fonction sans la flèche. Une flèche, aussi droite soit-elle, ne peut pas remplir son rôle sans l'arc.

26. Le Tout est le résumé du mystère du monde et celui de la vie. Un dépassement de l'être et du non-être, de la matière et de l'esprit, du visible et de l'invisible, du chaos et de l'ordre, du dedans et du dehors, de la transcendance (ce qui contient son principe dans l'au-delà) et de l'immanence (ce qui contient son principe en soi-même).

et non-humains, est la conjonction de toutes les forces de l'univers, ce qui, d'une certaine manière, caractérise ce que les Native Americans nomment le Grand Créateur[27]. Je me suis reconnue en tant que fille de la Terre et du Ciel. La perception d'unité – que les Dinés nomment beauté – m'a permis de me reconnecter à cette réalité profonde. Il n'y a pas de séparation. La femme qui m'a mise au monde, ma grand-mère, mon père, mes enfants et petits-enfants, les êtres qui ont croisé mon chemin et moi-même, toutes et tous avons la même mère, qui est la Terre et le même père, qui est le Ciel. Il faut revivre en conscience cette réalité – une métamorphose de la chair en la Chair. L'incarner.

Il faut du courage, de l'engagement et du discernement pour se libérer des liens intimes – ceux qui le plus souvent révèlent la souffrance. Prendre du recul, écouter, voir, couper les liens – ceux des mémoires anciennes, des prétentions existentielles, des besoins de reconnaissance. Apprendre à renoncer au monde des illusions et des projections : cesser de nourrir les blessures, mettre en lumière les bas-fonds de l'existence, vider le connu. Faire le vide. La conscience de soi aide à cela. Parfois, lorsque je m'éloigne de mon chemin, pour une raison ou une autre, – la joie, la beauté, l'harmonie – la vie elle-même me rappelle à l'ordre. « Marche. Chante. Diffuse en toi et autour de toi la beauté, la joie », me dit-on. Qui

27. Selon les Navajos, seul le Créateur sait où se trouve le commencement. Le Créateur a eu une pensée qui a créé la lumière à l'est. Puis la pensée est allée vers le sud pour créer l'eau, vers l'ouest pour créer l'air, et vers le nord pour créer le pollen, à partir du vide. Ce pollen est devenu la Terre. La lumière, l'air, l'eau et la terre sont contenus dans tout ce qui existe dans la nature, et tout le monde naturel est interconnecté et égal.

me parle ? Je ne sais pas. Je ne me l'explique pas. Ce que je sais, c'est que j'aime vivre en ayant conscience de l'importante de tout cela.

CHANTER POUR GUÉRIR

Durant la cérémonie, j'ai fortement apprécié la place occupée par les chanteurs. Ils ne sont pas assis autour de l'homme-médecine pour parler, débattre, échanger, trouver une solution à un problème. Ils chantent. Ils célèbrent. Ils manifestent et honorent les chants sacrés que leurs ancêtres, ensemble et solidaires, ont dû eux-mêmes chanter pour guérir de leur propre passé. Il n'y a pas de chants ou de cérémonies pour les Blancs – en tous les cas, en ce qui me concerne. Cela certifie pour moi que seuls les actes clairvoyants qui ont pu résister au pire survivent irrévocablement. Que l'on soit blanc ou pas. Cette simplicité d'être, d'êtres à êtres et dans la vibration des chants de guérison, m'a permis de me retrouver véritablement. De me reconnecter à ma nature profonde. Je me suis laissée traverser par cet espace intemporel, un monde sans névroses, sans attaches, sans jugement entre l'impermanence et le changement. De vibrations en vibrations, de voix tantôt graves, tantôt aiguës selon l'âge et la voix des chanteurs. Toute cette expérience m'a permis d'accueillir la douceur et la force à la fois. Force et douceur dans le sens où les lois de l'univers sont en moi.

Cette source de vie a continué de couler en moi. Elle m'a permis de dépasser d'autres peurs. Elle m'a donné la force d'unifier définitivement la femme et l'artiste chanteuse. De ne plus craindre cette source intemporelle qui, à travers le chant, vibre en moi et tout autour de moi. La laisser vivre parce qu'elle est sacrée, spirituelle et qu'elle se nomme la beauté. Une métamorphose que j'ai vécue comme un état de grâce. L'intensité de ces initiations reste vertigineuse pour moi. Elles sont vivantes. Chanter, c'est laisser tomber le mur de l'autolimitation pour que vibre, par la fonction du chant, le fait que nous sommes plus que ce que nous croyons être. Chanter, c'est une prière, une manière de communiquer avec l'Esprit. Dans beaucoup de traditions amérindiennes, nous chantons en cercle. L'Esprit est dans le cercle. Le chant raconte une histoire que l'on a apprise par la voix/voie du cœur. On ne cherche pas à comprendre quelque chose lorsque l'on chante un chant précis. L'esprit ne cherche pas à comprendre. L'Esprit ne connaît pas l'histoire du temps qui passe. De loin ou de près, l'Esprit ne quitte jamais le cercle. Chanter, c'est transmettre tout cela, ici et maintenant. Pour cela, il suffit de se tenir calmement au centre de soi-même, afin que coule, à travers les chants et les gestes qui vont parfois avec, la source de toute joie. Il est bon d'apprendre à se respecter afin de porter en soi l'outil de guérison – nous appartenons au cercle de la vie. Le chant me guérit un peu plus tous les jours. Le chant, mais aussi la danse, l'écriture, les peintures de sable sont une médecine. Je la porte en moi pour transmettre aujourd'hui les arts qui guérissent la Terre. Tout comme nous, la Terre appartient au cercle de vie.

DES CHANTS INSPIRÉS POUR RÉCONFORTER ET APPRENDRE

Diyingo Daa Sin Bee Ił Hózhǫ́ dóó Na'nitin

Depuis mon enfance, les arts, le chant et la musique font partie de ma culture, de mon histoire. Ils sont devenus de précieux alliés et ont un effet important sur mon développement personnel, ma physiologie et mon lien avec ma famille. Pour moi, les chants et la musique que j'écoute rassemblent, animent, tissent des histoires qui parlent de la vie. Chaque culture a su préserver cela. Ils ont un pouvoir insoupçonné sur mon cerveau et mon corps. Ils touchent l'âme. J'aime écouter toutes sortes de musiques. Peu importe le style, elles me font toutes vibrer. Il m'arrive d'écouter des chants surprenants. Je pense essentiellement au coffret de la collection du Centre national de la recherche scientifique et du musée de l'Homme, « Les Voix du Monde ». Ce coffret est une anthologie des expressions vocales des pays du monde entier. Appels, cris, clameurs, voix et souffle, voix parlées, chantées, voix travesties, accord, instrument. Le langage de la voix reflète pour moi le chant de l'univers.

La place du chant dans les cultures amérindiennes m'a encouragée à trouver ma place à travers l'art du chant. En tant que chanteuse, j'ai compris qu'au-delà d'une manifestation artistique, les chants navajos m'emmenaient dans le monde de la créativité, du mystère et de la guérison. Les Dinés chantent une cosmogonie qui leur a permis de se développer. Ils font résonner en eux le cœur unifié d'un système dont ils dépendent. Ils font appel aux voix/voies, qui sont entendues par un collectif réceptif, capable d'entendre leurs messages sacrés. Les chants sont aussi issus de rires et de fêtes. Ils permettent de célébrer ce qui va bien.

Durant mes expériences auprès des hommes et des femmes de connaissance dinés, j'ai appris que, lors des cérémonies, le chanteur est un pilier central. Un *hatalii*, ou homme-médecine, commence sa formation d'apprenti avec un chanteur plus âgé. Tout au long de sa vie, il apprendra quelques « voies de guérison » qui sont elles-mêmes accompagnées de chants. Chacune des voies nécessite beaucoup de temps, d'efforts et de mémoire pour apprendre et se perfectionner. Les chants sont transmis oralement. Contrairement à d'autres médecins amérindiens s'appuyant sur des visions et des pouvoirs personnels, un *hatalii* agit comme un facilitateur capable de transférer le pouvoir des Êtres Sacrés au patient, afin de rétablir l'équilibre et l'harmonie. Selon les échanges que j'ai eus durant mes voyages, j'ai appris que chaque chant porte une histoire. Il peut être relié au symbolisme des couleurs et des directions – les quatre montagnes sacrées[28] – comme une quintessence qui permet d'ordonner et de manifester les gestes rituels effectués par l'homme-médecine. Durant le chant, et selon les cérémonies, le chanteur peut confectionner des bâtons de prière, réaliser des peintures de sable de guérison. Il peut utiliser la pierre moulue pour la confection de la farine de maïs, la racine de yucca en guise de shampoing pour

28. Ces chants rappellent aux Dinés que chaque pas emmène sur le chemin sacré et magnifique des montagnes. *Nizhoni Shooo Shi Dine' Nishli'!* « Marchez dans la beauté de l'endroit où nous sommes jusqu'à l'endroit sacré ! »

le patient. Il utilise parfois la cendre du feu, le pollen du maïs comme protections et bénédiction. Toujours durant le chant, il peut aussi présenter des objets rituels aux Êtres Sacrés. Lors de certaines cérémonies, j'ai pu observer les gestes et mouvements de mains et de bras de l'homme-médecine. J'apprendrai qu'ils lui permettent d'identifier le patient auprès du monde surnaturel ; ou bien d'éliminer, de débarrasser le corps du patient des énergies négatives. La reconnaissance du patient par les Êtres Sacrés passe aussi par les imprégnations que l'homme-médecine effectue sur son corps, au moyen d'objets rituels appartenant au chanteur. Ainsi, le patient est béni ; relié aux *Holy People*, Êtres Sacrés. Selon les cérémonies, d'autres actions rituelles importantes pour l'homme-médecine consistent à donner au patient des infusions d'herbes médicinales. Lorsque la cérémonie comporte la réalisation de peintures de sable de guérison, l'homme-médecine devra, à la fin du chant, presser sur certaines parties du corps du patient le sable des peintures sacrées sur lequel il est assis.

C'est incroyable pour moi qu'autant de chants puissent permettre de restaurer l'harmonie. J'aurais trouvé formidable qu'un médecin parisien puisse me chanter des histoires symboliques pour guérir ma thyroïde !

Je ne connais pas la signification de tous les chants, car il y en a énormément. Au premier abord, on pourrait croire qu'ils ne veulent rien dire. Mais ce n'est pas le cas. Ils sont animés d'onomatopées formées de voyelles et de consonnes et structurés en parties équilibrées, dans la répétition des paroles et de la mélodie. Ainsi, ces chants racontent le cycle de la vie en illustrant l'origine du monde, les mondes souterrains ; la présence de la déité navajo :

Femme Changeante, et de ses fils, les Héros Jumeaux, car ils débarrassent le monde des monstres maléfiques ; du *hogan* ; des Êtres Sacrés. De telles histoires sont essentiellement évoquées à travers le chant. Reliés au principe de renouvellement de la vie, ces chants sacrés contiennent d'autres épopées narratives comme celle du lien entre la Terre et le Ciel, des manifestations mâle et femelle du vent ou de la pluie – une pluie fine est femelle, une pluie torrentielle est mâle – sans oublier la présence des règnes animal et végétal. Une femme de connaissance que j'ai pu rencontrer lors du tournage d'un de mes films documentaires m'expliquait que les chants sont dirigés vers le patient qu'ils soignent, mais aussi vers les hommes-médecine. Ils sont une « médecine » permettant de relier corps et esprit et guérissent tous « les corps », le soi tout entier relié au Grand Tout. Les chants sacrés sont là pour attirer immanquablement et en toutes circonstances la protection des Êtres Sacrés durant les quatre saisons. Les chants sacrés chantés dans le *hogan* lors des cérémonies doivent rester secrets.

Les chants qui accompagnent les cérémonies prennent en compte le fait que la santé globale est enracinée dans des forces surnaturelles, ce qui permet aujourd'hui aux pratiques de guérison navajo et aux procédures médicales occidentales de coexister. Bien que les hôpitaux situés sur la réserve fournissent principalement des traitements médicaux allopathiques, ils proposent également des interventions cérémonielles avec des guérisseurs traditionnels. J'ai dû un jour amener un ami au Fort Defiance Indian Hospital de la réserve en urgence. À ma grande surprise, j'ai entendu depuis la salle d'attente des chants traditionnels et senti, dans l'un des couloirs, le doux parfum de la fumée de cèdre que l'on peut sentir dans le *hogan* lors des cérémonies. J'ai posé quelques questions à une aide-soignante. Elle m'a répondu que le chant est l'une des nombreuses méthodes de guérison traditionnelles navajos utilisées dans les hôpitaux de la réserve. Emballée par ma curiosité, elle me dirige à l'extérieur de l'hôpital où se trouve non loin un *hogan*. Elle m'explique que ces anciennes pratiques et valeurs navajos ont été adoptées presque autant par les soignants modernes que par leurs patients traditionnels. Je comprends que les patients ont grandi avec des méthodes de guérison traditionnelles et veulent que cela complète leur traitement moderne. Il n'est donc pas rare de voir des guérisseurs traditionnels exercer leurs chants au sein des hôpitaux navajos. « C'est dans le *hogan* de l'hôpital que les guérisseurs peuvent effectuer des cérémonies ou des prières pour aider leurs patients qui ont été admis à l'hôpital. Des prières et des chants de guérison peuvent également être accomplis directement dans une chambre d'hôpital. La médecine occidentale a aussi à apprendre des rituels traditionnels », me dit-elle. En suivant ses explications, j'apprends que le médecin traitant va parler et agir principalement sur la maladie détectée du patient. Le guérisseur va, quant à lui, procéder à une cérémonie pour amener le patient sur le chemin de la beauté. L'aide-soignante, qui n'est pas navajo, me confirme que l'état affectif d'un patient, après une cérémonie et bien qu'il soit par exemple en chimiothérapie, influe sur la durée du rétablissement et même sur les chances de survie. Je remarque que le principe de coordonner ici les deux méthodes, celles de médecins non-navajos et celles de guérisseurs, contribuent à créer des programmes de santé scientifiques et technologiques qui peuvent se fondre dans la culture traditionnelle navajo. J'explique à l'aide-soignante : « J'ai pu moi-même bénéficier des bienfaits des cérémonies. Cela m'a enseigné que tout est lié. Je ressens qu'il existe une relation entre les êtres humains, les esprits et la nature. À travers ce nouvel état de conscience, je m'aperçois que la maladie ou la guérison dépendent de ma capacité à maintenir de fortes et solides relations dans chaque aspect de ma vie relié au ciel et à la terre. »

Lors des cérémonies dinées, j'ai pu apprendre des chants tous aussi beaux les uns que les autres. Les hommes et femmes-médecine m'ont confirmé que certains d'entre eux ne peuvent pas être chantés en dehors du *hogan*. Il existe plus d'une centaine de chants de guérison. Tous proviennent de l'histoire de la création dinée. Selon les cérémonies, certains d'entre eux seront chantés entre un et neuf jours.

Si le mot « art » n'existe pas dans la tradition navajo, j'apprends que le chant participe à plusieurs types de rassemblements. Cela m'a amenée à avoir une meilleure connaissance de leurs fonctions respectives. Lors du tournage de mon film *Navajo Songline*, j'ai voulu interviewer Gad, un chanteur navajo, porteur de la fonction des chants issus de l'Église amérindienne (NAC)[29]. Nous

29. La *Native American Church* est une religion amérindienne qui combine des croyances traditionnelles et du christianisme, avec l'utilisation d'un cactus-médecine appelé « peyotl ». Ces rites, qui ont traversé les grandes plaines du sud du Mexique jusqu'au territoire diné, constituent une religion autochtone (la plus répandue parmi les Amérindiens des États-Unis).

nous sommes dirigés jusqu'à un tipi[30] situé non loin de son mobil-home. Gad m'explique que c'est dans le tipi que le chanteur, accompagné du hochet-gourde, du bâton à eau et du tambour à eau, chante quatre chansons. Il conclut son set en passant les instruments à son voisin pour que celui-ci chante à son tour. Ces chants ont une langue que toutes les tribus amérindiennes peuvent chanter. Les hommes blancs ne sont pas autorisés à pratiquer les cérémonies.

Par ailleurs, il existe des chants plus populaires. Ils sont accompagnés par la flûte, le tambour et le hochet. Ces chants peuvent être personnels ou patriotiques. Leur côté « populaire » est caractérisé par la représentation publique. Ils peuvent être enregistrés. D'autres chants, qui parlent principalement d'animaux ou de membres d'une famille, sont destinés aux enfants. Ils les apprennent dès leur plus jeune âge, notamment dans les écoles élémentaires. Il m'est arrivé de participer à certaines conférences où l'on pratique un chant d'ouverture et de fermeture. Le rythme et la cadence des chants lors des rassemblements intertribaux, comme ceux de Gallup, sont totalement différents de ceux que l'on chante lors des huttes de sudation, par exemple, ou bien lors de la création des peintures de sable de guérison.

J'ai eu la grande joie d'enregistrer en Arizona les chansons de mon album, *La Beauty*. Cela a été un véritable bonheur de mêler ma voix à celles des chanteurs navajos. Il en a été de même pour le tournage de mon film, *Le chant qui guérit la Terre*, dans lequel, soixante femmes

30. Les tipis étaient principalement utilisés par les Indiens des Plaines, comme les Apaches Lipans, les Comanches et les Kiowas.

de différentes tribus amérindiennes, toutes chanteuses et joueuses de tambour, témoignent et chantent pour s'émanciper et rester à l'écoute des messages de la terre. Il est important que la fonction des chants des Native Americans leur permette de résister à toutes les tentatives de normalisation, voire de corruption. En tant que chanteuse, je confirme que ces chants profonds n'ont pas de frontière. La culture occidentale gagnerait sans doute à s'en inspirer car la soutenabilité de ce monde est loin d'être assurée.

Un homme-médecine m'a dit : « Lorsque le chant te vient, nourris-le. C'est un cadeau qui t'est donné. Tu dois le redonner à ton tour comme une offrande. » C'est ce que je fais.

TABLEAU V

Le commencement de ma nouvelle vie

Toute vie nouvelle commence par le centre du cercle, la Terre-mère. Reste avec nous et, lorsque tu retournes vers ton peuple, dis-leur qui nous sommes.

Homme-médecine navajo

Ma curiosité m'a un jour poussé à vouloir me recueillir sur le site Ch'óol'í'í. Les Navajos ont de nombreuses traditions relatives à ce lieu car il représente le cœur du pays navajo. Même si le *hogan* ancestral, d'architecture octogonale, symbolise le territoire diné, zone englobée par les quatre montagnes sacrées, son cœur, situé au nord-est de cette zone est à Ch'óol'í'í, Gobernador Knob.

Nous sommes au Nouveau-Mexique, à proximité du parc navajo Lake Horse Trails et au sud-est du réservoir d'eau, Navajo Reservoir. Gobernador Knob est un pic qui atteint 1995 mètres d'altitude. Ce monticule de terre, situé sur Spruce Mountain, ou Fir Mountain, ressemble à une petite bosse. Il s'élève au-dessus de la haute campagne de mesa, non loin de la ligne de partage des eaux allant jusqu'au canyon de Largo. À proximité du pic, on peut encore trouver nombre de vestiges identifiés comme navajo. Cette région fait partie de Dinétah[31], l'ancien pays des Dinés. Ce jour-là, face à tous les évènements nouveaux qui se présentaient à moi, j'ai voulu méditer au cœur même de cette terre ancestrale, sur ce que serait ma nouvelle place. Je me suis sentie reliée spirituellement à ce lieu qui est un concentré d'énergie. En me posant sur un talus confortable que j'avais choisi pour méditer, j'ai vu défiler en moi certains moments forts de ma vie. En tant que femme, j'avais mis au monde deux beaux enfants. La puissance de mes accouchements, entre les sensations de séisme et d'extase, fut pour les deux naissances un véritable passage initiatique. Le sentiment d'affirmation et de transformation amène, comme par magie, à vivre ce moment intense et unique, comme une prise de conscience de premier ordre – faire face à l'inconnu, plonger, sentir plus grand à l'intérieur et hors soi, continuer à accoucher de soi-même. Le cycle de magnifiques âmes venues s'incarner appartenait au cercle de vie sur la Terre. Puis mes enfants ont grandi. Qu'en était-il alors de mon propre passage ? Un nouveau cycle s'offrait à moi. La vie allait me pousser dans le dos, c'était certain. En continuant à méditer, j'ai vu des parts de moi. Cachées. Enfouies. Je me suis dit : « C'est fou de ne pas oser devenir qui l'on est vraiment ! » Il me fallait être plus émancipée, moins soucieuse. Quoi qu'il advienne, j'ai vu que je vou-

31. Territoire traditionnel de la tribu navajo.

lais participer à la mise en place d'un monde nouveau. *La Sirène*[32] de La Rochelle était aussi ici après tout ! J'avais déjà semé la graine. Tout en restant concentrée sur ma méditation, j'ai senti une pointe de révolte dans ma poitrine. Quels sont les rituels pour une femme occidentale ? Où sont-ils ? Derrière la révolte, j'ai senti la colère. J'ai dû prendre une grande respiration pour ne pas « monter dans les tours ». Des mots anglais sont venus à moi. *People who hold pain in their hearts walk on Mother earth without recognizing it. Do not become one of them. Walk your path again. Walk with the light and the world of Father sun on Earth*[33]. Ce message surgi de nulle part était devenu une sorte d'auto-éducation. Je l'ai gardé en mémoire. Il me ramène au principe du donner/recevoir. En donnant de ma bienveillance et de mon énergie sur ce lieu sacré, j'ai reçu le message que, sans aucun doute, j'attendais. Cette énergie sans début ni fin est sacrée.

Au fur et à mesure de mes découvertes autour du mythe de création des Dinés[34], mes croyances, mes opinions se sont densifiées, grâce à une meilleure compréhension de moi-même face à la réalité du monde navajo. Cet état d'équilibre quant à la relation avec le monde invisible, mais aussi avec le vivant, la nature, décrit par les Dinés, procède d'un état d'être particulier, en lien avec un ordre

32. *La Sirène porteuse du Nouveau Monde*, sculpture que j'ai modelée avec de la terre rouge, se trouve à La Rochelle. Un second modèle a été remis au président de la nation navajo comme symbole de lien entre eux et nous.

33. « Les personnes qui gardent de la douleur dans leur cœur marchent sur la Terre-mère sans la reconnaître. Ne deviens pas l'une d'entre elles. Marche sur ton chemin à nouveau. Marche avec la lumière et le monde du Père-soleil sur la Terre. »

34. Les mythes et rites sont décrits en annexe.

cosmique auquel ils appartiennent et où lois et vérités divines sont garantes de la cohésion entre tout le vivant. C'est au regard de cette *big picture*, que j'ai pris conscience de combien ma nouvelle vie passait d'abord par un apprentissage ; m'ouvrir aux autres tout en préservant mon propre chemin – ma rencontre avec eux et moi-même. Mon équilibre intérieur s'est aligné avec tout ce qui était autour de moi, l'immensité des paysages harmonieux, aussi bien que la profondeur des histoires ancestrales. Aussi, j'ai vu que je devais prêter davantage attention à mes pensées, mes mots et mes gestes. Grâce à la présence en moi des chants, je me suis vue adopter de nouvelles façons d'être en lien avec la nature, les autres et la vie. Un dialogue intérieur est né. Cette terre mythique, façonnée entre la mort et la renaissance des mondes inférieurs, l'air, l'eau, le vent, le feu et les canyons ocres, m'a définitivement mise au monde. Pourquoi ici ? Parce que ce territoire « en vie » préserve la demeure des Êtres Sacrés toujours présents et que les êtres humains, des divinités détentrices de nombreuses connaissances ainsi que des esprits, continuent à y vivre ensemble, les uns à côté des autres. Cette terre m'a prise dans ses bras. Sa force est devenue peu à peu ma propre force. Je me suis sentie lui appartenir. La terre ne nous appartient pas. Nous appartenons à la terre, disent les Native Americans. Les Navajos considèrent que chacun est libre d'établir un lien personnel avec le monde des esprits. Bien qu'il me soit impossible de comprendre une conversation dans leur langue, je me suis vu grandir auprès d'eux, comme on se voit grandir silencieusement auprès de grands frères et de grandes sœurs. Je suis devenue un être plus social, qui avance confiant dans la vie avec un désir d'authenticité, de clarté et de simplicité. Aujourd'hui, je ressens combien le sable ocre rouge des terres arides de l'Arizona est en moi. Le Mont Blanca, montagne sacrée de l'Aube, est en moi. La voix qui embellit les nuages de la nuit obscure est en moi. L'histoire du monde de la création selon les Dinés a été, pour moi, une voie qui m'a changée, qui a su briser la barrière mentale émotionnelle si chère aux Occidentaux. Cette barrière mentale est essentiellement régie par les Êtres Sacrés, porteurs de raisonnements novateurs : par l'eau, l'air, les nuages, la terre, le ciel. Tout ce qui est relié au Grand Tout aide à transmuter ce qui doit l'être pour expérimenter l'incarnation sur Terre et y insuffler le changement nécessaire à l'évolution harmonieuse de l'humanité et du vivant. Je suis heureuse d'avoir osé dire oui aux Dinés.

L'IMPORTANCE DES RITES DE PASSAGE

Il est important que, dans nos sociétés occidentales, les enfants ne subissent pas, dès leur plus jeune âge, certaines sauvageries dues au manque de rituels. Comme une allégorie des cycles liés à la vie, à la naissance et à la mort, les rituels entraînent au changement et au renouveau. En tant que femme à l'écoute des signes de la vie, je pense que les rituels de passage célébrés dès l'adolescence sont importants. Je parle de reliance à la nature de qui nous sommes fondamentalement, des êtres reliés aux énergies du monde naturel – du feu, des pierres, de l'eau, des herbes sacrées. Mais aussi aux prières et aux chants, qui racontent des histoires. Cette alchimie active permet de se poser. De déposer. Évacuer toutes sortes de toxines : psychiques, spirituelles, physiques. De ne plus s'obstiner à comprendre pourquoi celles-ci émergent. Ne plus garder. Se purifier. Avant de renaître, on fait le vide, le vide en soi. La tête, le corps, l'âme, l'esprit. Tout se meurt. Tout se revit. Les Navajos ont recours à de nombreux rites pour répondre à différents besoins. La plupart d'entre eux sont liés à la guérison, mais ils sont également utilisés pour bénir des personnes, des lieux, des objets, ou pour demander des récoltes abondantes.

Pour la plupart des peuples racines, les rites de passage donnent accès à l'importance symbolique des différents moments de la vie que tous nous traversons. Il en va du passage de la naissance à l'adolescence, de l'âge adulte à l'âge de la sagesse, que j'aime appeler « âge honorable » – celui qui nous rapproche définitivement du changement de monde[35], comme disent les Dinés. Pour eux, ces passages obligés participent à la mise en place de rituels qui, accompagnés par des hommes-médecine ou femmes-médecine, entraînent une ou plusieurs personnes à vivre en conscience une évolution personnelle et collective. Entre les mondes visibles et invisibles, ces rituels permettent de restaurer l'harmonie dans les domaines familiaux, sociaux, professionnels et spirituels. À ce titre, il est reconnu comme bon et juste qu'une personne, sujette à une forme de déséquilibre dans sa vie, demande à être accompagnée par une personne connaissant les rituels. Une longue maladie peut être ainsi vaincue ; une souffrance liée à une séparation difficile peut-être surmontée ; un bouleversement professionnel imprévu peut-être maî-

35. Passage vers la mort.

trisé. Le rite devient la clé qui relie le monde visible et l'invisible. C'est en cela que l'épreuve devient initiatique. Surmonter l'épreuve participe à régénérer la complexité d'un moment, d'une maladie, d'une situation confuse ; à restaurer l'équilibre, la beauté et l'harmonie malgré la tempête. Ainsi, les rituels sont une porte qui permet de s'ouvrir au monde plus grand. Chez les Dinés, le rite de passage est vécu individuellement et collectivement. Il permet aux anciens, aux hommes, femmes et enfants de vivre des initiations qui les relient au monde sacré.

Les plus importants passages de ma vie ont été accompagnés par les rituels auprès des Dinés et sans substance particulière. Ils m'ont permis d'intégrer la beauté autrement que sur un plan émotionnel et intellectuel. J'ai compris que l'intention de la beauté, dont la pérennité peut être fragilisée par la disparition d'hommes-médecine ou de femmes-médecine[36], est importante à préserver. La beauté n'est pas séparée de la bonté – envers soi, les autres et tout ce qui prête vie. Il n'y a pas de sacrifice pour honorer les dieux. Pas d'idéologie spirituelle. Ni gagnant ni perdant. Il y a l'ouverture du cœur qui mène à la conscience du vaste lien cosmique et du respect envers toutes les formes de vie.

Entrent en jeu les Êtres Sacrés, acteurs divins du mythe navajo. Même s'ils sont impalpables, ils m'ont touchée – de la même manière qu'une personne vous touche lorsqu'elle pose sa main sur votre tête. Aujourd'hui, je peux m'en ins-

36. Afin que les cérémonies existantes ne disparaissent pas, certains *hataali* prennent part au programme de formation financé par le Conseil tribal navajo afin qu'elles puissent être transmises à nouveau.

pirer pour les conter, les chanter, les mettre en musique, en images, les laisser vivre en moi, simplement. En bonne terrienne que je suis, cela paraît fou à dire mais « ils » ont su trouver leurs places à travers moi, à travers mes cellules, mon esprit, mon cœur et mon mental. Ces expériences – extraordinaires – persistent dans la durée. Les rites de passages m'ont guidée hors des sentiers battus et m'ont sortie de mes zones de confort. Tout cela coule en moi aujourd'hui. Je fais ce que j'ai à faire sans essayer de me convaincre de quoi que ce soit. Je vis avec.

Sur la terre dinée, les hivers sont rudes. En été, il fait très chaud. Il faut avoir un corps solide. Être robuste. Que l'on soit homme ou femme. Les voyages en voiture empruntent des routes parfois sans fin. Il faut transporter l'eau potable d'un point à un autre. Avoir de bonnes chaussures. Vivre sans Internet dans certains endroits. Sans électricité. Il y a les Trading Post[37] pour les touristes. Les algécos, les mobil-homes. Là-bas, on parle sans faire de bruit mais sans oublier de rire un peu tout le temps. Là-bas, le lien permanent entre le monde visible et invisible fait partie du quotidien. Il faut être prête. Prête pour les huttes de sudation, les cérémonies, les heures de route dans la nuit pour ramener quelqu'un au milieu de nulle part. Puis vient le moment de *ta'chéé* – la hutte de sudation. On envoie un message téléphonique aux personnes des environs. « *Hey,*

---

37. Entre les années 1600 et 1870, les Trading Post, « postes de traite », étaient le principal lieu d'échange pour les fourrures et les articles comestibles ou autres entre les populations autochtones et les colons des États-Unis. Aujourd'hui, de nombreuses boutiques de souvenirs, restaurants et hôtels destinés aux touristes reprennent cette appellation.

you have to come and get the sweat lodge ready, there are some people who need it close by[38]. »

Dans la hutte, il y a les habitués. Il y a aussi les nouveaux. Peu importe. Qu'il fasse froid ou chaud, la hutte maintient la santé de tout le monde.

Jamais je ne me suis rendue du jour au lendemain dans un sauna parisien avec la grand-mère d'un voisin que je connais à peine ! Là-bas, se retrouver à moitié nue, assise à même la terre, dans l'obscurité de la hutte de sudation surchauffée, en présence d'une grand-mère, d'une assistante de direction d'un hôtel ou d'une employée du gouvernement navajo ne pose aucun problème. Je trouve ça beau.

TA'CHÉÉ – LA HUTTE DE SUDATION

Les femmes dirigeantes, mères, femmes médecine, artistes navajos que j'ai rencontrées m'ont maintes fois prouvé que, malgré l'adversité, le cœur de la culture navajo continue à battre. Certaines d'entre elles n'ont pas pu bénéficier de la cérémonie de la *Kinaaldá*[39]. Elles ont dû se tourner vers d'autres rituels. Vers *ta'chéé*, ou les huttes de sudation, par exemple. Contrairement à d'autres tribus, la hutte de sudation des Dinés n'est pas mixte. Il y a celle des hommes, et celle des femmes. Une hutte de sudation est une hutte, généralement en forme de dôme, creusée à l'intérieur et dont la structure est en bois recouvert de terre. Son ouverture se fait à l'est. La cérémonie qui se déroule dans

38. « Il faut que tu viennes préparer la hutte de sudation, il y a des gens qui en ont besoin tout près d'ici. »

39. Voir l'annexe.

cette structure peut être appelée cérémonie de purification. À l'origine, elle était utilisée pour la prière et la guérison. Traditionnellement, la cérémonie devait être dirigée par des anciens qui connaissent la langue, les chants, les traditions et les protocoles de protection associés. La hutte de sudation se passe dans l'obscurité totale. Il est possible pour chacune des personnes d'échanger, de chanter et de se purifier. Les cérémonies peuvent durer toute une après-midi.

Chauffées longuement dans un feu situé à l'extérieur de la hutte, les pierres reviennent à leur état d'origine, lorsque la Terre était une boule de feu. Puis elles sont apportées rougeoyantes jusqu'à l'intérieur de la hutte et déposées dans un récipient contenant de l'eau et des plantes médicinales qui diffusent une vapeur d'eau odorante et curative pour le corps et l'esprit. Il est dit que la chaleur de la hutte permet de se rapprocher de celle de Père-soleil et de recevoir sa protection. Tout comme le *hogan*, l'intérieur de la hutte symbolise le ventre de la Terre. On doit se baisser pour entrer parce que la porte est très basse. Entrer dans la hutte, c'est revivre les grandes étapes de la création, du commencement jusqu'à maintenant. Les chants et les prières expriment des notions de naissance, de refuge et de matrice maternelle. En ce sens, il est possible d'entendre et d'apprendre des anciens présents dans la hutte, les enseignements et conseils reliés à la culture traditionnelle dinée.

Les mères y amènent leurs enfants dès leurs plus jeunes âges. Ils pourront ainsi écouter les paroles des anciens. Ayant moi-même participé à plusieurs huttes de sudation entre femmes, je me souviens des paroles de l'une d'entre elles. Ses mots portaient sur l'importance de briser le cycle historique du traumatisme, afin qu'il ne soit pas transmis à la prochaine génération. Ces paroles très puissantes m'ont ramenée à une connexion profonde. J'ai à mon tour pu témoigner d'une expérience qui m'était arrivée dans la réserve – lorsque j'avais précisé, lors d'une conversation avec un homme navajo, que mon père était espagnol. Le regard de cet homme avait brusquement changé. Un sentiment de colère émanant de lui m'avait brusquement traversée. Je voulais m'en débarrasser. Je lui avais dit : « Désolée. Mes lignées gitanes font que, tout comme vous, nous avons été maltraités. » Quand j'ai parlé de cette expérience dans la hutte de sudation, nous avons toutes senties combien cette colère était restée présente en moi. Les femmes m'ont accueillie dans leur cœur à ce moment précis, avec leur approbation profonde, exprimée en langue navajo ou en anglais. J'étais entendue. Je ne sentais aucun jugement. Toutes dans le noir, nous avons continué à suer. Je pouvais entendre le bouillonnement de l'eau hautement chauffée par les pierres. L'eau bouillait. Moi, je fondais par grosses gouttes de sueur. L'atmosphère dans la hutte était calme, détendue. Ces heures à suer, à dire ce que l'on a sur le cœur, à écouter sans juger, reflètent une façon unique d'intégrer les valeurs de la beauté navajo. Ces moments intimes vécus individuellement et collectivement m'ont permis de prendre conscience qu'en allant vers moi ainsi, mes comportements – mon visage aussi – changeaient. Être une « femme qui change », c'est continuer à se relier à soi puisque rien ne sépare.

Ces rituels peuvent provoquer de véritables cataclysmes énergétiques. Naissance et mort font couple ici encore. Il est possible de rester des heures, à entrer et sortir de la hutte. Selon moi, lorsqu'une personne est sur le point de vivre pour la première fois cette expérience, relier l'âme à la vie est essentiel – la vie est éternelle ! Je dis cela car il m'est arrivé de voir que certaines personnes pensent qu'elles vont mourir dans la hutte. Mais il est vrai que lorsque les mondes visibles et invisibles se relient par le soutien de la chaleur des pierres de la hutte – les grands-mères ou ancêtres portant la sagesse et les mémoires de la terre – la vie reprend le dessus. Même sur la peur de mourir, ou celle de prendre conscience que des croyances et schémas de pensées enracinés dans notre corps et notre esprit nous freinent dans notre guérison et notre potentiel à vivre dans la joie. Personnellement, après un passage dans la hutte de sudation, je me sens comme neuve. Prête à repartir de zéro, dans l'instant présent et l'émerveillement.

J'ai compris que lorsque chacun décide de prendre en charge, avec le soutien puissant du collectif, son corps et son esprit, le mariage alchimique qui existe entre le corps physique, l'âme et l'esprit permet l'alignement, la connexion entre Terre-mère et Ciel-père. La posture à garder est de demander à guérir. La femme qui avait ouvert le dialogue autour de la guérison des traumatismes intergénérationnels a repris la parole : « La hutte nous permet de faire le lien entre le passé sacré et le présent qui a été blessé. Il est important que tu saches d'où tu viens pour savoir qui tu es. Les pierres, l'eau, le feu et les prières nous maintiennent dans cet état d'équilibre, entre tradition et modernité, qui incite la personne blessée à se relier à la sacralité du moment présent. »

Je dois dire que la profondeur philosophique des Dinés a immanquablement continué à faire son chemin durant les cérémonies, et en dehors aussi. Dans ma vie de tous les jours, l'idée d'interférer, de juger, même en pensée, la personnalité négative d'une personne devenait insupportable. En le faisant parfois malgré moi, j'avais la sensation de brouiller les enseignements qui m'étaient donnés en terre dinée. J'ai commis des erreurs. Qui n'en fait pas? Mais le désir profond de nourrir les principes de guérison a pris le pas sur les erreurs que j'aurai pu commettre lors de situations délicates. Guérir, c'est apprendre à faire confiance aux rouages de l'univers. Parfois, il semble qu'il y a à régler des dettes que certains appellent karmiques. Cependant, la voie de la guérison, c'est apprendre à vivre sur Terre, sans s'abîmer soi ou l'autre, et sans abîmer la Terre. Simple à dire, difficile à faire. La beauté, est l'une des clés qui ouvre la porte du cœur. Ne dit-on pas que « le cœur a ses raisons que la raison ne connaît pas » ? Comment faire pour partager, toujours et encore ce qu'est la beauté sans la réduire ?

Fin de la journée. La porte de la hutte de sudation est ouverte. La lumière orangée du soleil se reflète sur la peau des femmes encore scintillantes de vapeur. L'air frais pénètre dans la matrice. La nuit n'est pas loin. Avant de sortir, nous nous remercions mutuellement pour ces instants uniques passés ensemble. Moi : « Tous les moments que je passe en terre dinée ne cessent d'unifier la petite fille, l'adolescence, la femme, la mère, l'amante, l'artiste en moi. Je me sens forte, avec l'élan de partager le beau où que je sois. Je ressens beaucoup de joie. » L'une des femmes me répond : « Le pouvoir de la terre nous relie tous. L'humain essaye de contrôler sa puissance. Quand tu retourneras dans ton pays, enseigne que l'humain libre se réchauffe sans se brûler aux enseignements de la terre, libre elle aussi. »

Les lois du mystère de l'univers ne sont ni négociables ni contrôlables. Tant que les êtres humains continueront à nourrir la blessure en eux, ils blesseront la Terre. Pour qu'une guérison soit effective, il faut qu'il y ait une identification entre l'être blessé et un héros mythique. Il y en a beaucoup pour les Dinés. À ce jour, je suis heureuse qu'il me soit possible et légitime de demander convenablement à l'univers que soit combattue l'arrogance qui conduit les humains à scier la branche sur laquelle ils sont assis. Le combat n'est pas d'écraser l'autre jusqu'à ce que la situation entre les êtres devienne incontrôlable. Tout est possible pour continuer, en lien, à s'occuper des affaires du monde ! La Terre est une maison. Notre maison. La créativité et l'innovation sont des armes pour restaurer le bon sens et l'équilibre des activités humaines. Il faut développer les dons et les talents que le mystère de la vie a donné à chaque être humain pour déployer de nouvelles compétences et réorienter ses pensées et actions vers des objectifs qui servent la vie.

Certaines paroles de mes enseignants me reviennent en mémoire : « *Prends soin de toi en tant qu'être humain sachant accueillir le changement avec joie – apparente-toi à* hózhó *naturellement. Ce que nous te disons, nous le disons aux membres de notre communauté. Nous sommes ainsi et l'avons toujours été – comme nous, tu fais partie du peuple à cinq doigts*[40]. »

40. Définition s'appliquant aux autres peuples du monde.

PASSÉ, LAISSEZ-MOI PASSER

Votre vision devient claire lorsque
vous pouvez regarder dans votre cœur.
Celui qui regarde à l'extérieur de soi ne fait que rêver;
celui qui regarde en soi se réveille.

Carl Gustav Jung

Ma quête du mythe de la création dinée m'a définitivement aidée à surmonter et accepter mes épreuves. De nouvelles règles de vie m'appelaient à vivre en harmonie tant avec moi-même qu'avec les autres. Sans oublier le vivant. Cette mémoire ancestrale entretenue par les Gardiens dinés a rendu possible l'alliance entre les êtres humains et l'eau, l'air, la terre d'aujourd'hui. Cheminant pas à pas sur la voie de ce peuple, j'ai appris à marcher avec respect sur la terre. À poser mes propres pieds dans les pas de ceux qui m'ont ouvert la voie. Le chemin de la beauté. Ces valeurs qu'ils ont su me transmettre soulignent combien leur force est réelle dans les moindres moments du jour comme de la nuit. Cette qualité d'échanges riches d'enseignements est propre à la pensée racine des peuples autochtones. La transmission orale représente pour moi le seul espace qui permet d'assurer paisiblement un ensemble d'enseignements et de pratiques, une qualité de présence, d'écoute et de partage qui ne cessent de relier par le cœur, l'être, la nature et le sacré; l'être et son passage sur Terre; l'être sensible, relié et dans tous ses aspects - familial, professionnel, spirituel. Ce qu'ils sont existe en nous, même si nous l'avons oublié.

Avec leur accord, en tant qu'artiste, j'ai appris à préserver l'essentiel des initiations de cette école de vie pour les enseigner à mon tour. J'ai tant reçu. Je donnerai à mon tour. Laisser passer mon passé. Mettre de la beauté derrière moi. Du beau dans ma musique, mes films, mes activités artistiques autour de *hózhó*. Peu importe les peurs et incompréhensions générées par le monde extérieur – un monde décousu, compressé, formaté. Celui-là a bien l'art d'activer en nous les mécontentements, les plaintes et les insatisfactions, les tiraillements émotionnels, les pensées contradictoires, les scénarios répétitifs. J'étais faite pour participer au tissage harmonieux de la toile effilochée du vivant.

Les mots d'une femme-médecine dinée me reviennent : « Lorenza, chaque jour est un jour nouveau. Apprécie avec courage, humilité, et gratitude la vision d'un monde harmonieux en tant qu'être illimité. Cela te demandera d'être créative, habile et courageuse. Aussi piquante et vulnérable que soit ta vie, apprends à orienter tes actes pour des projets qui feront sens. Le monde a besoin de *hózhó*. Ose devenir qui tu es. À force, ils s'habitueront. » Sacrée femme !

Imprégnées dans ma chair, les paroles de cette « sage-femme » continuent à me pousser à agir. J'ai foi en moi et en mes engagements.

HÓZHÓOGO NAASHÁA DOO, DANS LA BEAUTÉ, JE MARCHE

Tournage Navajo Songline, *Monument Valley, Utah*

Concert Femme Tambour

Tournage Le chant qui guérit la Terre, *Shiprock, Nouveau-Mexique*

Haut : Cérémonie dinée, Le chant qui guérit la Terre, *Omaha Beach, Normandie*

Bas : Peinture de sable contemporaine, Navajo Songline, *Flagstaff, Arizona*

Hutte de sudation, Navajo National Monument

Tournage Navajo Songline, *Canyon de Chelly, Arizona*

Tournage Le chant qui guérit la Terre, *Ville de Paradise, Californie*

Tournage Le chant qui guérit la Terre, *Shiprock, Nouveau-Mexique*

Tournage Navajo Songline, *Cérémonie du tabac, Canyon Navajo, Arizona*

© LORINE SCHAEFFER

Concert Forum des Peuples Racines, *Strasbourg*

Tournage Navajo Songline, *L'art du tissage, Tuba City, Arizona*

Bosque Redondo Old Fort Sumner, Nouveau-Mexique

Tournage Navajo Songline, *Monument Valley, Utah*

Tournage Navajo Songline, *Rainbow Forest, Arizona*

TABLEAU VI

Peinture de sable

La couleur est le lieu où notre cerveau
et l'univers se rencontrent.

Paul Cézanne

Le voyage, dit-on, forme la jeunesse. Cependant, le voyage intérieur forme l'imaginaire, la poésie subtile de l'art de vivre avec soi-même.

Lorsque je fais le point sur l'évolution de mon existence entre les cultures française et amérindienne, je ne peux m'empêcher de penser à mes jeunes années d'études. Celles qui m'ont amenée jusqu'au baccalauréat. Le système de l'Éducation nationale reste pour moi un sanctuaire impénétrable. Aussi, la seule école qui m'ait réellement forgée est celle de la vie. Elle m'a permis de rester connectée à l'intelligence de mon cœur. L'école de la vie, c'est se confronter à l'apprentissage et à la réalité sans qu'aucun système nous assiste vraiment. Piger vite. Faire ses preuves sans attendre systématiquement un bon point en retour. J'ai longtemps pensé qu'il existait des personnes plus intelligentes parce que le temps passé à étudier leur avait permis d'en savoir davantage. J'ai compris plus tard que le savoir peut être illusoire s'il n'est pas mis en acte à travers l'expérience. L'expérience ancre dans la réalité – là où tout prend vie dans le réel. Être souple d'esprit, savoir s'adapter en toutes circonstances. Aller voir ailleurs, aiguiser l'angle de son caractère, penser de manière autonome. Cela dit, Il est vrai qu'il y a des personnes qui ont le courage de quitter le formatage dans lequel elles ont grandi pour choisir une autre vie ; et d'autres pour qui le bon choix reste la sécurité. Tout est juste. Me concernant, l'école de la vie m'a permis d'accomplir ce que j'avais à faire, jour après jour, étape par étape sans me sentir écrasée par l'autre, ni penser à l'écraser pour réussir. C'est avec les lois naturelles du « vivre ensemble » que j'ai appris à coopérer et accepter la différence.

Lorsque j'ai voulu plonger vers une meilleure connaissance de la philosophie des Dinés, j'ai laissé libre cours à mon instinct. Chose que je n'avais pas fait depuis mes études aux Beaux-Arts, je me suis acheté des stylos, des pinceaux à encre, des crayons de couleurs, pour reprendre le dessin. C'est sur mon agenda, mes carnets de notes, sur des papiers qui traînaient par-ci par-là, que j'ai laissé flirter ces outils, faisant naître des personnages aux formes géométriques, composés de longs corps, de têtes tantôt rectangulaires, tantôt rondes. Sur le côté des corps allongés de certains d'entre eux, il m'arrivait de griffonner d'autres formes qui représentaient des sacs. J'entourais la totalité des personnages, tantôt solitaires, tantôt en couples, d'une forme ovale ouverte vers le haut de la feuille – cette forme, avec son ouverture vers l'est, symbolise l'arc-en-ciel. Quant aux personnages à têtes rondes ou rectangulaires, ils représentaient les Êtres Sacrés dinés ; ceux que l'on voit sur les tableaux que les artistes navajos réalisent avec du sable coloré. Les dessiner m'absorbait totalement. Il n'y avait pas un jour où mon esprit était sans eux. Sans chercher à comprendre, sans y penser à l'avance, je les dessinais plusieurs fois par jour, tous les jours. Lorsque je fermais les yeux, ils étaient là. Les dessiner me procurait beaucoup de bien. Peut-être devais-je découvrir quelque chose à travers leur existence ?

Angles, lignes droites, courbes, ces tracés universels me rappelaient les formes géométriques sacrées égyptiennes que j'avais étudiées à l'école des Beaux-Arts. La géométrie sacrée enseigne que tout ce qui existe, manifesté ou non, est régi par des règles précises – une base spécifique qui implique, entre les mondes visibles et invisibles, des codes symboliques en lien avec l'univers. Sachant néanmoins que les figures géométriques des Êtres Sacrés des Dinés se distinguent à travers le prisme spirituel navajo, je me suis aventurée de façon studieuse à rassembler un panel de formes géométriques planes et universelles tels que le cercle, le carré, le triangle, le rectangle, l'octogone, la courbe. Toutes ces différentes lignes structuraient les silhouettes géométriques de ces Êtres Sacrés.

Je me laissais inspirer parce que j'avais déjà étudié à travers des livres américains sur l'art navajo, mais les silhouettes longilignes de mes propres créations n'étaient pas la reproduction de ce qui existait dans les livres. Je me laissais apprivoiser par les lignes. Je m'adaptais à elles sans me pencher sur leurs significations symboliques, sans conditionner mon esprit à des croyances particulières. J'avais plaisir à créer mes propres personnages tout en étant inspirée par « les vrais, les authentiques Êtres Sacrés dinés ». Il m'arrivait de penser que tout cela pouvait participer à la création d'un monde nouveau. Je connaissais les Navajos depuis peu, mais toutes ces conceptions de monde meilleur me traversaient déjà la tête. Ma quête devenait exigeante et vertigineuse. Rien ne pouvait vraiment m'arrêter.

Conceptualiser l'idée selon laquelle l'univers co-existe à travers des entrelacs géométriques porteurs de symboles complexes ne date pas d'hier. Cela dit, je constatais que l'utilisation d'une géométrie sacrée porteuse de symboles navajos représentait bien plus qu'un dessin sur du papier. Quelque chose de bien plus grand me poussait à dessiner la présence d'Êtres Sacrés. Je le faisais parce que j'aimais l'effet que cela me procurait. Je ressentais de bonnes et belles énergies en moi.

Durant ce temps qui m'était donné, la vie avait guidé ma créativité vers une dimension dans laquelle il est question de temps et d'espace. La créativité peut mettre dans un état second lorsqu'il est question de se laisser inspirer. Qu'allais-je, cependant, faire de tout cela concrètement ? Par la suite, j'ai voulu continuer à être au cœur des choses et me connecter à une autre réalité. Retourner à la source même des voies de guérison portées par les Dinés. Vu la distance entre Paris et l'Arizona, je restais vigilante à tout ce qui me traversait : nouvelles idées, pensées clairvoyantes ; mon mental se dérobait peu à peu. J'étais devenue mon propre libre arbitre. Ma propre boss. Mon propre sponsor. Selon mes dates de disponibilité, mes voyages étaient parfois coûteux. Peu m'importait. J'étais sacrément fière de m'offrir mes propres études dans ma propre école, si j'ose dire ! J'ai fait confiance à la vie et je n'ai manqué de rien. J'étais claire dans ma tête, c'est tout. C'est à travers cette énergie créative aux couleurs de l'innocence que j'ai pu rassembler le maximum de mes recherches. Mon souhait était de contacter Sam, l'homme-médecine que j'avais rencontré au parc de la Villette. J'avais pu échanger avec lui autour de l'art visuel. Il m'avait proposé de le voir de nouveau si je le souhaitais. Le courrier par voie postale était un des moyens qui me permettait de communiquer avec lui.

Sam ne semblait pas craindre le regard que les autres pouvaient poser sur lui. Bien qu'il soit, en tant qu'homme-médecine, au cœur de choses, des tabous, des peurs, des tragédies de la vie, il me paraissait savoir vivre dans la quiétude avec parfois une invulnérabilité impressionnante. Je me rappelle qu'il m'avait autrefois amenée, avec son épouse, à un *squaw dance*. C'était la nuit, en pleine nature. Un nombre de personnes, hommes et femmes navajos, portant pour la plupart des parures traditionnelles, étaient regroupés pour chanter ou bien danser. Ils dansaient ensemble, au rythme léger des battements de tambours et des mélopées répétitives. Lui : « Allons danser ensemble toi et moi. Tu vas voir. Ils vont tous te regarder danser avec moi. » Moi : « Danser avec toi devant tout le monde ? » Nous sommes sortis de sa voiture. Marchant derrière lui, je l'ai suivi, pas très à l'aise. Au commencement du chant, nous sommes entrés dans le cercle de la danse. D'autres danseurs se trouvaient déjà devant et derrière nous. Comme toutes les femmes l'avaient déjà fait, je me suis mise à la droite de Sam. J'ai ensuite enroulé mon bras autour du sien et nous avons commencé le pas de danse ensemble. Il est vrai que beaucoup de personnes nous regardaient. De manière discrète, certes. Ne cherchant pas à attirer leur regard, je m'appliquais à honorer la danse du mieux que je pouvais. Danser avec une jeune femme blanche devant sa communauté n'avait pas posé de problèmes à Sam. Pour ma part, j'étais estomaquée face à son attitude mêlant liberté et bonne posture. Il symbolisait à mes yeux cet être éternel qui demeure au-delà de certaines vicissitudes. Il me donnait l'impression d'être toujours présent pour me donner de bons conseils.

Savoir que j'allais le revoir pour lui parler en toute confiance de mon art me rendait heureuse. Ma joie ressemblait à celle de l'enfant auquel on porte la plus grande attention. Ces courts et intenses souvenirs m'ont permis de décrire dans la lettre que je lui adressais mon désir de mettre en œuvre de nouveaux élans artistiques, si possible en lien avec la représentation symbolique des formes et des couleurs inspirées de la culture dinée. Quelques mois se sont écoulés. Ils ont fleuri mes carnets de dessins, mes attentes et mes espoirs. J'ai acheté mon billet d'avion sans avoir de retour « concret » de sa part. Cela n'avait pas trop d'importance. Je sentais sa présence. J'étais prête. Prête à aller droit devant pour avancer dans ma démarche artistique. Prête à lui présenter mon travail de recherches et connaître son point de vue. Il était temps pour moi de partager avec lui mon voyage intérieur en lien avec les silhouettes des Êtres Sacrés que j'avais dessinés.

AU-DELÀ DES LIMITES DU TEMPS ET DE L'ESPACE

Window Rock. Il fait bon et beau. C'est bientôt l'été. Je suis heureuse. Me voici de retour à la capitale de la nation navajo. C'est là où se trouve son musée[41]. À peine arrivée, je me suis précipitée sur le téléphone pour appeler Sam pour le lui dire : « *Yá'át'ééh Sam. Here I'm back in Dinétah !* » Il me confirme qu'il a bien reçu mon courrier. Le timbre calme de sa voix apaise mon excitation. J'attends son arrivée.

Vêtu d'une chemise bleue à manches longues avec autour du cou un collier composé de plusieurs rangs de perles de turquoise taillées en forme de grain de maïs[42] appelé *jocla*[43] Sam s'avance vers moi : « *Yá'át'ééh Abiní*[44] ». Il me demande de le suivre en voiture en direction du Quality Inn Navajo Nation[45], le temps d'un petit-déjeuner. Arrivés au restaurant, nous commandons un petit-déjeuner qui, selon moi, est largement conforme aux normes de la société américaine, même s'il peut

---

41. Dédié à la préservation et à l'évolution de la culture de la nation navajo, le musée rassemble des expositions d'arts autochtones, une librairie, une boutique, un auditorium et une bibliothèque. À l'extérieur, il y a un amphithéâtre ainsi qu'un authentique *hogan* traditionnel.

42. Le maïs est un aliment essentiel et donc un symbole important de la culture des peuples amérindiens.

43. Historiquement, le collier *jocla* était fabriqué et porté par la tribu pueblo. Les Pueblos et les Navajos faisaient du commerce ensemble et ces colliers étaient une monnaie d'échange. *Jocla* ou *jacla* est un nom navajo qui signifie « corde d'oreille ».

44. « *Yá'át'ééh abiní* » est la façon de dire bonjour, le matin, en navajo.

45. Cet hôtel, destiné aux touristes et aux personnes de passage, regroupe plusieurs salles dont l'une est réservée aux réunions organisées avec les membres du gouvernement navajo.

être servi avec le célèbre *frybread*. Sam est soucieux. Il me confie que l'alimentation moderne met les Dinés en danger : « Aujourd'hui les aliments sains sont chers. Certaines personnes ayant peu de moyens sont atteintes de plusieurs formes de diabète. Le diabète sucré provoque de l'hypertension, de l'insuffisance rénale, des troubles mentaux et des maladies du foie. Nous n'avions pas ces problèmes dans le passé. Notre régime alimentaire reposait sur le maïs, la courge, les citrouilles, le yucca, le wapiti et le mouton. » La vie ici est une lutte de chaque jour.

Notre petit-déjeuner est composé d'œufs brouillés, de pommes de terre, de tranches de lard grillés et de fruits frais. « Le mode de vie diné est en danger face au monde moderne qui menace la vie traditionnelle, insiste-t-il. Il en sera de même pour les autres peuples qui vivent proches de la nature. » Sam me rappelle l'histoire des quatre plantes sacrées que l'on peut distinguer sur certaines peintures de sable qu'il appelle *iikááh*[46]. Il y a le maïs, le haricot, la courge et le tabac. Elles désignent, entre autres, les quatre points cardinaux : « Pour nous, en tant que peuple de la Terre, le maïs est la plante du nord ; le haricot, celle de l'est. Elles sont classées comme plantes mâles. La courge est la plante du sud ; le tabac celle de l'ouest. Ces deux plantes sont féminines. Lorsque je réalise une peinture de sable, explique-t-il, je dépose, près du pied de chaque plante, des lignes blanches dirigées vers le centre de la peinture. Elles

46. Traduit par « l'endroit par lequel les dieux vont et viennent ». Les peintures sur sable fixes que l'on peut voir sont conçues comme objets commerciaux pour les touristes. Elles ne sont que des interprétations incomplètes des peintures de sable éphémères, réalisées par les hommes-médecine durant les cérémonies.

symbolisent les racines des plantes logées dans les mondes inférieurs. Souviens-toi que la couleur du sud est le bleu, celle de l'ouest le jaune. Elles représentent les caractéristiques de la chaleur, de la croissance et de la fertilité. La couleur du nord est le noir; celle de l'est, le blanc. Le blanc symbolise la vie spirituelle et le nord, l'obscurité de la vie endormie. C'est ainsi que nous pensons la vie. Tout cela aide à restaurer la beauté, la santé et l'harmonie dont chaque personne atteinte d'une maladie a besoin pour guérir. Manger sainement est primordial pour mon peuple. Pour nous, la nourriture est une médecine importante pour l'équilibre physique, spirituel et mental. Nos anciens l'ont toujours fait. Nous devons en faire de même à notre tour. » Afin de poursuivre notre conversation autour des plantes sacrées, une question me vient: « Est-ce que les peintures de sable d'aujourd'hui doivent être encore la copie exacte de celles qui furent données auparavant par les dieux dinés ? » « Oui », me dit-il. « Est-il difficile pour l'homme-médecine de faire place à une créativité plus personnelle ? » « Il est possible d'intégrer une forme visuelle personnelle dans les robes et dans les sacs de médecine attachés aux ceintures des Êtres Sacrés », répond-il.

L'ART DU VIVANT

Culture dans l'espace veut dire culture d'un esprit qui ne cesse pas de respirer et de se sentir vivre dans l'espace; et qui appelle à lui les corps de l'espace comme les objets de sa pensée.

Antonin Artaud

Que ce soit à travers ma fragilité ou bien ma force, je me sens sereine en la présence de Sam. Capable d'échanger avec lui sans avoir à mettre des garde-fous devant les mots, je décide de diriger notre conversation autour de l'objectif de ce rendez-vous. Je lui exprime combien la forme expressive de mon art a évolué au regard de mes voyages successifs et de mes rencontres avec eux en terre navajo. Je lui explique que tout cela participe à une évolution personnelle et qu'il est peut-être temps pour moi d'apporter à ma peinture une nouvelle dimension à travers le prisme visuel des Êtres Sacrés. Je lui dis combien son point de vue me paraît essentiel. J'ai le trac, c'est clair. Ma gorge se noue au fur et à mesure que je lui explique mon intention. Quelle va réellement être sa réaction lorsqu'il verra les dessins sur mes carnets ? « Utiliser » le sens sacré des symboles issus des peintures de sable à travers mes dessins sera peut-être mal interprété. « Je ne sais pas ce que tu vas penser maintenant que je suis prête à te montrer mes « carnets de voyage ». Il faut que tu saches que ce que je ressens lorsque je suis en lien avec la philosophie dinée, c'est de l'amour. Il m'est difficile de l'expliquer avec des mots. Et cet amour, j'apprends à le traduire artistiquement. L'amour, c'est de l'art. Aujourd'hui, il m'inspire, éclaire ma vie. Au bénéfice d'un regard croisé entre ma culture et la tienne, il est peut-être possible de créer un point de rencontre. Je dois te dire que tout cela n'est pas un passe-temps pour moi. J'utilise l'art car c'est un don que la nature m'a donné. Il m'aide à canaliser mes émotions en quelque chose de créatif et d'harmonieux. J'aimerais aller plus loin. »

J'ai ouvert mes cahiers devant lui. Tourné les pages lentement, une à une. En regardant mes dessins à côté de lui, je ressens qu'il y en a de vraiment bons. Inspirés. Vivants. D'autres qui font moins d'effet, mais restent agréables à regarder. Ses yeux s'arrêtent sur certaines de mes esquisses. Je reste sensible à ses moindres réactions. Son silence est dense et dure longtemps. Je souris. Il faut bien que je fasse quelque chose. « Bah non, Lorenza. Ne souris pas. Tu tournes les pages. C'est tout », dit ma petite voix intérieure. Le temps semble s'être arrêté. Non, le temps respire avec nous. « Tu sais, tous les dessins que tu vois me sont venus spontanément. » C'est bizarre. On dirait que j'essaye de me justifier. Lui sent tout. C'est certain. Sans me regarder, Sam va me parler à son tour. Notre conversation va durer quelques heures. Les enseignements de Sam me reviennent en mémoire : « Comme tu le sais, je suis un homme-médecine qui réalise des peintures de sable pour guérir mon peuple. Cela rassemble des préceptes de guérisons sacrés pour mon peuple. Face à tes dessins, le mot art n'existe pas pour moi. Lorsque quelque chose arrive, il y a toujours une raison. Tout ce qui se rapporte aux choses auxquelles tu crois est relié à la foi. Tu as foi en toi. En l'univers, en Dieu, en la présence des *Holy People*, appelle cela comme tu voudras. Choisis les mots justes pour les décrire : les formes, les couleurs. Ne parle pas à leur place. Fais en sorte que tout soit juste pour maintenir l'équilibre en toi. Tout autour de toi. Implique-toi ainsi afin que ton art soit vivant. Précise comme il se doit que ta démarche est artistique et contemporaine. Ne le pratique pas pour ton bien personnel ou pour autre chose qui favoriserait la diminution, la dégradation des lois de la nature, de Terre-mère, Ciel-père. Fais de ton mieux afin que cela n'aille pas à l'encontre des valeurs de la culture navajo. Maintiens le bon déroulé selon les indications des quatre montagnes sacrées. Tout cela doit aider à amener la paix dans les rapports et les liens avec tout ce qui vit. Que cela soit de toi à toi-même, ou bien de toi vis-à-vis d'autrui. Redéfinis ce qui est bon, bien, mauvais. Souviens-toi que la nature et l'humain sont une seule et même chose. Qu'un individu et un groupe d'individus sont une seule et même chose. Préserve-toi de ta colère ainsi que celle d'autrui. Termine ton art avant le coucher du soleil. Pour qu'il n'y ait pas de jalousie autour de toi, prie. Remercie. Ne parle pas de cela comme tu parlerais des peintures traditionnelles. Indique qu'elles sont artistiques et contemporaines. »

La présence tout entière de Sam, la mienne, secouée, et tout ce qui entoure, tout est là – les sens sont aiguisés, l'ouverture est au plus grand. Plus de barrières, d'espaces limités, d'émotions connues, inconnues peu importe. Tout est là. Présent derrière, devant, tout autour, en dessous, au-dessus, devant. La beauté. J'ose à peine bouger pour ne rien déranger.

Un silence s'installe. Quelqu'un vient de nous resservir du café. Je décide de lui montrer les formes géométriques que j'ai sélectionnées et commence à lui donner quelques significations symboliques. Lui, de manière rapide, déplace l'ordre des mots. Concentrée face à sa réactivité, j'essaye de suivre sa pensée. La logique symbolique qu'il porte aux formes géométriques amène à une compréhension plus aiguisée du sens des choses. Même si les formes géométriques sont les mêmes, leur signification symbolique diffère. En comprenant ce qu'il me dit, j'ai la sensation que la société occidentale pousse à croire qu'« on a la vie devant soi » alors que la leur, qui suit les fluctuations du lien avec le vivant, soutient à « être dans la vie ». Tout coule de source, tel le saumon qui remonte le lit de la rivière. La médecine de ses mots sur moi prend forme peu à peu. Les formes géométriques et les nouvelles significations qui les accompagnent me parlent. « Alors je peux utiliser le cercle avec les mots que tu m'as écrits pour symboliser sa fonction ? » lui ai-je demandé. « Oui. » J'insiste : « Et pour le carré aussi ? » « Oui. » Une par une, les formes et les couleurs sont ainsi validées par Sam. C'est énorme ! Et tellement simple ! Je lui demande : « Mais, une fois en France, de quelle manière la lecture des mots va-t-elle pouvoir refléter le sens réel que tu leur donnes ? » Sa réponse : « Les mots parlent de la manière dont la création porte l'ensemble de la vie. »

À travers la métaphore évoquée par Sam, je comprends que la structure même de la langue navajo traduit la volonté de non-séparation entre l'intemporalité et le temps linéaire, d'harmonie et d'ordre du monde des Navajos.

Déjà, avant ce moment unique d'échanges avec Sam, il est certain que les profondeurs abyssales de mon subconscient avaient influencé mon comportement et ma façon de voir les choses durant mes mois de recherches. J'ai énuméré en présence de Sam chacune des formes géométriques que j'avais présélectionnées, car ma requête auprès de lui devait être présentée de manière simple et efficace. Je sais aussi que, depuis ce jour précis, je ne me suis plus jamais sentie seule. Même seule, je vis dans une solitude accompagnée. Dès lors que Sam a dit « oui », est née en moi une pulsion de vie incroyable. Un jaillissement d'harmonie intérieure encore inconnue dans mon existence. Du jamais vécu ! Cette nouvelle présence dans mon corps a pour ainsi dire guidé ma vie. Je me suis redéfinie comme femme artiste – capable d'être une intermédiaire des révélations de la grande âme de mon temps.

Il y a beaucoup de douceur en moi lorsque je revis ces moments à marquer d'une pierre blanche et du diplôme divin que j'ai reçu de Sam et de l'univers sans doute : l'école de la vie du désert des Dinés de l'Arizona. Aujourd'hui, je me sens guidée par cette énergie de vie, le monde invisible. L'invisible permet de rendre visible ce qui n'est pas encore vu. C'est comme cela que je définis la beauté.

L'autorisation de Sam m'a permis de mettre en place une nouvelle pratique artistique qui met en relation l'humain et la nature selon l'enseignement des peintures de sable contemporaines aux valeurs universelles et inspirées des Dinés et des chants. Navajo France[47], que j'ai fondée depuis, représente à mes yeux une école de la vie – une structure vivante, innovante, qui permet à d'autres personnes que moi d'exprimer les bienfaits de la beauté *hózhó*, de la coopération, de la tolérance et du renouveau dans leurs vies. Les ateliers Hózhó&Vie que je propose,

47. La vocation de Navajo France est de favoriser une meilleure connaissance des cultures et pratiques ancestrales amérindiennes. Ses activités artistiques, culturelles et évènementielles, validées par nos frères dinés, permettent de tisser des liens sur ce que nous avons de commun et de faire rayonner au-delà des frontières la beauté, qu'ils placent au cœur de leur philosophie. Si l'attention portée à la transition écologique, aux écosystèmes, à la biodiversité, exprime un nouveau sens de ce qu'est la nature, notre souhait plus large est de tisser du lien autour des fondamentaux universels qui nous rassemblent en tant qu'êtres humains, de redéfinir la place de l'humain relié au vivant, de contribuer à créer des équilibres nouveaux sur une planète Terre en perpétuel mouvement.

s'inscrivent autour de l'art du chant et de peintures de sable artistiques contemporaines inspirées des Dinés. Elles permettent aux petits et aux grands d'expérimenter le symbolisme de l'art rituel en lien avec la nature et de vivre dans la joie, cette passerelle universelle, pour plus de sagesse et de visions heureuses pour les nouvelles générations.

Indiens, peuple de la nature
Vous aviez le cœur pur
Vous respectiez les animaux
Vos hommes sont tous égaux
Vous viviez en paix
Mais les Blancs sont arrivés
Avant toutes ces horreurs
Vous viviez dans le bonheur
Aujourd'hui on vous dit libres
Mais avez toujours le mal de vivre

Yoann, élève en classe de CM2

TROP DE CHEFS, PAS ASSEZ D'INDIENS

J'ai axé mon temps sur le besoin de créer. C'est avec une certaine audace, un certain courage et l'aval de Sam que j'ai commencé à fédérer ce qu'il m'avait enseigné. Je détenais en moi un potentiel créatif novateur unique. Authentique. Mon regard portait loin à l'horizon des visions qui me traversaient l'esprit. J'entendais ma voix intérieure : « Le grain de sable du Nouveau Monde chemine, chemine... » Cependant, Sam m'avait prévenue. Il y aurait des jaloux autour de moi. Je devais remonter mes manches et apprendre à me protéger. Ce qui n'est pas toujours facile pour une artiste dont l'un des buts est de s'exposer au monde. Protéger celui qui m'avait donné l'autorisation de pratiquer les peintures de sable contemporaines inspirées des Dinés était néanmoins ma priorité. J'avais commencé à me mettre à l'œuvre en créant, avec les supports symboliques de formes et de couleurs dinés, des peintures de sable contemporaines. Mon intention première : créer un monde nouveau en harmonie avec la Terre, l'univers. J'ai commencé la réalisation d'œuvres et continué ainsi à cheminer sur la voie de la beauté. Cependant, ce n'était pas suffisant pour moi. L'idée de mettre en œuvre un tel ouvrage autour du monde nouveau ne pouvait pas se réaliser uniquement par moi et pour moi, dans un contexte de l'artiste créant seule dans son atelier. Il me fallait du grand. Du neuf. Du nouveau. Du renouveau. J'ai alors commencé à mettre en place, en France, les ateliers Hózhó&Vie sous la forme de projet pédagogique. Avec l'aide des enseignants du premier cycle scolaire, j'ai proposé que les enfants puissent réaliser eux-mêmes des fresques de sable collectives. L'idée a tout de suite plu, et les enseignants ont tout fait pour que mes projets artistiques et pédagogiques puissent aboutir. L'un de mes objectifs était que la parole et la créativité puissent être accordées aux enfants. Je me souviens d'une classe de CM2. Durant une année scolaire, les élèves ont pu développer leurs perceptions esthétiques et artistiques, la vivre et la réaliser en devenant interprètes de leurs pensées, avec l'aide des symboles que Sam et moi avions sélectionnés (certains étaient navajos, d'autres pas). Les enfants ont pu créer plusieurs œuvres d'art avec le sable représentant les couleurs symboliques des quatre montagnes sacrées navajos. Mes interventions régulières dans l'école ont permis aux enfants de découvrir l'histoire du peuple diné. Apprendre que leurs montagnes étaient sacrées et que c'est à la terre que ce peuple appartenait. En allant à la découverte des Dinés, les enfants ont pu découvrir avec une grande curiosité et beaucoup d'intérêt l'histoire des Indiens navajos. Partis à la rencontre de formes et de couleurs qui n'étaient pas celles de leur culture, ces élèves ont aussi appris à connaître une page douloureuse de l'Amérique et la sensibilité d'un peuple autochtone, reconnu aujourd'hui comme nation, qui a souffert de l'extermination. Dessins après dessins, ils ont créé et réalisé des représentations fortes issues des mythes navajos. Ce fut pour moi extraordinaire de constater que la découverte de la narration pictographique des mythes dinés, l'étude des formes symboliques, était devenue pour les enfants un voyage initiatique. Il leur a permis d'aborder des rivages mystérieux. Certains d'entre eux ont exprimé à travers leurs poèmes que leurs peintures étaient « vivantes », qu'elles les « rassuraient ». Partis des images des peintures de sable navajos que j'avais apportées, les enfants en ont fait des œuvres d'art à part ; hymne à la vie, à la nature, à la joie d'être. Chaque expression artistique était unique. Les œuvres des enfants furent exposées dans différents lieux ouverts au public et cette trace collective porteuse de vie a été un message pour tous – les parents, les enseignants, les artistes et le public. Ça l'a été aussi pour moi. Durant cette première expérience collective, j'ai pu transmettre ainsi aux enfants ce que m'avait enseigné Sam, et entrepris une démarche artistique moins personnelle.

Peu de temps après cette enrichissante expérience, je suis retournée en terre dinée avec des photos de l'évènement. Sam était en déplacement et je n'ai malheureusement pas pu le retrouver comme je le souhaitais. Comme une offrande à l'univers, j'ai réalisé une œuvre artistique éphémère avec du sable d'un petit canyon, dans le souhait de rencontrer une personne de connaissance avec qui je pourrais échanger. Je ne savais pas qui encore. Cette quête d'aller toujours plus loin me poussait inlassablement vers ma « famille spirituelle ». Elle dégageait en moi une énergie puissante qui parfois m'ébranlait. Il fallait durant ce voyage que quelque chose de nouveau se passe. Qu'une ou deux personnes navajos ouvertes d'esprit puissent être à l'écoute de mon travail artistique avec les enfants. Quelques jours plus tard, mon souhait s'est réalisé. J'ai rencontré lors d'une conférence autour des problèmes familiaux que vivent parfois des communautés de la réserve une conférencière dinée. Employée en tant que responsable du service social du gouvernement navajo, son intervention permettait de présenter des solutions face aux problèmes de logement que certaines familles rencontraient. Le manque de logements est l'une des difficultés auxquelles certaines communautés font face. Selon la tradition, les familles ne refusent pas un de leurs membres si celui cherche un endroit pour se loger. Dans ce cas, il n'est pas rare que plusieurs générations vivent dans un même foyer. Le plus souvent dans une maison de deux chambres seulement. Les propos de cette femme, qui étaient encourageants pour les personnes présentes, m'ont donné envie d'en savoir plus sur son parcours. Son but était de continuer à éduquer adultes et enfants afin de soulager les tensions pouvant exister au sein des familles, ainsi que de préserver la culture coûte que coûte. Après la conférence, je suis allée me présenter à elle. Le lendemain, j'avais rendez-vous avec elle dans les bureaux du gouvernement navajo.

Je lui ai brièvement parlé de ma rencontre avec les Navajos à Paris, parlé de mon passé en tant qu'artiste. J'ai senti que cette partie de vie me provoquait une sorte de malaise. Je ne voulais pas parler de moi pour parler de moi. Je voulais dire de ce que je souhaitais continuer à mettre en œuvre dans ma vie artistique professionnelle à la suite de ma rencontre avec les Navajos. Cependant, plus je poursuivais ma conversation avec elle, plus la peur de montrer ce que je n'avais peut-être pas à divulguer revenait dans mes pensées. « Arrête de te raconter des histoires », a dit ma petite voix ! J'ai sorti de mon sac à dos les photos des œuvres des enfants avec un immense plaisir. Elle les a regardées attentivement. Je l'ai aussi sentie surprise. Qui pouvait bien être cette Française qui, venant de nulle part, montre des photos de peintures de sable inspirées par la tradition navajo et réalisées par des petits *Frenchies* ? « Auriez-vous quelques conseils à me donner afin que je puisse progresser dans ma démarche ? » lui ai-je demandé. Qu'allait-il se passer ? C'était une femme de terrain. Je l'appréciais pour ça. Elle a sorti un agenda du tiroir de son bureau. « J'organise, au service de la division des services sociaux de la nation navajo, une conférence annuelle autour de la santé et de la sécurité des enfants et des familles. La thématique sera autour des savoirs et de l'utilisation de la musique et de l'art pour préserver le langage culturel de nos enfants. Je vous invite vivement à y participer en tant qu'animatrice. » Mon cœur n'a fait qu'un bond. Des gouttes de sueur ont dû perler mon front. Joie ? Peur ? Allais-je devenir la risée d'un groupe de Navajos instruits ou bien devenir un exemple concret parmi tant d'autres pour proposer, soutenir les communautés en difficulté ? Une voiture du gouvernement viendrait me chercher. J'aurais une chambre d'hôtel réservée à mon nom pour une nuit. Je serais notée lors de mon temps d'intervention. Lors de la clôture de l'évènement, un colloque présenterait chacun des candidats pour les remercier de leur intervention. « Merci, vraiment. Je suis fière de faire partie de ce grand évènement. » Nous échangeons nos cartes de visite.

Le temps d'un rendez-vous et me voici propulsée, de manière officielle, face à la communauté navajo en tant que femme artiste française qui parle de la richesse et de la fonction dc l'art, de la culture et des peintures de sable dinées.

Jusqu'au jour de la conférence, j'ai vécu de grandes angoisses. Je me répétais : « Mais Lorenza, tu es complètement folle de faire ça. » Qu'est-ce qui a bien pu me pousser à me retrouver dans cette situation ? Mon ego ? Mon besoin d'exister ? Un besoin de reconnaissance ? Mon intention réelle était de recevoir, d'une manière ou d'une autre, une nouvelle approbation de leur part. C'est tout. J'avais le cœur ouvert. Trop peut-être ? Non, j'avais le trac. Voilà tout. Le monde *hózhó* peut être mis en lumière sous le prisme de l'art. L'art est un outil qui permet d'exister. Il est la peau du monde. Il existe sans murs et sans toit. Sachant que vivre dans la réserve peut être difficile pour les jeunes Navajos, malgré la richesse de leur culture, présenter l'art ainsi pourrait être une voie de passage pour eux ? J'apprenais entre-temps que ma nouvelle alliée, Enola, avait un frère homme-médecine. Elle lui avait sans doute parlé de moi. J'imagine la conversation : « Oh, il faut que je te dise. J'ai rencontré une Française qui a fait faire des peintures de sable navajos à des enfants français. » Mes nuits étaient on ne peut plus agitées. La vie était bel et bien venue me tester !

Le Jour J arrive. Quatre pschitts de Rescue[48]. Je suis prête. J'ai monté quelques photos et textes dans un *PowerPoint*. Parée pour cette nouvelle aventure. Une voiture officielle m'a déposée devant le Mc Dowell Casino & Resort. On me dirige vers une salle dans laquelle sont installés un projecteur, une grande table, des chaises les unes à côté des autres. Enola vient à moi. *« Hello Lorenza, good to see you again. »* Ravie de me revoir. Ouf. Je respire. Plusieurs personnes, hommes et femmes de tous âges, entrent dans la salle et inscrivent leur nom, leur lieu d'habitation, leur numéro de téléphone sur un document posé sur la table. Enola me présente, raconte comment nous nous sommes rencontrées. Le public rit. Je les reçois comme du baume au cœur. La lumière s'éteint. À moi de jouer. *« Yá'át'ééh abiní. »* J'assume peu à peu qui je suis. Je leur montre des images de la France, les paysages, la culture, l'architecture, la nourriture. Je leur parle de certaines périodes de l'histoire de France. Le siècle des lumières, la révolution française. Je leur explique l'organisation du gouvernement français, ses ministres. Puis les structures sociales

48. Le Rescue est un remède de secours composé de 5 fleurs de Bach. Il apaise dans des situations de stress, d'angoisse ou de nervosité.

en France – l'aide aux familles en difficulté. Puis, ma rencontre avec les Navajos à Paris, mes voyages successifs en terre navajo, les enseignements autour du concept de *hózhó*, la création de Navajo France et, enfin, mes interventions en tant qu'artiste dans les écoles françaises, autour des peintures de sable ainsi que des formes et des couleurs inspirées des Dinés. Et puis je me lâche. Je leur dis que leur culture est formidable. Que *hózhó* et *k'é* aussi. Qu'il me semble important de créer des passerelles d'échanges interculturels pour partager les valeurs de chacun. Que le monde entier aurait bien besoin de *hózhó* et de *k'é*. Fin des images. La lumière se rallume.

La plupart des personnes sont souriantes. Elles me regardent sans insistance, comme le veut la politesse. Certains parlent entre eux. Tous prennent le temps de noter mon intervention sur les feuilles vertes fournies à cet effet. Puis ils se lèvent. Certains me posent des questions, d'autres me remercient. Une femme vient me trouver. « C'est intéressant de savoir qu'une personne d'une autre culture explique que la mienne est riche et encore si présente. » Ma session continuera dans l'après-midi. À la fin de la journée, je me sens éreintée. La réaction positive du public m'a encouragée à continuer. Je remercie fortement Elona. Toutes deux lisent les commentaires de chaque personne du public. Une quarantaine. Elona m'avoue : « Je n'étais pas certaine de la réaction de certaines personnes concernant ta présentation, mais tous ont apprécié la manière avec laquelle tu t'es présentée à eux, dont tu présentes notre culture et ta passion pour l'art du chant et les peintures de sable. Tout cela est délicat, tu sais. Certaines personnes traditionnelles ne souhaitent pas que des personnes comme toi viennent apprendre de leur culture. Elles ne veulent pas que des étrangers parlent en leurs noms et prennent la culture navajo, car ils pensent que, le plus souvent, ils veulent se l'approprier pour de l'argent. Certains pensent que les Blancs viennent encore pour piller. Ils suivent les enseignements traditionnels, parce que nos hommes-médecine partagent toujours leurs connaissances lorsqu'il est question de guérir quelqu'un d'un traumatisme ou autre. Malheureusement, beaucoup d'entre eux repartent et font du business avec ce qu'ils ont appris ici. En oubliant ceux qui les ont enseignés. » « Je sais que la défiance de certains Dinés vis-à-vis des Blancs peut-être encore présente. Je la vis et je la comprends. Je comprends que je devrai continuer à prendre en compte cette réalité et faire "avec tout ça" », dis-je à Elona, qui répond : « *You did a good job*[49]. »

DÉFIANCE, JALOUSIE ET LA TERRE SOUS LES PIEDS S'EFFONDRE

Broyée par la société industrielle, la sagesse des Dinés a survécu à l'avancée impitoyable du monde « civilisé » des « petits frères ». « *Bilagaana*[50] » est aujourd'hui angoissé et arrogant parce qu'il s'est éloigné de la Terre-mère. Il est celui qui fait que l'eau, l'air, la terre sont pollués. Il est celui qui violente les animaux avant de les tuer, détruit les forêts, bâtit une civilisation artificielle. Dépendre de ce monde actuel, c'est s'éloigner du chemin *hózhó*. Comment conti-

49. Tu as fait un bon travail.

50. Personne blanche.

nuer à faire confiance à celui qui détruit l'alliance entre la nature et l'humain ? À celui qui détermine la valeur d'un être humain par sa richesse ? À celui qui, pour gagner, escroque l'autre ? Les préceptes de vie *hózhó* sont une réponse à la détresse de l'individu « civilisé ».

Les communautés Native Americans étaient mal en point au moment du génocide des tribus. Je ne sais pas comment expliquer qu'elles aient pu, petit à petit, s'en sortir, durant les années qui ont suivi. Leur attachement charnel à la beauté, que je considère comme noble, suscite l'émerveillement à tout âge, quelle que soit la situation. Tout est question d'équilibre. Leur façon de dépasser leur histoire, leur vie aujourd'hui, dispersent les pensées perverses, car chacun sait qu'au fond de soi se trouve la pépite d'or. Le manque de discernement est une source de tiraillement qui éloigne l'humain de la nature. Les pensées sont le miroir du monde. Nous devons apprendre à voir le monde sans inquiétude. Nous devons créer le monde qui naît par la loi du cœur.

Lorsque des personnes viennent participer aux ateliers Hózhó&Vie pour trouver un éclaircissement, la question qu'elles se posent commence souvent par un « pourquoi ». Ma réponse : « L'art est un symbole de la création. Il est à l'image du monde terrestre et de l'univers. L'art enseigne comment être présent à la vie. »

TABLEAU VII

La place des femmes navajos

Toute vie nouvelle commence par
le centre du cercle : la Terre-mère.
Reste avec nous et lorsque tu retournes
dans ton pays, dis-leur qui nous sommes.

Phrase qui m'a été dite
lors d'une cérémonie de la *Kinaaldá*

En me rapprochant des femmes autochtones à travers mes films mais aussi via mon temps passé auprès d'elles, j'ai constaté qu'elles tenaient dans leur communauté une place de premier ordre. Elles assurent les liens de la famille, du territoire, tout en occupant des postes importants dans l'éducation, la justice, l'environnement. Certaines d'entre elles, comme chez les Dinés, ont le privilège de vivre et de partager leurs cérémonies sur les terres de leurs ancêtres. En Californie, d'autres femmes autochtones se rassemblent dans de grands espaces naturels pour nourrir une vision collective vers des lendemains sereins. Comanches, Apaches, Cherokees, Dinés, elles maintiennent le lien avec la Terre. Elles chantent. Elles jouent du tambour. Elles partagent leurs détresses et leurs joies. Elles se soutiennent. C'est entre tradition et modernité qu'elles préservent, par des rituels, le cycle de la vie. Leurs rituels ancestraux, inscrits dans le monde moderne, participent à guérir la Terre dont elles sont les gardiennes. Ces moyens de guérison, transmis aux plus jeunes, reposent sur leur aptitude à nourrir et à honorer leur relation avec la nature, le cosmos et leurs ancêtres. En écoutant les enseignements de ces femmes qui, de sœur à sœur, parlent de beauté avec les humains et avec tous les règnes du vivant, ma conviction est que ces cultures nous connectent à ce qui est plus grand que nous et vers quoi il serait bien que nous revenions.

FEMME QUI CHANGE, FEMME DEBOUT

On ne peut pas ignorer la présence de Femme Changeante dans le monde contemporain des femmes dinées. Sans elle, il se pourrait que cette communauté ait perdu la fonction de la femme dinée. Ces femmes sont bien plus que les images folkloriques des femmes indiennes que l'on voit dans les magazines conçus pour le tourisme de masse. La fonction du système clanique que Femme Changeante a un jour créé relève du lignage de la mère. La transmission du patrimoine passe par les femmes. Pour des raisons de consanguinité, les hommes et les femmes ne peuvent pas se marier au sein d'un même clan. Si plusieurs Navajos sont du même clan – il y en a une petite centaine – ils s'appellent volontiers frères et sœurs. Leur rôle est de manifester l'autorité spirituelle et la fertilité prescrite par cette grande déité dinée.

LA VIE DE FAMILLE
AU TEMPS DES QUATRE DIRECTIONS

La jeunesse passe, comme un soupir,
mais l'esprit d'enfance ne saurait disparaître.
Cet esprit est la fête perdue, la source
d'eau vive enfouie dans la mémoire.

Anonyme

Parmi les choses que j'ai apprises des peuples Native Americans, l'expression « *Indian Time* » – heure indienne – est toujours utilisée dans les foyers dinés. Il s'agit d'une vision originale du temps. *Indian time* pourrait se traduire par « le temps qu'il faut pour faire les choses correctement ». Cette expression, parfois utilisée pour « les Blancs », dénonce aussi la notion du temps chez les hommes d'affaires. Un *Bilagaana*, lorsqu'il a rendez-vous avec un Diné en terre navajo, doit se rappeler qu'un contretemps peut toujours survenir, quels que soient l'urgence et le point de vue du *Bilagaana*. Certains Dinés traditionnels pensent et enseignent aux générations que la terre a son propre rythme. Au quotidien, vivre ne dépend pas uniquement des aiguilles de la montre. Les anciens leur ont enseigné qu'il est bon et juste de se rappeler que vivre, c'est comprendre le rythme de la lumière du jour et du clair de lune. Le contexte précipité du monde moderne expose le rythme biologique des êtres vivants à des dangers, même si ceux-ci sont peu palpables au jour le jour. Le temps du monde moderne éloigne peu à peu les hommes et les femmes du monde sensible et cognitif. Pour les Dinés, il est bon et sain de vivre dans une atmosphère tranquille, selon les cycles.

Vivre selon l'heure indienne, c'est être responsable de son propre rythme avec les cycles. Délimitée entre le lever et le coucher du soleil, la régularité des activités familiales implique que la course à la montre doit parfois faire bon ménage avec la vision du temps d'un point de vue traditionnel. Il en va de la gestion des rendez-vous par Internet jusqu'à l'offrande du pollen de maïs dirigé, selon la coutume, vers les quatre points cardinaux. Cette conscience liée à la gestion du temps implique aussi celle du quotidien, entre tradition et modernité.

GRANDS-MÈRES, APPRENEZ-MOI !

J'ai passé beaucoup de temps à écouter les grands-mères dinées. Elles m'ont rappelé la mienne, celle avec qui j'ai grandi durant mes cinq premières années. J'ai appris auprès d'elles que certaines fonctions des quatre directions étaient toujours utiles dans les foyers et dans leurs vies au quotidien, comme *ha'a'aah*, l'est, qui permet d'invoquer les esprits pour assurer la survie. Les femmes sont les garantes du bétail et des récoltes et dirigent les ressources économiques pour tout ce qui a trait à la gestion animalière et nourricière. Les travaux des champs, les récoltes, le tissage de la laine s'organisent avec l'énergie du sud, *shádi'ááh*. À l'ouest, *e'e'aah*, la famille se réunit pour dîner et veiller ensemble. Durant les veillées et avec la présence des anciens, sont transmises aux enfants les instructions et les histoires. Raconter des histoires privilégie les valeurs anciennes. Elles offrent un cadre de références culturelles et donnent du sens à la qualité des relations au sein des clans. Le nord, *náhookos*, représente l'obscurité, le mystère. Il aide à vivre les émotions de façon confortable. Le nord me rappelle une expérience qui m'est un jour arrivée avec une grand-mère dinée.

Terre Hopi. C'est l'automne. Avec mon ami navajo Andrew, je me suis inscrite à une course de cinq kilomètres. Cet évènement, organisé par un collège hopi, est destiné à encourager les étudiants à poursuivre leurs études tout en maintenant une bonne santé physique. Le groupe de marathoniens extérieurs dans lequel je m'étais inscrite soutenait le collège. L'objectif était de courir ensemble, avant le lever du soleil, cinq kilomètres à travers un canyon proche de Moenkopi Wash. Inutile de dire qu'une bonne préparation est essentielle pour ce type de course tout terrain. Rien à voir avec le plat bitume parisien. Les canyons, entre creux et bosses, montées et descentes, peuvent être abrupts. Ils regorgent de petits et gros cailloux pouvant dévaler bien bas et blesser celui qui se trouve en dessous. Quoi qu'il en soit, il me fallait être en forme.

Même en automne, la chaleur du soleil durant la journée m'empêchait d'aller courir dans le désert. Il fallait que je compte sur le début de la soirée pour aller m'entraîner à la fraîche. Andrew connaissait les alentours et les chemins sur lesquels je pouvais courir. Le territoire avoisinant la ferme de sa famille, qui m'accueillait, ferait l'affaire. Personne à l'horizon. Pas de voiture. Le silence et, parfois, l'aboiement des chiens sauvages au loin. Une nature majestueuse. J'étais franchement gâtée. Cette course était un nouveau challenge pour moi. Je voulais faire bonne impression. Limite chauvine, la petite Française n'arriverait pas la dernière. J'attendais donc les fins de journées avec impatience. Mon objectif était de m'entraîner trois fois par semaine pendant un mois. Avec Andrew ou seule. Il m'arrivait de revenir seule à la ferme, à la nuit tombée. Une grande sensation de liberté prenait place en moi.

Je cours. Vers le nord. Personne autour de moi. Juste l'immensité, la fraîcheur accompagnant la tombée du jour et la venue proche du coucher du soleil. Quelle joie. Je suis seule. Je me sens libre. Rien ne manque, les « présences naturelles » soulignent un paysage intense en minéral et en couleur ocre rouge. Je ne dis rien. Je ne pense à rien. Le sable, la roche. Le ciel, le vent léger et mon cœur qui bat de plus en plus fort. Aucun panneau d'indication ou publicitaire. Je cours vers un sentiment – celui de me fondre tout entière dans ce paysage qui s'offre à moi. De le toucher comme il me touche. Je cours et je pleure en même temps. J'éprouve beaucoup de joie et de gratitude. Je me sens reliée. Je suis reliée, en fait. Jc suis tout cela et tout cela est en moi. Je le sais comme on se souvient d'un souvenir lointain qui, malgré soi, revient. Je ralentis ma course. J'ai chaud. Je sens très fort dans ma poitrine les battements de mon cœur. Alors je marche.

J'ai couru plus loin que d'habitude. Puis je m'arrête net face à quelque chose qui se distingue du sable et des bouquets de plantes sèches, fines et légères. Je me baisse. Je distingue plusieurs tessons de poteries peintes jonchant le sol. De quand datent-ils ? Je les prends en main pour les regarder. Des vestiges. Ils appartiennent aux ancêtres[51]. Ce lieu qui est définitivement sacré, porte en lui l'his-

51. Certains vestiges et dessins sur les roches auraient entre 300 ans et 1000 ans. En fait, la présence humaine remonte ici à au moins 5000 ans.

toire de rencontres importantes du passé. Je sais qu'il est interdit de prendre avec soi le moindre vestige, et aussi le moindre morceau de pierres, de branches, de plantes ou d'objets anciens. Je remercie le lieu en replaçant les morceaux de poterie là où je les ai trouvés. Je fais une offrande. Du tabac.

Du temps a passé. Depuis combien de temps suis-je partie ? La nuit commence à tomber. Je reprends ma course. D'une manière générale, je n'aime pas rentrer seule dans la nuit.

Revenir à la ferme. J'ai des frissons.

Je ne sais pourquoi, mais ce soir-là je me suis « fait prendre » ! Je vois au loin la silhouette de Andrew. « Tu viens me retrouver, finalement. » « Ma mère n'apprécie pas que tu partes seule dans la nuit, répond-il. Je suis venu te chercher. » Andrew est une personne qui, jusqu'à son adolescence, a été élevé par une famille de Mormons de Californie. Même en ayant deux cultures en lui, il sait qu'il ne faut pas enfreindre certaines règles de sa famille navajo. Certaines croyances, lorsqu'elles sont transgressées, créent de la discorde, qui n'est pas *hózhó*. Je me sens frustrée comme peut l'être une petite fille à qui on demande de rentrer à la maison au moment où elle prend plaisir à faire ce qu'elle aime. Insatisfaite d'être freinée dans ma course et mon sentiment de bien-être, je suis Andrew, confuse, en courant à ses côtés. J'ai le cœur serré. Limite en colère. Perplexe aussi. Comment puis-je déranger grand-ma en courant seule dans la nature ? Quelque chose d'inhabituel se passe. Alors que nous continuons à courir dans le silence, Andrew poursuit : « Je ne sais pas quoi dire. » Et moi donc !

De retour à la ferme, nous entrons, essoufflés dans la pièce principale, la cuisine qui fait aussi salon. La mère est là. Seule. Sans nous regarder dans les yeux, elle parle longuement à voix haute en langue navajo. Mon ami me traduit en anglais ses propos : « Tu dois rester à l'intérieur de la maison le soir car elle ne veut pas que des esprits néfastes interfèrent dans sa vie. Elle ne veut pas que tu puisses rentrer dans sa maison avec, si tel était le cas. Ils captent ta présence dans le noir. » Un peu estomaquée, je regarde Andrew qui, lui, ne me regarde pas. Je me sens seule tout d'un coup. Loin de ce que j'ai pu vivre peu de temps avant. Il m'était déjà arrivé d'être dehors dans la nuit (avec d'autres amis navajos tout de même). Mon corps est lourd de fatigue. Je ne comprends plus rien, prenant les mots de grand-ma comme un avertissement. Je m'imagine avoir reçu un mauvais sort. J'ai des frissons. C'est quoi cette histoire ? Que faire ? Les paroles en langue navajo de grand-ma résonnent dans ma tête. Bien sûr, je m'excuse auprès d'elle. Quelle ambiance. J'ai envie d'aller faire un tour dehors. Je pense. C'est possible ? Juste devant la porte d'entrée ? Pas vraiment. Je sens mes joues bouillantes de la course. Je dois avoir une drôle de tête. Mon ami m'apaise. « *Come on!* » Pour aller où ? Il n'y a que trois pièces dans la maison. Je suis finalement Andrew qui se dirige vers la seconde pièce commune – une chambre avec une télévision, dans laquelle parfois, d'autres membres de la famille se retrouvent. On dort tous à même le sol. La mère d'Andrew se dirige vers sa propre chambre. Elle continue à parler dans sa langue natale. Continuant à essayer de comprendre ce qu'il se passe, je demande : « Dis-moi, Andrew, grand-ma continue-t-elle à remercier les esprits pour notre retour à la ferme ? » « *Maybe* – peut-être », dit-il. « Oui », insiste-t-il, en français pour m'apaiser. J'allume une branche de sauge pour me purifier avec sa fumée. Je la tends à Andrew qui, à son tour, se purifie. Il faut que tout ce que je fais, pense et dis participe à *hózhó*. La voix de grand-ma se fait doucement entendre. Le son de ses mots est comme une prière. Je me sens mieux.

Je n'ai pas osé parler par la suite de tout cela ni à Andrew ni à grand-ma. J'ai repris mes entraînements avec parfois devant, parfois derrière, la présence de Andrew, tel un gardien.

Le jour J arrive. Ce fut un grand moment de courir dans ces immenses canyons désertiques. Un pur moment de plaisir. Des tas de choses étaient mises en place pour les accompagnateurs qui ne couraient pas mais qui étaient là pour nous encourager. Des boissons de toutes les couleurs, des confiseries, des encouragements attendaient chaque personne. Je n'ai pas terminé dernière !

CE QUE LES GRANDS-MÈRES DINÉES M'ONT APPRIS

J'ai voulu en savoir un peu plus sur la présence des mauvais esprits et sur la direction du point cardinal nord. Bien que chaque direction soit associée aux quatre montagnes sacrées qui entourent le territoire diné, j'ai compris qu'il est important d'apprendre point par point ces enseignements.

Il est dit que le nord symbolise la fin du cycle de vie vers lequel les esprits défunts se dirigent avant de passer à une autre existence. Mais le dernier voyage des esprits n'est pas uniquement associé à la fonction de la montagne sacrée, le Mont Hesperus du nord[52]. Selon le témoignage d'hommes-médecine et femmes-médecine, les entités spirituelles se manifestent davantage la nuit, car il est plus facile pour elles de se nourrir d'énergie dans l'obscurité. Elles deviennent donc plus présentes, plus actives. Cela concerne tant les bienfaits de la prière que la présence des esprits négatifs. Les Hopis, tout comme les Dinés, courent avant le lever du soleil. Cela implique la relation qui existe entre les êtres humains et la terre et la lumière du soleil. Selon certaines théories dont parlent ces peuples, la fréquence énergétique reliée au monde spirituel est plus élevée avant et pendant le lever du soleil comparativement au coucher du soleil, où l'énergie spirituelle baisse.

Ceci explique pourquoi l'augmentation des esprits malfaisants serait aussi associée à la nuit ; à une fréquence d'énergie plus basse lorsque la Terre s'éloigne de la zone d'énergie électromagnétique du Soleil. La terre détient, au coucher du soleil, une basse énergie. Viennent ensuite l'aube et sa haute énergie. En l'occurrence, la fréquence de l'énergie spirituelle commence à un niveau bas, au coucher du soleil et augmente jusqu'à un niveau élevé avant le lever du soleil. Durant la nuit, l'énergie spirituelle n'est pas perturbée par l'énergie électromagnétique du soleil et toute vie spirituelle, bonne ou mauvaise, peut se nourrir de l'énergie trouvée dans le côté obscur de la terre.

Il m'avait été possible de trouver, sur le chemin de mon entraînement, quelques poteries anciennes. Pour les

52. La fonction de la montagne sacrée du nord, le Mont Hesperus, symbolise l'achèvement et non la mort ou les forces maléfiques.

Indiens pueblo, les esprits vivent toujours dans les lieux et ruines d'anciens habitats de leurs ancêtres. Ils respectent ces vestiges et leur sont très attachés. S'il arrive à une personne de ramasser un morceau de poterie ancienne, un objet provenant d'une ruine, elle s'expose possiblement à une agression surnaturelle. Grand-ma connaissait toutes ces histoires. Il se peut qu'autour de ces vestiges de mauvais esprits rôdeurs puissent s'attacher aux personnes lorsque celles-ci les touchent. Il est plus que recommandé de redéposer une poterie brisée là où elle a été ramassée afin d'éviter une attaque surnaturelle d'un mauvais esprit. Avant que je touche à ces vestiges lors de ma course, j'avais appris par un homme-médecine qu'il ne faut rien prendre pour soi de ce qui appartient au monde des anciens. Il est bon de faire une prière en guise de gratitude et d'humilité. Grand-ma pensait que je n'en étais pas consciente. Je l'étais. Un peu plus chaque jour.

En tant que gardienne de sa ferme, sa famille, son territoire, sa culture, grand-ma tenait à garder son rôle à tout moment. Si les mauvais esprits sont comme les monstres, la prière est une arme symbolique qui les repousse. Tous ces symboles de complétude et de bonté ont le pouvoir de vaincre le « mal » – partie intégrante de la création. Les Dinés expliquent que les mauvais esprits ne peuvent exister sans l'amour du Créateur. Le Créateur est dans l'amour de tout ce qui est. L'intention première de grand-ma n'était pas seulement dans le bien qu'elle voulait créer autour d'elle, mais aussi dans ce qu'elle considérait comme mauvais pour elle.

D'autres grands-mères m'ont dit avoir eu intérêt à écouter grand-ma. Elles m'ont expliqué que les mauvais esprits se souviennent qu'ils font partie du Tout. Ils nous rappellent que nous devons les considérer comme faisant partie du Tout. Les prières sont là pour ramener l'équilibre entre le bien et le mal – une seule énergie non séparée. Les grands-mères s'efforcent de maintenir cet équilibre. Peu importe à qui elles ont affaire ou que l'on soit dans une ferme ou en pleine nature. Vénérées, elles sont au centre de nombreuses familles. Les grands-mères sont les enseignantes des mondes d'avant, chargées de s'assurer que la prochaine génération apprendra les traditions culturelles et les coutumes des générations qui l'ont précédée.

Il est important pour elles que les nouvelles générations apprennent à vivre avec la présence d'un assemblage subtil composé de figures héroïques, d'esprits émergeant des montagnes et des cours d'eau, sans oublier les ours, les coyotes, les serpents, les cerfs et des monstres et Êtres Sacrés afin qu'ils les protègent durant toute leur vie. Les grands-mères ne sont pas seulement les soignantes pour leurs enfants et petits-enfants. Elles sont des leaders, des « dispensatrices de sagesse », des guides spirituels. Elles deviennent les sources de connaissances pour d'autres femmes également, qui se tournent vers elles pour recevoir des conseils. Il n'est pas rare que les parents qui travaillent laissent l'éducation de l'enfant aux grands-mères.

En l'occurrence et grâce aux femmes navajos et grands-mères dinées, j'ai appris que le nord est bel et bien une porte d'entrée symbolique vers le ciel, le monde des esprits, et l'au-delà. Tout converge vers le nord. Avoir été rappelée à l'ordre par grand-ma m'a permis de vivre cette expérience en la rendant enrichissante et bonne pour moi.

Le nord et l'au-delà ont ainsi pu l'entendre à leur tour. L'ayant vécue, je peux à présent enseigner à mes enfants et petits-enfants la bonne posture à tenir en toute occasion et selon certaines fonctions des quatre directions.

LE MARIAGE, UN PACTE HARMONIEUX DU CIEL ET DE LA TERRE

L'amour est un risque terrible
car ce n'est pas seulement soi que l'on engage.

Edgar Morin

Tuba City, Arizona. Territoire navajo. Il est midi. Quel cagnard ! Pas un nuage dans le ciel, bleu éclatant, de la ville désertique, Tuba City. De la vitre baissée de ma voiture, je vois les herbes jaunies, brûlées par le soleil. Enracinées entre le sable et la caillasse, elles ondulent sous un vent léger, chauffé à blanc. Arrivée à destination, je gare ma voiture à l'ombre de l'unique cèdre rouge, situé devant la porte du mobil-home et j'attends. Les deux chiens de la maison aboient devant ma portière fermée. Je ne crains pas les chiens, mais bon. Mon amie Autumn ne va pas tarder.

En repérages pour mon documentaire *Navajo Songline*, je suis en quête d'informations sur la place de la femme moderne, en rapport avec le mythe de Femme Changeante. J'ai rencontré Autumn l'année précédente. Durant une hutte de sudation, nous avons parlé de nos parcours respectifs. Autumn m'a expliqué une partie de l'histoire du mythe selon la version de sa grand-mère. J'aimerais connaître sa propre vision. Autumn, qui s'est mariée selon la tradition, veut bien témoigner. Pas être filmée. Elle se dit chanceuse d'avoir été éduquée en étant proche de sa grand-mère. Bien que son époux Len soit hopi, tous deux se sont mariés selon la cérémonie du mariage navajo. Notre rencontre aujourd'hui va m'aiguiller sur le déroulement d'un mariage traditionnel. Autumn ouvre la porte de son mobil-home. Ses longs cheveux noirs bien lissés sont attachés par une soigneuse natte tressée. J'ouvre la porte de la voiture. Autumn : « Bonjour Lorenza, ça fait longtemps que nous ne nous sommes pas vues ! »

Je démarre la voiture, direction le Trading Post Coffee Shop. Autumn : « Avant de commencer à me raconter les histoires de la culture dinée, ma grand-mère m'expliquait que celles-ci venaient de sa propre mère, qui les lui avait racontées lorsqu'elle était petite. Nos anciens nous ont appris à écouter les histoires. Te les raconter, c'est en quelque sorte les maintenir vivantes. » Mère de deux enfants, Autumn a 31 ans. Sa terre familiale, c'est Tuba City. Elle travaille à mi-temps dans un magasin de sport, à Flagstaff. Une ville attenante, située en dehors de la réserve navajo, à 1h20 en voiture de Tuba City. Tout comme la société navajo traditionnelle, Autumn accorde une grande importance à l'institution du mariage. La nature, le lien avec la terre et le ciel et la nourriture, symbole d'abondance, sont au cœur de ces cérémonies.

La climatisation marche à fond à l'intérieur du Trading Post Coffee Shop. Il fait presque froid. La jeune serveuse vient déposer sur la table les deux grands verres de thé remplis de glaçon que nous avons commandés. Je mets en place les derniers réglages de mon enregistreur. C'est parti. Autumn : « Avant de mettre au monde Les Héros Jumeaux,

Femme Changeante s'est mariée avec Dieu Soleil. Durant mon mariage, j'ai dû exécuter ce que Femme Changeante avait dû elle-même pratiquer pour le bon déroulement de son mariage. »

QUAND LA JEUNE FEMME DEVIENT LE MYTHE

Je suis Femme Changeante, Asdzą́ą́ Nádleehé.
Aussi différents que nous soyons,
vous et moi sommes d'égale valeur.
Aussi différents que nous soyons, vous et moi,
nous valons autant l'un que l'autre.
Il ne pourra y avoir d'harmonie dans l'univers
aussi longtemps qu'il y aura absence
d'harmonie entre nous.

Anonyme

Les cérémonies de mariage traditionnelles sont privées. Seuls la famille et les amis proches peuvent y assister. L'accent est mis sur l'intimité et le sacré et les photographies ne sont pas autorisées. Se marier permet aux jeunes époux de faire face à l'incertitude du futur, la perte du langage et le lien de sacralité diné. C'est un pacte de réciprocité et de responsabilité, une appartenance éternelle à l'univers navajo. C'est la famille de la jeune fille qui reçoit.

Autumn : « Selon la coutume et en amont de la date du mariage, Len a dû façonner de ses mains un vase de cérémonie, un "*wedding vase*", une poterie à double col. Le vase symbolise la spiritualité de deux êtres buvant à la même source. Len et moi devrons conserver le vase jusqu'à la fin de nos vies. De mon côté, j'ai dû préparer, le jour de mon mariage, une bouillie de farine faite de trois maïs différents. Le maïs rouge symbolise la santé, le maïs blanc, la richesse. Le maïs bleu symbolise le bonheur. Nous étions parés de nos bijoux turquoise, d'objets de nos familles réciproques et de nos couvertures traditionnelles de mariage, en laine. Len est entré dans le *hogan* accompagné de son oncle. Il s'est assis du côté ouest. Sa mère s'est assise à côté de lui. Le reste des familles s'est installé côté nord. Accompagnée de mon père, je suis entrée à mon tour avec la corbeille de mariage, qui contenait la bouillie de farine de maïs. Je l'ai déposée à même le sol devant Len. Puis je me suis assise à sa droite[53], côté sud. Lui et moi devions faire face à l'est, vers la porte du *hogan*. L'homme-médecine, qui portait le vase de mariage, est venu s'asseoir à côté de moi. Il a béni l'eau. J'en ai bu en premier, Len en second. Nous avons lavé nos mains avec cette même eau[54]. L'homme-médecine a prié à voix haute puis à voix basse. S'est ensuivie la cérémonie de bénédiction de la bouillie avec le pollen de maïs, le cheminement du pollen dans la corbeille. De ses doigts, il a tracé une ligne de pollen d'est en ouest puis vers l'est. Enfin, une seconde ligne du sud au nord puis vers le sud[55]. Il a ensuite réparti le pollen tout autour de la bouillie de maïs, formant un cercle en tournant dans le sens des aiguilles d'une montre. Len et moi

53. La femme s'assoit à droite de l'homme car, anciennement, l'homme tenait de sa main gauche ses arcs et ses flèches. Ainsi, aucune arme et aucun danger n'est entre les nouveaux mariés.

54. Symbole de purification entre le corps, l'âme et l'esprit.

55. Symbole du chemin de vie du couple du moment présent jusqu'à la vieillesse.

avons appris que la bouillie de farine de maïs représente la bénédiction des “êtres à cinq doigts[56]”. Le chemin du pollen symbolise la fertilité dans les quatre directions. L’homme-médecine a ensuite placé la corbeille devant nous. Len en a pris la première bouchée, puis l’a avalée. J’ai fait de même. Puis vers les quatre directions et le centre du *hogan*, l’homme-médecine a distribué le reste de la bouillie afin que chaque membre de nos familles et amis puisse en prendre. Une fois la bouillie consommée, la corbeille de mariage a été remise à la mère de Len. Il y a eu beaucoup de chants. » Autumn se souvient d’une des dernières bénédictions de leur mariage, récitée par l’homme-médecine :

« Vous avez maintenant allumé un feu et ce feu ne doit pas s’éteindre. Vous deux avez maintenant un feu. Il représente l’amour et une meilleure compréhension de la vie. Le feu apporte la chaleur, la nourriture et la joie. Il représente pour vous un nouveau départ, une nouvelle vie, une nouvelle famille. Vous avez allumé le feu pour la vie, jusqu’à ce que la mort vous sépare. Le feu doit rester chaud pour rester ensemble. »

J’apprendrai que la plupart les chants s’adressent à Première Femme, à Fille et Garçon Pollen de Maïs et à tous les *Diyin Din’é*. Afin de célébrer la durée et la longévité de l’union de deux personnes, ces chants accompagnent la cérémonie de mariage. Ainsi, bénis par l’acte sacré du mariage, et comme il en avait été pour le mariage entre Femme Changeante et le Soleil, les deux époux marcheront sur le sentier de la beauté.

---

56. Les enfants que le couple élèvera.

LE MYTHE DE LA FEMME CHANGEANTE

Durant mes autres recherches, j'apprends que le mythe de Femme Changeante inclut l'histoire de son union sexuelle avec *jóhonna'éí,* le soleil. L'histoire raconte qu'après avoir ressenti d'étranges attirances envers différentes choses, elle décide de se reposer sur le flanc d'une montagne, durant quatre jours. Femme Changeante s'allonge confortablement sur un rocher, ses pieds dirigés vers l'est et les jambes écartées. Tout en observant le parcours de soleil dans le ciel, *jóhonna'éí,* brille et émet pleinement sa chaleur sur elle. Il la fécondera. S'en vient la demande de Soleil à Femme Changeante – « pouvoir dorénavant passer ses nuits avec elle, après son parcours dans le ciel ». Femme Changeante, qui semble ne pas être impressionnée pour autant, lui répond par un ensemble de conditions que Soleil, à son grand étonnement, devra remplir. Femme Changeante rappelle à Soleil qu'elle l'a volontairement laissé envoyer ses rayons dans son corps. Soleil symbolise le ciel. Femme Changeante la Terre. La vie quotidienne de chacun n'est donc pas la même. Constant dans sa luminosité, le Soleil se déplace d'est en ouest. Elle reste fixe, au même endroit, et doit changer avec les saisons. En tant que « mère vivant seule », elle protège ses fils tout en leur apprenant à servir le peuple et les protéger des monstres[57] de manière désintéressée. « Aussi différents que nous soyons, nous sommes reliés à un seul esprit. Il ne pourra pas y avoir d'harmonie dans l'univers tant qu'il n'y aura pas d'harmonie entre nous », conclut Femme Changeante en s'adressant à Soleil.

Racontée selon la tradition orale, cette version du mythe me fascine et m'interroge. Ces phases souterraines issues de cette partie de l'histoire de la création ont traversé le temps

57. Selon certains récits, ce n'est qu'avec la défaite des monstres – le résultat d'un désordre sexuel au début de l'histoire, qui déclenche une prise de conscience – que la réconciliation homme-femme inaugurera une vision stable, identifiée par *hózhó*.

jusqu'à l'arrivée sur terre des Dinés, en tant qu'êtres humains. La sexualité qui anime cette version du récit se matérialise à travers une succession de contextes dans lesquels le mystère, le pathos et l'humour amènent les femmes et les hommes navajos à prendre conscience d'une chose qui me paraît évidente : en l'absence de l'égalité que Femme Changeante exige du Soleil, l'équilibre du cosmos, en lien avec la procréation sur Terre, ne connaîtra pas de « vivre ensemble » harmonieux. C'est de l'égalité entre les sexes que pourra naître l'harmonie. En comprenant l'importance des liens sacrés du mariage, exprimée par Autumn[58], j'éprouve une certaine admiration quant à la place de la femme navajo moderne. La position élevée dont jouissent ces femmes traditionnelles pourrait être entendue par toutes les jeunes femmes en devenir. Elle m'a appris que, tant que la nature humaine restera en étroite relation avec une société moderne hors sol[59], qui détruit la nature, il est possible que la vision du monde écologiquement stable dont parlent les Dinés s'éloigne peu à peu de la vie de certaines personnes.

Sans être mariée à un homme navajo, Femme Changeante est « tout près » dans ma vie. Elle me vient en rêve. Autumn l'avait compris. Pour moi, accueillir en soi le mariage harmonieux du Ciel et de la Terre, c'est comprendre que la femme est et restera à l'initiation de l'harmonie sur Terre. Quoi de plus universel ? Peu importe l'âge, la langue, l'époque ou le milieu. Pour moi qui avais divorcé, le témoignage d'Autumn s'est transformé en une leçon de philosophie qui peut mener l'existence humaine vers plus de responsabilité et de sérénité.

---

58. Le pouvoir judiciaire navajo a validé que le mariage traditionnel permet à l'homme et à la femme – le Ciel et la Terre – de rester unis pour toujours.

59. Un mode de fonctionnement où la vulnérabilité émotionnelle et sexuelle entre les hommes et les femmes, entre le Ciel et la Terre, divise.

MATRICE ROUGE

Il a une voix, il a une voix
Juste au lever du jour, Sialia appelle
L'oiseau bleu a une voix
Il a une voix, sa voix est mélodieuse
Sa voix mélodieuse qui coule dans la joie
Sialia appelle, Sialia appelle

Chant du lever du jour

Puissantes, résistantes, activistes pour beaucoup et autonomes, les femmes navajos, peu importe leur âge, ont été habituées à faire face au monde tel qu'il est. Mon amie Doba a longuement partagé avec moi la manière avec laquelle ses aînés parlaient d'*Asdzáá Nádleehé*, Femme Changeante. Elle-même en parle comme une idole. « Il est difficile d'oublier la blessure du passé causée à nos aînés durant La Longue Marche », avant que le chef de guerre Manuelito ait signé le traité de 1868 libérant les Navajos du camp de la mort de Bosque Redondo. « Vais-je mourir loin de mon territoire ou vais-je fuir et retourner sur ma terre pour mourir ? » Lorsque Doba se remémore tout cela, des larmes coulent sur son visage. « Nos aînés ont pensé à nous, dit Doba. Nous étions leur avenir. Si certains d'entre eux ne se battaient plus à force de souffrance et de maltraitance, leur résistance et leur détermination ont traversé leur foi et leur corps pour nous. » Il est clair que les pas des aînés, capables de résister au pire, ont laissé leurs traces sur le long chemin de la beauté.

De nouveaux problèmes sont là. Un taux de chômage officiel d'environ 50 %, et sans doute davantage si l'on inclut ceux qui ne cherchent plus d'emploi. Il induit que le niveau de vie des Navajos serait à peu près le tiers de celui des Américains. Côté santé, l'obésité et donc le diabète, l'alcoolisme et la consommation de stupéfiants, sont une réalité. L'artisanat navajo, concurrencé par les faussaires du marché chinois, occupe au moins un membre chez plus de 60 % des familles, avec la confection à la main des bijoux en argent sertis de véritables turquoises et des célèbres tapis aux motifs ancestraux. Pour l'agriculture, le contrôle des productions, du bétail et de la terre, les stocks, le droit à la propriété et les modes d'utilisation des terres, transmises de façon matrilinéaire, sont encore sous le contrôle des femmes. « Face aux problèmes de la "Rez[60]", les femmes passent à l'acte. Ce sont elles qui dominent dans les affaires sociales et économiques », affirme Doba.

Certains jeunes Dinés expriment leur mal-être. Pris entre deux mondes – le monde traditionnel navajo et le monde occidental –, ils se tournent vers les drogues et l'alcool. En tant que musicienne et chanteuse, j'ai été étonnée d'apprendre que les jeunes écoutent surtout du rock, du punk et du heavy metal[61]. Lors d'un échange avec une jeune Dinée, guitariste dans un groupe punk et parée de bagues traditionnelles, je suis invitée à visiter une ancienne unité de stockage convertie en studio de répétition. « Le rock

60. La réserve navajo.

61. La musique « Rez heavy metal », qui illustre l'énergie créative de la culture des jeunes Amérindiens, a touché un nerf collectif dans la réserve navajo en particulier. De nombreux responsables culturels ont commencé à reconnaître la capacité du heavy metal à inspirer les communautés navajos confrontées à des problèmes chroniques tels que la pauvreté, la dépression et la toxicomanie. La musique heavy metal évoque les frustrations, les peurs, les épreuves et les espoirs de la vie dans la « Rez ».

féminin est-il devenu la nouvelle norme des femmes dinées traditionnelles ? » lui ai-je demandé. « Cette musique est très appréciée par les jeunes de mon peuple. Elle permet d'inspirer d'autres jeunes, et trouver une issue à travers la musique », répond la jeune femme, âgée d'une trentaine d'années. Elle m'explique que sa musique redéfinit ce que veut dire être diné. Elle se dit être entre deux cultures, dinée et occidentale. « Quand ça n'allait pas dans ma vie, j'allais voir les hommes-médecine. Je ne voulais pas être dinée. Ils m'ont rassurée en me disant que les cérémonies et la musique rock étaient compatibles. Ils m'ont soutenue dans ma musique. Aujourd'hui, quand je me produis devant des plus jeunes que moi, ils viennent me voir et disent vouloir faire de la guitare comme moi. Rien que de voir ça, je me dis que je suis à ma place. Je ne crois pas en Dieu. Je crois en mon peuple. »

Il est clair que le gouvernement fédéral américain voulait forcer des milliers de Native Americans à assimiler le christianisme. Cette tentative continue à affecter les nouvelles générations et certains en portent toujours la blessure. Certains hommes et femmes se sont rencontrés aux pensionnats chrétiens situés sur la réserve. Malgré tout, le système de croyance dinée est resté profondément enraciné dans la parenté, le foyer et le fait de prendre soin les uns des autres. Que le heavy metal et le punk soient pour longtemps des musiques transcendantales !

TABLEAU VIII

Le sable, le chant, le tambour... un parcours initiatique

Souffrir est absurde et laid.
Toute souffrance est un désordre...
Mieux vaut s'accommoder des choses
ou les briser que de pleurer à la lune.

Alexandra David-Néel

Malgré l'histoire douloureuse dont toutes les communautés amérindiennes conservent les séquelles, je suis en joie de constater qu'aujourd'hui, les cérémonies traditionnelles renaissent avec une vitalité grandissante. Hommes et femmes commémorent l'expérience de la blessure, comme leurs ancêtres l'ont fait tant de fois à travers les cérémonies du sable de guérison, le chant et le tambour. S'il est difficile de reconnaître que ces rituels ont le pouvoir de guérir tant qu'on ne les a pas vécus, les Native Americans accueillent en eux la Terre d'aujourd'hui. En prenant soin de leurs blessures, ils prennent soin de la

Terre, qu'ils considèrent comme blessée par la façon dont l'homme la traite. Pour eux, la Terre n'est pas un territoire sur lequel nous spéculons ou manifestons le drame de nos histoires isolées. J'ai eu l'immense privilège de pouvoir participer à des cérémonies pour guérir la Terre. Ces rituels, qui permettent de se relier à elle pour la guérir, sont initiatiques. Étant habilitée à le faire, je me sens utile et me considère à ma place en tant que femme artiste en lien avec les peuples racines depuis maintenant plusieurs années.

Dans le souhait de continuer à faire ma part et apporter à la Terre la bonne manière d'être en lien avec elle – contrebalancer la colère qu'exprime la Terre à travers ses tremblements et ses tempêtes soudaines emportant tout sur son passage – je me suis rendue sur le plateau de Shiprock[62] pour rejoindre Jim, maître joaillier et Ray[63], avocat. Mon ami Ray m'explique : « Le malheur aujourd'hui est que l'ordre des choses a été dérangé par l'humain. À chaque fois que l'on dérange notre mère la Terre, il y a des conséquences. Nous, les Dinés, pensons que les quatre éléments sont perturbés et que les dieux sont en colère à cause de ce que font les êtres humains. » Face à cette conséquence, qui nous touche également, et avec le talent de Jim, qui a porté avec lui du sable coloré pour réaliser, telle une offrande, un mandala de sable avant le coucher du soleil, nous nous mettons tous les trois à la tâche. Ray et moi avons suivi les conseils de Jim et avons

62. Images tournées pour le film *Le chant qui guérit la Terre.*

63. Jim et Ray sont, au sein de leur communauté, des référents de la culture navajo.

déposé les sables colorés porteurs de symboles dinés pour accompagner l'intention de guérison que nous souhaitions à la Terre. Une fois l'œuvre terminée et après un temps de silence, nous avons rassemblé le sable coloré et l'avons porté au vent vers les quatre directions. Faire que le vent puisse emporter avec lui notre message au-delà des frontières. Nous avons ensuite entonné un chant et remercié les esprits alliés porteurs d'harmonie et de beauté.

Tous ces gestes simples et attentionnés envers la Terre me ramènent au souvenir que j'ai, petite, avec ma grand-mère. Dans son jardin, je la voyais regarder les fleurs, les légumes, avec ce même regard de tendresse qu'elle posait sur moi. Je me sens fière de son chemin parcouru, celui de toute ma famille et le mien aussi. Regarder la Terre comme un être vivant, c'est considérer que son cœur continue à battre quel que soit le pays où l'on se trouve. Ce cœur n'a pas de frontière. Et c'est dans cet esprit de don que ma grand-mère a regardé la vie, malgré les blessures et son émigration causée par la guerre. C'est là que se trouve la noblesse des choses. La richesse d'être relié au sacré. Le jardin de ma grand-mère, la terre, les montagnes, les rivières, les canyons. Ce sont les seuls sanctuaires dans lesquels aucun dogme n'est imposé.

Je ne sais pourquoi, mais des images de guerre et de combats viennent plus tard brouiller ce moment hors du temps. « Je ne sais pas si nous restaurons les terres blessées en France. Il y a la pose des drapeaux, les hommages militaires internationaux et les prières, bien entendu, dis-je à Ray et Jim. Cependant, avons-nous réellement conscience que la Terre, impactée par la souffrance humaine, est blessée ? Purifions-nous celle-ci de ses mémoires passées ?

Je ne me souviens pas avoir vu en France un groupe de personnes se présenter, genoux à terre, comme nous avons pu le faire durant notre rituel de sable. Il y a eu tant de combats et de morts en France. »

De cette réflexion partagée auprès de mes amis, m'est venue l'idée de procéder avec eux, en Normandie, à une cérémonie navajo, sur les traces de la Seconde Guerre mondiale. De nombreux Navajos se sont engagés dans l'armée américaine pour se battre en France contre les forces ennemies. Avant de quitter leurs pays, ces hommes prenaient part à des cérémonies traditionnelles destinées à maintenir *hózhó*, comme le faisaient auparavant leurs aînés guerriers qui partaient au combat. Nombreux sont ces soldats que l'Histoire a oubliés.

Des mois se sont écoulés. Finalement, Jim et mon ami historien John sont venus me rejoindre à Omaha Beach pour le 75e anniversaire du Débarquement et de la Bataille de Normandie. Lors de ce séjour, notre souhait commun est de rendre hommage à la mémoire de leurs ancêtres et aussi de prier pour la Terre blessée et l'esprit des morts. Guidée par Jim et John, nous décidons de procéder ensemble à un rituel navajo de protection et de purification pour restaurer *hózhó* dans tout ce qui a été meurtri par la guerre. Avec son talent et sa grande connaissance navajo, Jim trace sur le sable la présence d'un Être Sacré, et cela dans le souhait d'apaiser l'âme de ces soldats morts au combat et la douleur de leur famille. Malgré la tristesse que nous ressentons, le rituel nous permet de rassembler le souvenir de ce passé pour le remettre, à travers la réalisation du dessin symbolique sur le sable, sur le chemin de la beauté. John allume un cône remplit de tabac navajo de purification qu'ensemble nous fumons. Nous donnons au vent le sable porteur de guérison et entamons une prière et un chant de cérémonie[64].

Ce moment représente beaucoup pour moi. Durant la cérémonie, je me suis reliée à la tristesse de mon père dont le propre père est mort suite à ses blessures de guerre. Le chant et les prières en langue dinée[65] de Jim et John m'ont réconfortée et m'ont permis de me relier profondément à l'histoire de mes ancêtres. Je me rends compte qu'il y a toujours une guerre de trop. Il faut faire ce que l'on peut pour soulager la souffrance du monde. Ce qu'il faut défendre aujourd'hui, ce n'est pas un pays. C'est la Terre. Faire que nos traces porteuses d'intentions saines et salutaires soient accueillies au sein de la Terre-mère. C'est cela restaurer le lien d'harmonie avec elle. Avec leur incroyable persévérance, les Native Americans navajos nous montrent qu'ils continuent à le faire. Leur sable, leur chant et leur tambour enseignent tout cela.

64. Images filmées pour le film documentaire *Le chant qui guérit la Terre*.

65. La langue dinée est sacrée et les Dinés l'ont prouvé. Leurs ancêtres se sont engagés dans les Marines durant la guerre du Pacifique (les Code Talkers). Leur vision a consisté à améliorer la sécurité de leurs vies, tout en restant reliés à la Terre. Pour eux, le danger qu'encourait la Terre-mère touchait à leur système de valeurs. Leurs buts n'étaient pas de tuer des gens. En tant que défenseurs de la Terre, les armes qu'ils ont utilisées étaient le langage. Les Code Talkers ont transformé leur langue ancienne et en ont fait un code pour déjouer les plans et attaques de l'ennemi.

VOYAGE AU CŒUR DU TAMBOUR RITUEL

Les communautés Native Americans reconnaissaient la place symbolique et sociale de la femme dans le monde autochtone. Cependant, toutes ces femmes ont subi la pression de la colonisation et du patriarcat. Face à cela, nombre d'entre elles s'émancipent pour rétablir aujourd'hui une place au sein de leurs communautés.

Dans le but de connaître d'autres communautés Native Americans et d'apporter mon soutien et mes chants aux peuples autochtones, la vie me pousse à rencontrer ces Amérindiennes en Californie[66]. Toutes sont chanteuses et joueuses de tambour. La place du féminin dans le monde amérindien est essentielle pour la préservation de la Terre-mère et les Gardiennes du tambour en ont fait une vocation. C'est dans la ville de Paradise, sur une autre terre meurtrie, que je continue ma route pour rencontrer Kandi, la chanteuse et joueuse de tambour. Au fur et à mesure, je découvre à ses côtés le peu qui reste d'une partie de la ville, théâtre d'un drame écologique et humain ; le spectacle d'une nature pétrifiée par le feu. Je vois des vélos d'enfants, des baignoires, des machines à laver, des portes de garage, des chaises, des tables en fer. Tous brûlés. Les arbres, noircis par le feu, dressent leurs branches sans feuilles vers le ciel. Au loin, toute la forêt, noircie aussi par le feu, est brûlée. Cette sombre nature, brûlée jusqu'aux racines, s'étend au loin devant nous et continue à se dessiner dans un silence de plomb.

---

66. Je me souviens avoir dit à certains amis dinés mon désir d'approfondir mes liens artistiques initiatiques avec ces puissantes femmes. Une façon d'avoir leur approbation comme pour ne pas les offenser !

Mon cœur se serre. Entre désespoir et renaissance, Kandi dont la famille a vécu sur une parcelle de la ville, me confie : « En automne 2018, un feu redoutable a ravagé la ville et ses alentours, près de 60 000 hectares. Mes petits-enfants étaient dans une voiture conduite par leur maman. Tout le monde pleurait et le feu était tout autour d'eux. Ils ont tout perdu. »

J'apprends que 26 000 personnes, dont la famille de Kandi, ont été évacuées tant bien que mal. Il n'y a pas de mots pour décrire la charge traumatique que Kandi porte en elle. Je me sens démunie. Par compassion avec sa tristesse, je ne peux m'empêcher de pleurer. Oscar, un maître de cérémonie que Kandi connaît bien, nous rejoint. Le but de ma rencontre avec eux est de participer à une cérémonie afin de restaurer le cycle de la Terre blessée de la ville de Paradise. Oscar nous parle : « La terre où nous nous trouvons a subi une grave pollution parce que le feu a fondu des tonnes de plastique. L'urgence est de la nettoyer mais aussi de la purifier, comme nous savons le faire, afin que la nature reprenne le chemin de l'harmonie. » Durant la cérémonie que dirige Oscar, Kandi me tend un tambour et toutes les deux nous entonnons un chant de guérison pour la Terre. Dans cette offrande qui lui est faite, Oscar utilise de la sauge pour ses vertus purificatrices et du miel pour adoucir les blessures causées par le feu.

Touchée par ce moment unique, je fais part plus tard à Kandi et Oscar de mon émotion : « Ce rituel avec vous et tout ce que j'ai appris avec mes amis dinés contribuent à me rassembler davantage et à me permettre de communiquer avec ce qui se voit et ce qui ne se voit pas. Même dans cette nature encore souffrante, j'ai pleinement conscience qu'il est important de maintenir l'harmonie en soi afin qu'elle puisse émaner à l'extérieur, de moi-même vers la Terre. Il est important d'entretenir ces actes, que l'on soit autochtone ou pas. Ils sont là pour harmoniser, sécuriser, préserver, restaurer cette terre. » Je leur demande conseil : « En tant que femme chanteuse ayant la permission de jouer du tambour, comment pourrais-je à mon tour enseigner en France le principe de guérison sur des terres meurtries ? » Kandi et Oscar me répondent : « Vois comment la vie revient malgré la blessure. Apprécie le retour à la vie que la nature t'enseigne chaque jour. C'est à ce point unique que l'intention naît et te conduit à la bonne pratique. »

Bien que l'origine historique du tambour[67] ne soit pas toujours définie, les tambours et leurs rythmes ont été au centre des activités sociales et culturelles de toutes les civilisations depuis l'âge de pierre. Considérés comme le plus ancien instrument de percussion de musique, les tambours sont indissociables de la danse et du chant. Considérablement respecté par les générations, le tambour est l'outil de communication pouvant diffuser l'histoire des peuples sans support d'écriture. Les cultures de tradition orale, comme celles des Native Americans,

67. L'étymologie du mot tambour est controversée ; *tambor* et *tabor* viendraient du persan *tabîr*. Les premiers fragments de tambour retrouvés dans les tombeaux en Égypte et en Mésopotamie dateraient d'environ 2500 av. J.-C. Le tambour sur cadre est représenté sur un vase sumérien du IIIe millénaire. Les anciens textes sumériens décrivent des rituels impliquant l'utilisation et la fabrication de tambours sacrés. Ils nous donnent le nom de la première « drummer » de l'histoire : Lipushiau, la prêtresse la plus respectée de l'État-cité d'Ur.

attribuent la provenance du tambour à des origines en lien avec le monde invisible.

UN TAMBOUR EST UN CŒUR QUI BAT

Quelques années plus tard, un homme-médecine, initié à la Voie Rouge Lakota, m'offrira, en remerciement de mon engagement et de ma participation à plusieurs huttes de sudation, un de ses tambours médecine personnels. Ce tambour a accompagné des cérémonies de huttes de sudation. Il m'a fallu être à la hauteur des messages que la médecine du tambour a bien voulu me transmettre. Ce fut un grand hommage pour moi de recevoir ce cadeau, auquel je ne m'attendais pas. C'est une grande responsabilité d'avoir chez soi un tambour. L'histoire et la présence du tambour ne font qu'un. Ce cadeau m'est précieux, parce que le tambour apporte toujours une médecine particulière, reliée à sa propre histoire.

Le tambour symbolise le cercle. Le cercle appartient au cycle de la vie. Il y a le bois du tambour. Il vient des arbres. Les arbres sont des êtres vivants qui vivent et les arbres donnent leur vie pour le tambour. La peau du tambour vient d'un animal. L'animal donne sa médecine au tambour. Une personne fabrique le tambour. Elle lui apporte sa propre médecine. Ensuite vient celle ou celui qui tient le tambour et tape sa peau à l'aide d'une mailloche. Lorsque je joue du tambour, je suis en vibration avec ce qu'il va me dire. Soutenu par mon chant, le tambour me guide. Ainsi, son cœur et le mien peuvent envoyer la guérison au monde, avec toutes ces médecines réunies en une seule. Pourquoi ? Parce que le cœur du joueur de tambour est relié à celui du tambour et qu'ils sont tous deux reliés à celui de la Terre-mère. Il n'y a pas de séparation.

Je n'aurais jamais pu imaginer que mes initiations auprès des hommes et des femmes de connaissance dinés guident ma vie initiatique vers la puissance des femmes autochtones chanteuses et joueuses de tambours. Cheyennes, Comanches, Apaches, Sioux, Aniyvwiya, Chicana, Chiricauha Nde, Mutsun, Ohlone. Elles chantent et jouent du tambour pour s'émanciper, pour célébrer les mondes et les lieux qui leur ont permis de se développer, pour faire résonner le cœur d'un système qui ne connaît pas le monde de la séparation, pour rire, fêter, célébrer le rythme du battement de leurs cœurs et celui de la Terre-mère, pour guérir la Terre. Je leur ai demandé d'où venaient leurs besoins de s'émanciper à travers le tambour. Elles m'ont expliqué que, durant de longues années, la femme amérindienne n'était pas autorisée à jouer du tambour. Pourtant, il est dit que le plus ancien tambour est associé aux femmes. Elles seraient les premières à avoir compris que le rythme du tambour peut correspondre à celui du cœur humain. Peu à peu, ces femmes se sont émancipées, et réappropriées ce lien à la Terre en suivant le rythme de leur cœur. Jouer du tambour et guérir tous les habitants de la planète, sont devenus une chose essentielle. Pour toutes ces femmes amérindiennes, la Terre est en danger.

Savoir que la Terre est en danger ne me fait pas peur. Le savoir et ne rien faire serait pour moi impossible. La relation que j'ai avec ces femmes, porteuses de connaissances ancestrales, me permet d'apprendre d'autres rituels et de continuer à incarner profondément la place de la nature en moi. À ce titre, je rencontre l'une d'entre elles.

April. Toutes les deux, et accompagnées d'autres femmes joueuses de tambour, nous créons un chant commun destiné à l'émancipation des femmes autochtones et non autochtones. Le chant *Greatness* pour SOS[68] voit le jour. *Greatness* est un lien vibratoire et musical, conçu par des femmes, pour des femmes, et pour la terre.

En tant que chanteuse, il m'est apparu important de cultiver la terre et d'en prendre soin en utilisant des méthodes inspirées des cultures anciennes et en étant capables de les enseigner aux nouvelles générations. Le chant, tel une prière, aide à cela. Le chant et le tambour offrent une vibration particulière à la vie. L'art rituel aussi. Il me permet de manifester par le chant, le tambour, le mandala, la beauté de la vie. C'est ce qui permet de restaurer cet état d'équilibre en soi. Dès ces instants, nous le manifestons ainsi vers l'extérieur. Cette interaction entre les humains et la Terre est ce qui permet de préserver la planète. Il est temps de comprendre ce dont la planète a besoin. La nature m'apprend chaque jour que tout évolue dans le cercle. Un cercle qui diffuse et qui reçoit. Tout cela continue encore et encore. En tant qu'artiste initiée, j'inclus dans ce cercle la créativité telle que je l'entends, l'art du beau, de l'équilibre et de la joie.

Le monde scientifique propose depuis longtemps l'hypothèse que l'atmosphère autour de la Terre émet des ondes de courtes fréquences pouvant réguler notre rythme biologique. Animaux, hommes et femmes peuvent ainsi entrer en résonance avec la Terre et s'accorder avec elle. Je m'imagine : au commencement était le son. Le son est

68. *Songs for Our Sisters.*

devenu le rythme. Le rythme offre la vibration du Tout. J'adore, car tout cela aiguise mes sens ! J'entends que la nature a sa propre musique. Tout comme la Terre, les êtres humains ont leur propre son, leur propre rythme, leur propre chant. Jouer du tambour m'a permis d'harmoniser ma propre énergie avec les fréquences de la Terre. Grâce à toutes ces pratiques, je comprends que jouer du tambour et chanter guérit la planète Terre. C'est parce que la Terre a une vibration. Écouter la vibration du tambour apaise. Si c'est apaisant pour les êtres humains, c'est apaisant pour la Terre. Lorsque je joue du tambour pour la Terre, je me connecte à elle. Je suis au service de son propre rythme. Son rythme me rappelle que je viens de la Terre.

Au fur et à mesure de mon initiation au tambour, je comprends que celui-ci, utilisé par la plupart des Nations autochtones, est l'un des plus puissants instruments de percussion et qu'il joue un rôle important dans leur existence. Certains expliquent que chaque tambour, qu'ils considèrent comme vivant, a aussi un corps. Les joueuses de tambours, appelées « gardiennes de tambour » *(drum keepers)*, sont les garantes et les dépositaires des connaissances et des codes d'utilisation. En cela, la fonction de ces gardiennes est d'être en résonance avec l'origine même du tambour. Elles sont les seules personnes qui peuvent le toucher lors des cérémonies. Pendant le tournage de mon film sur les femmes amérindiennes joueuses de tambour, je vois que la plupart d'entre elles chantent assises autour de lui, chacune tenant un maillet à bout rembourré. Pour elles, le cycle de la vie est perturbé, et leur rôle est de le régénérer. Je comprends que le centre du tambour, sa sphère, est un lieu sacré, puissant et reconnu comme le centre du monde, la matrice du cosmos, le lieu et point pivotant de l'univers en révolution, le vortex-énergie féminine, masculin sacré où la création commence, se déploie, et retourne à l'univers. Tout cela répond à l'appel du rythme cyclique de la nature et crée, comme une spirale, une succession d'ondes concentriques à l'infini.

Aujourd'hui, il est clair pour moi que le tambour est vivant et sacré. Il ouvre des portes et appelle les esprits alliés et les esprits enseignants si tel est le souhait de celle ou celui qui le porte. Ces alliés empêchent de faire ce que l'on voudrait faire même avec la plus grande générosité du monde. La gratitude permet d'être à l'écoute, au service du lien entre le tambour et celui qui le porte en tant que gardien. On ne peut pas faire ce que l'on veut, même en jouant du tambour. Mieux vaut le savoir avant de se trouver dans des situations pouvant parfois être compromettantes. « Nous sommes tous un seul être sur cette mère et nous avons besoin de prendre soin l'un de l'autre », précisera la joueuse de tambour April. C'est ce que le tambour enseigne, lui aussi. Le tambour, tel que je le décris, n'est ni un instrument de musique ni un objet folklorique. Il est essentiel de pratiquer le tambour et le chant sans visions romantiques ou en se prenant pour des Indiens avec des plumes. Les hommes et les femmes de connaissance savent que, selon leur vision du Grand Esprit, celui-ci est capable, à tout moment, de reprendre tout ce qui a été donné. La pratique du tambour et du chant est difficile. C'est parce qu'elle est une médecine qu'il faut écouter ce que dit la médecine du tambour.

J'aime garder en tête que l'art qui guérit la terre amène aux femmes et aux hommes un pouvoir novateur. Chacun est appelé comme jamais auparavant dans l'histoire de l'humanité à se montrer gardien de la Terre. Beaucoup de femmes ont été maintenues dans le silence, ce qui les a obligées à renoncer à leur pouvoir. Toute recherche de revanche est une perte de temps. Aujourd'hui, hommes et femmes ont le pouvoir de créer le changement et répondre à l'appel de l'amour, de la compassion et de la guérison. Éduquer les jeunes en ce sens est vital. Eux entendent, ressentent et agissent en étant libres. Moins conditionnés par la société, les politiques et même la culture, ils sont moins dogmatiques. Créer le monde nouveau, c'est relever les manches et trouver en chacun le pouvoir de guérir. Guérir de toute idée de séparation et de division. Non pas en imitant ce que font les peuples racines, mais en retrouvant en soi une mémoire ancienne qui nous relie à la Terre. Pour cela, il est nécessaire de réconcilier l'affect et le sensible en soi. Le tambour, le chant, l'art rituel le permettent. Tout comme nous, la nature et ses habitants, humains et non-humains, sont des sujets de droit et de reconnaissance. Je me rappelle les mots de la doyenne Ann Marie Sayers, de la tribu Mutsun/Ohlone, rencontrée en Californie. « Ma mère croyait que quand une cérémonie s'arrête, quand les danses s'arrêtent, quand les chants s'arrêtent, la Terre s'arrête aussi. Par conséquent, honorer notre mère la Terre, de quelque manière que ce soit, est très important. »

L'art de guérir la Terre est devenu pour moi un gage de pérennité, et qui sait, peut-être, une source d'inspiration pour ce monde à venir.

ACCUEILLIR LA RÉCIPROCITÉ

Renaître dans le monde initiatique

La vie, ne tente plus de la comprendre,
elle sera pour toi, dès lors, comme une fête.

Rainer Maria Rilke

Lors d'un atelier Hózhó&Vie, une participante m'a posé une question à laquelle j'ai dû répondre le mieux que j'ai pu, sachant qu'il existe un historique très long et que la thématique de l'atelier pouvait répondre à sa question. « D'où vient le fait que nous ayons été séparés de la nature ? »

Selon les historiens et les anthropologues, la première séparation avec la nature est liée au passage des chasseurs-cueilleurs (que nous avons tous été) à la sédentarisation et à l'agriculture. Les hommes prédateurs et spirituels[69] – tout est dans le monde – portant la connaissance des cycles de la nature et des animaux, deviennent peu à peu des producteurs installés – des hommes capables de renouveler et consommer des graines et du gibier par les semis et l'élevage. Arrivent les religions, notamment les religions abrahamiques[70], dans lesquelles est évoquée, et imposée, l'histoire de Dieu vivant en dehors du monde : Dieu existe – il existe en dehors du monde. Un jour, Dieu décide de mettre en œuvre l'histoire du monde – un monde qui vient par sa propre décision. Dieu demande alors aux êtres humains de lui ressembler. Ainsi est né

69. Se nourrir est un acte sacré car tout ce qui est relié au visible et invisible est, dans le monde, à niveau égal de tout.

70. Celle-ci rassemble les religions monothéistes – judaïsme, christianisme et islam.

un monde dans lequel Dieu et les êtres humains existeraient en dehors du monde, et finalement en dehors de la nature. Toutes ces choses ont été difficiles pour moi à comprendre et à accepter, d'autant plus que ma propre mère me répétait sans cesse lorsqu'il était question de religion : « Le problème de la religion, c'est qu'elle essaye encore de nous faire avaler des couleuvres[71] ! »

Il est certain que mes voyages, initiatiques et réguliers, en terre indienne m'ont conduite à vivre un quotidien dans lequel l'avant, le pendant et l'après des rituels ne m'incitaient pas à vouloir intégrer une religion, quelle qu'elle soit. Bien au contraire. Étape après étape, j'ai pu vivre une fantastique révolution intérieure. Aiguiser tous mes sens tout en faisant le vide en moi. Là-bas, à chaque instant, tout est considéré comme sacré. Pourquoi ? Parce que tout ce que représente la vie, visible et invisible, se trouve au-delà d'une quelconque représentation d'un Dieu à l'image de l'Homme vivant en dehors du monde. Femme Changeante est une divinité et non un être humain. Elle existe par et dans l'histoire de la création du monde diné.

J'étais déjà installée à La Rochelle lorsque mes différents voyages en terre dinée m'ont amenée à penser qu'un jour, il me serait possible d'organiser à mon tour – comme l'avaient fait Jean-Pierre Barou et Sylvie Crossman – la venue de membres de la communauté dinée en France, pour favoriser une meilleure connaissance de leur culture et pratiques ancestrales. Une première expérience en ce sens s'était organisée. Avec peu de moyens mais de bons amis qui appréciaient mon

71. Subir des affronts, des désagréments sans être en mesure de protester.

histoire, nous avions créé une association, Diné à La Rochelle, afin de faire venir une petite délégation dinée au musée du Nouveau Monde[72] de la ville. Je me rappelle que l'un des articles sortis à cette occasion dans le journal *Sud-Ouest* m'avait choquée : « Les Indiens sortent de leur réserve. » Je suis allée frapper à la porte du bureau du journaliste afin de lui exprimer mon mécontentement. Pour moi, le ton de cette annonce semblait perpétuer l'identité des « Indiens d'un autre monde », du temps des territoires colonisés. Le propos de notre évènement était d'attirer l'attention du public, d'écouter leurs visions du monde et leurs paroles de sagesses contemporaines. L'équipe de Diné à La Rochelle menait en parallèle des activités pédagogiques autour de l'histoire des Navajos avec les écoles et les centres sociaux. Tous pouvaient ainsi recevoir, dans leurs locaux, la petite délégation navajo et échanger avec eux en leur posant directement des questions. La Rochelle étant un berceau du protestantisme, une rencontre œcuménique avec des pasteurs avait aussi été mise en place. Les représentants officiels de la mairie de La Rochelle nous avaient également accueillis. Le tableau était au complet et l'évènement réussi. Cependant, ma vision était autre chose que de mettre en place un *one shot* de temps à autre. J'avais ressenti que mon « oui » donné à la personne dinée lors

72. Le musée du Nouveau Monde dédie une partie de ses espaces aux peuples autochtones d'Amérique du Nord notamment les tribus du Canada et des États-Unis telles que les Hurons, Iroquois, Micmacs, Blackfoot, Crow, etc. Ainsi qu'une collection de photographies prises par Edward Curtis illustrant le quotidien des peuples situés de la côte Pacifique du Mexique à l'Alaska du XIXe siècle.

de la cérémonie, pour rester avec son peuple, était un engagement profond. Que m'était-il arrivé ce jour-là ? Pour moi, ce oui appartient au mystère de la vie. C'est bien ainsi.

Quoi qu'il en soit, il me fallait continuer à créer du lien avec eux à travers des échanges simples et réguliers, en vue de projets interculturels communs plus importants. Je voulais rester crédible à leurs yeux. Peut-être l'étais-je déjà un peu. Cependant, des points d'interrogation n'avaient cessé de voltiger dans ma tête. Face aux anthropologues ou aux universitaires, j'étais une simple novice. Peu importante, après tout. Un élan terrible à vouloir faire les choses du mieux possible, vivre et comprendre les enseignements que les Dinés me proposaient déjà, me mettait dans tous mes états. Sans vouloir les sauver, je ressentais que mes actes participaient sans doute à guérir le passé. La souffrance des descendants des Native Americans est celle des minorités aux États-Unis. L'oppression et les actes de génocide[73] ont laissé de réelles blessures dans la mémoire collective. Malgré tout, j'avais de la chance. Nous avions de la chance de nous être rencontrés.

Après avoir passé dix belles années à La Rochelle, ma fille et moi sommes reparties vivre à Paris, où mon fils continuait ses études. Je me sentais à ma place et heu-

73. Alors que le mot « génocide » est souvent écarté du débat politique aux États-Unis, en 2005 Jacques Chirac, alors président de la République française, a expliqué à un journaliste lors d'une conversation privée que selon lui le génocide amérindien après l'arrivée des hordes hispaniques en Amérique est l'un des plus grands génocides de l'histoire de l'humanité... « Tout ça, au nom de l'or et de la prétendue supériorité de notre religion ».

reuse d'être de nouveau proche de mes deux enfants. Mais très chahutée par ces nouveaux changements. Pas facile de retrouver le métro après avoir vu passer les bateaux le matin devant un café. Pourtant, la vision du ciel qui m'offrait ses étoiles restait bel et bien au-dessus de ma tête. Qu'en était-il de ma propre lumière ? Comment allais-je me donner les moyens et trouver les bonnes personnes pour continuer à cheminer ma vie à Paris ? Il m'arrivait de me réveiller en nage dans mon lit en plein milieu de la nuit. Un rêve récurrent venait agiter mon sommeil. Peu à peu, j'ai vu mon rêve. Un rêve ? Ou bien un cauchemar ? Je voyais arriver à la hâte un guerrier assis à cru sur un cheval au galop, accompagné de trois cavaliers. Il stoppait net son cheval devant moi et, avec un regard redoutable, il me tendait un bâton épais et brûlé. Avec insistance, son bras avançait et reculait tantôt vers lui tantôt vers moi. Que devais-je faire ? Je n'en savais rien. Puis, je ne sais pourquoi, tous repartaient par où ils étaient venus, avec des cris terribles. Ce rêve était en couleur. Je me réveillais en sursaut. Une chaleur envahissante s'emparait de moi. Les yeux grands ouverts, je me disais : « Ce n'est pas possible. Ils ne peuvent pas être là. Dans la chambre ? » Durant plusieurs nuits consécutives, ce même guerrier, accompagné des trois autres, revenait à la charge, le même bâton tendu vers moi. Son regard ressemblait au feu. Devais-je prendre le bâton ? Non. Je me réveillais avec des palpitations et des emballements au cœur. J'avais peur et terriblement chaud. Tremblante, j'allais prendre une douche. L'eau coulait, coulait sur ma tête et mon corps qui tremblait. Que se passait-il ? Avant d'essayer de me rendormir, j'allumais une petite bougie afin de dissiper l'atmosphère de ma chambre, chargée par ma peur. Je finissais par m'endormir, épuisée. Une nuit, le guerrier est revenu, avec cette même fougue, mais seul. J'ai senti de nouveau ma peur, mais, surprise qu'il soit venu seul, quelque chose en moi s'est apaisé. Je m'étais sans doute familiarisée aussi avec ces visites. Je me vois encore me dresser droite devant lui, l'affronter dans l'invisible. Je cherche son regard, que je ne vois plus. Alors, sans peur, je tends ma main gauche. Lui, le bâton brûlé dans sa main droite tendue vers moi. Je prends le bâton. Je me laisse fondre dans le paysage du rêve. Le guerrier reste fixe devant moi. Puis, le regard noyé dans le paysage, il repart aussi vite qu'il est arrivé, avec cette ardeur de cavalier redoutable. Le guerrier du « bâton brûlé » n'est plus jamais revenu dans mes rêves.

Cette nuit-là, je me rappelle très bien avoir ouvert les yeux. La petite bougie éclairait l'ombre sur le mur de mon poing serré. Je me souviens avoir dit instinctivement, haut et fort, *ahéhee'*, *ahéhee'* – merci en langue navajo. Je ne sais pas pourquoi en navajo. Je me suis endormie en pleurant jusqu'à en avoir mal à ma poitrine. Envahie par toutes sortes d'émotions confuses. Le feu était là. En moi. Avais-je reçu le don du feu[74] ? Le lendemain matin au réveil, ma main gauche serrée était contre ma poitrine en sueur. Au fil du temps, un nouveau sommeil profond est venu calmer mes nuits. Il m'arrivait de faire des rêves doux et tranquilles. De nouvelles sensations

74. Le don du feu est considéré comme un donateur de vie nouvelle et souvent associé à la fertilité. Le feu est l'élément qui requiert le plus de soin et d'attention, car il peut apporter une nouvelle vie et en retirer une autre.

submergeaient mon corps. Mon entièreté se dissolvait dans le décor naturel du désert rouge du territoire diné. C'était divinement bon. Durant cette nouvelle période de ma vie – mon retour à Paris – mes rêves, on ne peut plus envahissants, nourrissaient littéralement ma vie. En dedans. En dehors. Je ne savais plus très bien où me situer. Mon corps, mon mental se trouvaient bien évidemment à Paris. Mais mon esprit ? Peu importe. Je me sentais en sécurité. J'avais bien fait de prendre le bâton. Même virtuellement. Je me sentais protégée. Je sais que l'un de mes souhaits aurait été de pouvoir retrouver cet homme à qui j'avais dit d'un ton libre, presque léger quelques années avant : « Oui, je resterai avec votre peuple. Oui, je dirai à ceux de mon pays qui sont les Dinés. » Je ne l'ai jamais revu. En revanche et lors d'un voyage là-bas, une chose extraordinaire m'est arrivée. J'ai vu – oui, vu de mes yeux, en vrai, le « bâton brûlé » que j'avais accepté de saisir de la main du guerrier lors de mon dernier rêve avec lui. C'était à Tuba City, dans une demeure proche d'un magnifique *hogan* traditionnel. Je peux dire, pour l'avoir vécu, que lorsque le rêve devient réalité, la magie agit.

Je crois au pouvoir des rêves parce que, certains jours, je peux sentir le souvenir de cette réalité dans mon corps. Je comprends que les rêves sont des remèdes – le ciel qui offre ses étoiles. Pour moi, les leçons du « bâton brûlé » me rappellent que, lorsqu'on s'engage de manière responsable dans l'instant présent, il est peu probable de faire réellement machine arrière ! D'avoir pu voir, en vrai, le bâton brûlé fut un signe du ciel étoilé. La vie m'a rappelé que je savais, au fond de moi, que « le don du feu » allait arriver dans ma vie, parce que je l'avais rêvé. Je me suis senti en gratitude. Soulagée qu'une étoile du ciel se soit manifestée dans ma vie parisienne alors qu'il m'arrivait de douter ou de perdre espoir. Les rêves – lorsqu'ils ne sont pas créés par le mental – aident à se souvenir que tout est possible. Ceux que je porte en moi me réconfortent. Dans les moments où je suis en proie au doute, je me rappelle que les remèdes sont à l'œuvre dans ma vie.

Quoi qu'il en soit, ce que je continuais à découvrir en moi, au contact de mes frères et sœurs dinés, était loin d'être une affaire personnelle. Donner en retour ce que je recevais, c'était accepter ce qui m'arrivait en toute confiance. Les retrouver. En vrai. Prendre de nouveau l'avion avec ma petite valise et ma grande guitare en direction d'Albuquerque, Nouveau-Mexique. Filer directement en terre dinée. Window Rock, Indian Valley, Hopiland, Tuba City, Kayenta, etc. Sentir dans le vent l'odeur des plantes médecines tant respectées[75], l'écorce de cèdre, de frêne, de genévrier, le Puccoon. Parler de mes visions et de mes inquiétudes aux hommes et aux femmes de connaissance. Savoir s'ils seraient prêts à m'accompagner davantage sur ce bout de chemin. Entrer dans le *hogan*, le centre du monde diné. Don des Êtres Sacrés, occupant cette place essentielle dans le monde des Navajos dans lequel se déroulent les cérémonies. Me laisser à nouveau toucher par cet endroit dans lequel les Êtres Sacrés sont

75. Lorsqu'une plante médicinale est cueillie par un guérisseur ou un apprenti, une prière de remerciement et de respect est donnée aux plantes voisines de la même espèce.

conviés, afin qu'il soit celui de l'harmonie et de la joie retrouvées. Laisser pénétrer le timbre de voix de ceux qui chantent et prient sans faire d'erreurs et satisfaire les dieux. Demander qu'il soit possible de mettre en œuvre l'avenir du monde nouveau en accord avec les esprits intemporels qui, peut-être, nous regardent. Sentir que les connaissances anciennes et que les nouveaux hommes et femmes que je rencontrerais continueraient à me témoigner combien la place de la beauté qu'ils chérissent au cœur de leur philosophie est essentielle pour vivre.

« Tu veux apprendre davantage sur notre culture. C'est bien que tu saches l'histoire de notre peuple. » Lorsque la date de retour en France s'annonçait, ils me disaient : « Dis-nous quand tu reviens. » Ainsi, je repartais séjourner en France avec eux dans mon cœur, sachant que, quelques mois plus tard, je les retrouverais. Rien ne se décidait vraiment à l'avance. Le temps de la montre s'écoulait sans que nos agendas respectifs soient perturbés ; nos conversations reprenaient inlassablement, comme si nous nous étions quittés la veille.

Pour moi, les Dinés sont comme la nature – dans la présence à l'autre. Auprès d'eux, tout est profondément inscrit dans l'instant. Ils sont la nature. Lorsque nous nous appelons via les réseaux sociaux, nous passons de longues minutes à échanger. Une fidélité sans bornes nourrit la profondeur de nos partages ; épargnés de tout sentiment de séparation, d'abandon, de nostalgie, de regret, de tristesse. Malgré le décalage horaire, les nombreux jours sans se prendre dans les bras et les 8152 kilomètres qui nous séparent, j'aime les grands frères et grandes sœurs dinés d'un amour sain, endurant et profond. La présence nous unit. Cette sensation d'unité si intense est nourricière. Il ne s'agit pas d'agiter les plumes et les tambours pour y croire. Ni de savoir si l'on a été navajo dans une autre vie. Je n'ai pas lu les histoires des Dinés dans les livres. On n'apprend pas tout dans les livres.

Ne sachant pas toujours si j'allais avoir suffisamment d'argent en poche pour subvenir à mes besoins, j'ai franchi l'océan bien des fois pour aller à leur rencontre – à ma rencontre. Vivre, c'est prendre ce type de risque en toute confiance. J'ai pris le risque d'aimer cette vie. Malgré les distances, le choc des cultures, le langage, les réussites, les erreurs et le monde des apparences.

Ce que je crois aujourd'hui, c'est qu'il est possible d'influencer sa vie en réimaginant son avenir et ses possibilités à travers le prisme de la créativité, du don et du rêve. Rêver, faire don de soi, c'est créer un avenir où les aînés, les adultes, les enfants, les petits enfants et plus encore, existeront heureux et où la médecine du rêve continuera à les guérir. Même si, entre rêve et réalité, des choses que je ne perçois pas sont inscrites dans mon corps et mon mental. Ce que je sais, c'est que je vis mon rêve. C'est une belle façon d'apprendre à vivre en conscience. Dans le rêve, existe une complète liberté de créer. La chose que je dois me rappeler est d'accepter que tout est toujours en route et déjà là. La nature, l'univers sont nos alliés. Il existe un endroit où le rêve donne la possibilité de renaître, à chaque instant dans le monde[76].

76. Sortir de l'aspect « hors du monde » et renaître « dans le monde ».

SĄ'A NAGHÁI ASHKII, BIK'E HÓZHǪ AT'ÉÉD
Nous sommes tous connectés : la nature, la Terre, l'univers

La non-séparation corps/mental/univers, oriente les Dinés dans une même direction. C'est la direction de la sacralité, de l'âme émotionnelle dinée, de l'esprit intelligent selon lequel la protection de la Terre, de l'univers, mais aussi la présence des monstres que sont la pollution, les guerres, le changement climatique, amènent chaque individu à restaurer en lui l'harmonie. Le principe consiste à reconnaître ce que l'humain est impuissant à changer, à lui faire accepter l'inévitable tout en trouvant des solutions. En somme, la recherche de l'harmonie et de l'intelligence du cœur est une position à adopter en toutes circonstances, même lorsque la Terre tremble. Elle ne dépend pas du retour d'un Dieu.
Nous devons apprendre à pacifier, à incarner le changement selon les préceptes d'une dualité transformatrice et interactive autre que celle d'une division et d'une séparation permanente, dans le but de créer une longue vie et le bonheur à tous les niveaux de la société. Face aux enjeux parfois déroutants du monde moderne, les sociétés occidentales éprouvent de réelles difficultés à incarner le changement avec de nouvelles idées. J'invite néanmoins chaque individu à faire, avec ses deux pieds bien enracinés dans la terre, le pas de côté. Oser vivre ailleurs en soi. Avec de nouvelles visions et, pourquoi pas, en respect avec celles des peuples autochtones[77].
Il semble important d'enrichir les relations humaines, de créer des modes de vie nouveaux afin que les valeurs cardinales de la grande âme universelle ne disparaissent pas, faute d'un manque de regard attentionné vers elle. La diversité, la richesse des échanges en lien avec les peuples autochtones

77. Même si l'on parle des chocs des cultures, des chocs des idéaux, tous deux détiennent aussi intrinsèquement en eux des dualités. Lorsqu'elles interagissent, soit violemment, soit pacifiquement, elles créent quelque chose de nouveau.

vont permettre de renouer avec de nouvelles lois humaines et universelles. C'est ce qui va préserver la vie sur Terre. Recommencer là où le monde a commencé et préserver la diversité, synonyme de vie. C'est ce que la nature nous montre tous les jours. Il suffit de faire un pas, un jour. Puis des nouveaux les jours suivants. Aujourd'hui encore, les Dinés font partie de ceux pour qui la puissance de la pensée et de la parole peut créer le monde, dynamiser la vie, restaurer la santé et le bonheur sur Terre. Pourquoi pas nous ?

TABLEAU IX

Ma Rencontre avec les Peuples des Déserts du Monde

Les Dinés apparaissent de plus en plus comme
les gardiens du trésor en quelque sorte.
Du trésor et de l'humanité.
S'ils disparaissaient sans divulguer leur message,
on risquerait de ne plus avoir de référence.
Eux ne se sont pas éloignés de la source même de la vie,
ils y sont profondément ancrés; c'est ce rôle-là qu'ils ont.
Ils sont porteurs vraiment de l'essentiel,
c'est eux qui ont l'essentiel, c'est certain.

Pierre Rabhi, *Navajo Songline*[78]

78. Film documentaire réalisé avec Bruno Vienne et Lorenza Garcia – critique de *Télérama* par Nicolas Didier. « Ce documentaire délivre, à la manière d'une mosaïque, des informations précieuses sur leur identité. Il évoque leur passé tragique, en particulier la déportation par l'US Army de 8000 d'entre eux à Fort Sumner en 1864, soit une marche forcée de 500 kilomètres. »

Favoriser la préservation de la culture et des traditions dinées est une chose. Contribuer à la protection des sites naturels et du trésor du sol et du sous-sol du territoire en est une autre. En tant que patrimoine de la planète Terre, l'aspect sacré de la terre dinée, entourée de ses quatre montagnes sacrées, est devenu à mes yeux une réalité porteuse de nouveaux challenges. J'avais appris l'histoire des mythes, appris à me présenter au peuple diné du mieux possible, à les présenter aux « miens » le peuple français, lors de colloques, à écouter leurs voix parler en moi. Cependant, les défis autour de la préservation des ressources naturelles que certains Dinés – notamment des paysans – me confiaient m'ont amenée à prendre conscience que marcher dans la beauté d'un territoire respecté par un monde spirituel ne suffisait pas. Celui-ci subit toujours la maltraitance de la terre salie par l'argent / le pouvoir environnant. Vivre au cœur du désert, avec peu d'eau, polluée dans certaines régions de Diné Bikéyah par l'extraction de matières premières non renouvelables telles que l'uranium et le pétrole constitue un enjeu colossal pour la sauvegarde de la biodiversité locale. Une épreuve de durabilité. Mon histoire avec le peuple navajo du désert d'Arizona m'a aussi ouvert les portes d'actions de lutte contre la désertification et la protection du territoire.

Novice en la matière, j'ai toutefois été sollicitée une première fois en 2006 à participer à un rassemblement particulier. En raison de mes liens réguliers avec certains membres du gouvernement de la nation navajo, j'ai été contactée par la Fondation des Peuples des Déserts du

Monde[79] et par l'Unesco. Les objectifs de la Fondation s'inscrivaient dans la continuité des actions des Nations unies et sur la déclaration de Johannesburg, en faveur du développement durable et de la lutte contre la désertification. L'intérêt d'échanges internationaux avec certains membres du gouvernement navajo que je connaissais – ceux de l'environnement et de l'éducation – étaient de se faire connaître, mais aussi de protéger leur territoire et de partager leurs visions du lien avec la Terre-mère. Le président navajo ayant validé le projet d'échange que je lui avais présenté, nous avons été invités, les Dinés et moi-même en tant que représentante de la nation navajo, à participer à Alger, puis à Dubaï à plusieurs rassemblements internationaux dans lesquels étaient présents des peuples originaires des déserts du monde entier.

L'objectif de ces rencontres culturelles et environnementales était l'élaboration d'une charte en faveur des peuples qui vivent dans différents déserts tels que ceux du Sahara et du Sahel en Afrique, de la Chine, de l'Inde, de l'Arabie, du Pakistan, de l'Iran, de l'Asie, du Pérou, de l'Argentine, de l'Australie et des États-Unis. Ainsi, des peuples de culture et de civilisations très diverses, comme les Aborigènes d'Australie, les Mongols de Gobi, les Égyptiens du Sinaï, les Maures et Touaregs du Sahara et les Navajos d'Arizona ont pu se rencontrer pour la première fois en 2006, en Algérie – sur le continent africain où règne le Sahara, le plus grand désert du monde.

---

79. La Fondation Déserts du Monde a pour mission de montrer que le désert peut être synonyme de vie, de richesse, de développement, de progrès et de solidarité pour les peuples du désert et pour l'humanité.

Cette plongée, haute en couleur et en vibration, dans une mosaïque d'âmes et de consciences et dans les valeurs ancestrales dont les hommes racines sont encore héritiers et porteurs, a été pour moi une initiation magistrale. Un moment de vraie vie.

Durant ces rencontres, et aidés par les institutions locales, les gouvernements d'Algérie et d'Italie, partenaires majoritaires de l'évènement, avaient mis en place un planning serré. Des temps de travail étaient organisés autour d'incroyables tours de table, de conférences, d'ateliers, de vente d'artisanat, de performances artistiques, de cérémonies spirituelles et de présentations officielles avec les représentants de chaque peuple.

Cette image vivante d'un monde relié par ces puissantes civilisations m'a ouvert les yeux sur les richesses et conditions de vie que ces gardiens d'une profonde humanité préservent toujours en eux. Pour ces peuples, le désert est non seulement synonyme de vie, de richesse, de progrès, de solidarité, mais aussi de développement. Néanmoins, le réchauffement climatique de la planète amène à une progression des zones désertiques partout dans le monde. J'ai malheureusement constaté que le mot désert est aussi devenu synonyme de grande sécheresse, de nouvelle souffrance et famine. Mon affection pour la communauté dinée et pour tous les peuples présents durant ces colloques m'a étrangement blessée par l'hypothèse de leur possible disparition culturelle si l'opinion générale continuait à les considérer comme les « restes d'un monde perdu à jamais[80] ». Je suis de celles qui

80. Paroles de Pierre Rabhi.

certifient que les cosmogonies, peut-être « dépassées » pour certains, recèlent une intelligence libératrice et qu'il est juste de les prendre en compte. Ces évènements, auxquels j'ai eu la chance de participer, ont certes permis aux délégations navajos de dialoguer avec le reste du monde ; de créer ensuite, et sans moi, des passerelles, des réseaux de communication ; des échanges d'aide au développement de la protection de l'environnement, de lutte contre la pauvreté, de valorisation des traditions. Néanmoins, j'eus la surprise de constater que certains hommes et femmes des déserts pensaient que les Indiens des Amériques n'existaient plus, qu'ils avaient disparu ! « Vous êtes de vrais Indiens ? » leur demandait-on en les touchant. Et les yeux brillaient davantage. « Vous êtes nos frères. Vous êtes toujours là. » « Vous avez su survivre à la violence des hommes. » Que d'émotions ! Encore une fois, il m'était difficile de ne pas pleurer, de joie et de tristesse à la fois. Je me rappelle les paroles d'un Kabyle marocain faite à un membre de la délégation dinée : « Le monde moderne est vulnérable pour les humains, mon frère. Sans pétrole, sans électricité, sans outil de communication, il se pourrait que ce monde s'effondre un jour sous nos yeux. Chez nous, on nous a appris à vivre avec juste ce qu'il faut. De l'eau, la maison, la famille, le bétail et le feu. Aujourd'hui, ce n'est pas facile, mon frère. Il y a les enfants. Ils veulent connaître le monde moderne. Mais toi, il y a longtemps, on t'a tout pris. Même si ce n'est pas facile, tu n'as plus peur maintenant. »

BILAN POLITIQUE

Quelques deux cents experts représentants différents pays ont demandé des changements politiques pour endiguer la désertification qui menaçait, à l'époque, deux milliards de personnes vivant dans les zones arides de la planète. Tous ont proposé la recherche d'options innovantes pour garantir les ressources humaines, financières, technologiques et institutionnelles qui permettraient de relever globalement le défi de la désertification. Avec les membres du gouvernement navajo, nous avons fait en sorte que ces mobilisations permettent de prendre en compte les problèmes de désertification situés dans la zone du territoire diné. Deux protocoles d'accord ont été signés – le premier par un panel d'experts représentant les institutions internationales ayant pris part aux conférences, le deuxième par les instituts des zones arides de Tunis, de Pékin et l'université des Nations unies de Tokyo. Ainsi, durant la clôture de la conférence internationale sur la désertification[81], la position de la nation navajo a pu être inscrite dans les futures assemblées générales de l'ONU.

Notre rencontre avec le président de l'Algérie de l'époque, Abdelaziz Bouteflika, a été un moment clé quant à la participation de la nation navajo à ces évènements. Selon lui, « La nation navajo ne doit pas se marginaliser des nouvelles conférences internationales en faveur de la protection du patrimoine mondial. »

---

81. Les représentants du PNUD, du PNUE, de la Fonds pour l'Environnement Mondial (FEM), de l'Agence canadienne pour le développement et la coopération internationale, la Convention des Nations pour la lutte contre la désertification, le Centre arabe, l'Observatoire du Sahara – Sahel étaient aussi présents lors de la conférence d'Alger.

Malgré la réussite de ces échanges internationaux, j'ai vite compris que mon rôle ne serait pas de solliciter de nouveau les gouvernements. Lorsque je regarde le monde tel qu'on nous le présente, je trouve cela ridicule. Défendre la place des individus sur un territoire continue à se faire par la guerre, par éduquer les enfants en les mettant en compétition, par la dégradation des sols et des sous-sols, par une relation mortifère avec les océans, l'air, les forêts et j'en passe. C'est quoi, cette vie-là ? Est-ce que tout est vraiment politique ? Je préfère continuer ce qui fait chanter mon cœur. Œuvrer pour la Terre, c'est certain, mais autrement. Avec d'autres personnes. Comme je l'ai fait avec Pierre Rabhi, notamment. Un homme du désert, lui aussi.

TABLEAU X

Rencontre avec Pierre Rabhi

Une profonde tristesse cogne, là, proche du cœur.
Tu es parti pour le grand voyage.
« Un changement de monde », disent les Dinés.
Combien d'hommes et de femmes se sentent attristés et orphelins face à ton départ ; face à tout ce qu'il reste à faire sur la planète Terre ?
Et moi ? Avec qui d'autres
vais-je pouvoir m'entretenir ?
Qui d'autre après toi va pouvoir
m'écouter, m'épauler,
s'engager simplement et fidèlement comme tu l'as fait ?

Lettre ouverte suite au départ de Pierre Rabhi
vers d'autres cieux, 4 décembre 2021

Mes longs séjours en terre dinée m'ont ramenée à une réalité autre. Je devais rentrer en France. Passer du bon temps avec ma famille, honorer mes activités professionnelles – pour ne pas dire, « mettre du beurre dans les épinards ». Je devais également me faire des alliés :

rencontrer des personnes capables de m'écouter, de respecter mon aventure avec les Navajos, de participer à mes ambitions interculturelles, de créer une passerelle entre les Dinés et nous. Mes rencontres improbables avec les Peuples des Déserts du Monde m'ont permis de rencontrer Pierre Rabhi.

La vie de cet homme, natif des grandes étendues du désert du Sahara, avait guidé ses pas jusque dans les Cévennes. Avec pour mémoire le son de la forge de son père, Pierre, paysan philosophe et libre penseur, a su prôner un retour à la terre, « une sobriété heureuse », dans le respect de l'humain et de la nature. Je me souviens...

La petite route de pierres mêlées aux racines des arbustes secs de l'Ardèche. Je gare ma voiture à l'ombre des arbres. Me voilà rendue pour la première fois chez toi, à Montchamp. J'aperçois Michèle, ton épouse. Puis toi. Puis Carolinc, ta fidèle et charismatique co-équipière de vie. Je me sens accueillie avec une grande simplicité. Il fait chaud. C'est l'été. Nos yeux se regardent. Se croisent. Loin du monde élitiste, du rythme précipité. Nous nous présentons. Caroline retourne à ses occupations. L'intérieur de la maison est frais. Je te suis, Michèle derrière moi. Nous nous retrouvons tous les trois devant la verrière d'une des pièces de la grande maison traditionnelle. Je vois des oliviers, des pruniers. Pierre : « Lorsque Michèle et moi sommes arrivés, il n'y avait rien. On a tout planté de nos mains. » Sur la table, du thé à la menthe nous attend. Michèle retourne à ses occupations.

Ça sent bon la menthe. Tu prends la théière en levant haut le bras et tu verses lentement la boisson chaude dans un verre, que tu remplis deux ou trois fois après l'avoir reversé dans la théière. « C'est moi qui l'ai préparé, avec du thé vert, une botte de menthe fraîche du jardin et quelques morceaux de sucre. » Puis tu verses le thé dans nos verres. Une épaisse mousse se forme au-dessus de la boisson chaude et odorante. Pierre : « La mousse indique que le thé est réussi. Nous pouvons à présent le boire. »

Je me présente. Puis je dépose sur la table, un bocal de graines de maïs jaune, que j'ai rapporté d'une ferme locale traditionnelle navajo. « Le maïs, c'est le *naadą́ą́'* en langue navajo. C'est un aliment de base pour les Dinés. Un symbole de subsistance et l'une des quatre plantes sacrées données aux Dinés. C'est aussi une médecine utilisée lors de la réalisation des peintures de sable de guérison. »

Tu prends le bocal en regardant les graines avec une attention affectueuse. « Ce sont des graines originelles. Elles ont des siècles. Elles ne sont pas génétiquement modifiées. Elles sont pour toi, de la part des fermiers navajos avec qui je suis en contact. »

On se connaît à peine, Pierre et moi. « Je t'ai envoyé mon CD de musique, *La Beauty*[82], enregistré en Arizona. » Je ne suis pas certaine que Pierre écoute de la musique pop-folk. Ce n'est pas très grave. Le contact entre nous se fait dans l'instant même où nous commençons à parler un langage commun. La terre. Le lien avec les peuples qui ont su subvenir à leurs existences avec parfois trois fois

82. Un album musical réalisé par Lorenza Garcia, inspirée de chants Native Americans. Entre blues et accords folk, l'album présente onze compositions, auxquelles ont participé des artistes parmi lesquels le chanteur renommé Ojibiwa Keith Secola. Cet album se présente sous forme d'un livre-CD de trente-six pages, illustré de dessins originaux en noir et blanc et accompagné d'un texte en français et anglais.

rien. Détendus, comme à la maison, nous buvons le thé. Michèle nous rejoint avec une assiette de petits gâteaux secs. Je leur parle de mes expériences avec les Peuples des Déserts du Monde. « C'est au cœur de leur monde que j'ai pu continuer à me rencontrer », leur dis-je.

Ce jour simple fut exceptionnel pour moi. J'ai pu partager mon temps avec Pierre tout une après-midi. J'ai ainsi présenté Navajo France, l'association que j'ai fondée pour créer une passerelle entre le peuple navajo et nous. Nos conversations ont porté sur le rapport à l'écologie. Pierre a pris le temps nécessaire pour répondre à mes questions sur la permaculture, l'agroécologie et la culture paysanne.

Au fil du temps, l'authenticité de nos rencontres s'est fidèlement instaurée autour de la sauvegarde de la biodiversité en terre dinée. Je t'ai demandé d'être le parrain de Navajo France. Sans hésiter, tu as dit oui. Puis, avec le soutien de Caroline et de l'équipe du Fonds de Dotations Pierre Rabhi, nous avons mis en place des échanges à propos de l'agroécologie en terre dinée. Toi, Caroline et ton équipe avez participé au financement de mes deux films documentaires, *Navajo Songline* et *Le chant qui guérit la Terre*. Il va sans dire que ta présence et les fondements de ta pensée envers le vivant m'ont permis de garder un pied en France et un autre en terre navajo. En soutenant la passerelle que j'étais sur le point de devenir à travers mes nouvelles activités en lien avec le monde paysan, je retiens une phrase symbolique venant de toi. Elle me nourrit encore : « Tu as toute ma confiance et mon soutien pour l'évolution de tes projets avec les Navajos. » Ce n'est pas rien une phrase pareille ! Je me suis sentie pousser des ailes dans le dos. J'en prends soin.

Au pied d'une natte matelassée roulée à même le sol dans une pièce avoisinante, nous avons longuement débattu du texte de ce chef de la tribu Duwamish, *La fin de la vie et le début de la survivance* – réponse faite au gouvernement américain qui lui proposait d'abandonner sa terre indienne aux Blancs « offrant » à la place une « réserve » pour son peuple. C'était en 1854. Ses paroles continuent à résonner, un siècle plus tard, tant le message questionne toujours. Parce qu'il dénonce les exactions commises par les colons sur les peuples autochtones d'Amérique du Nord. Aujourd'hui, il en va de la responsabilité humaine dans la destruction de la nature et du vivant. Pierre : « Imagine que les corps des êtres humains soient les cellules du monde, que les sociétés soient ses organes, que les tensions entre harmonie et chaos soient les signes d'un devoir d'équilibre du vivant en nous. » Tout est là.

C'est avec la complicité des oliviers de ton jardin, de ton inconditionnel thé à la menthe, du grand cœur de Michèle, et de Caroline, ton assistante, des rencontres avec les peuples navajo, comanche, cheyenne chez toi que nous n'avons eu cesse, toi et moi, d'honorer le regard percutant du chef Seattle, dont le portrait était fixé au mur bleu peint à la chaux de ta pièce de travail.

Puisses-tu marcher dans la beauté, Pierre. Les maïs dinés continuent de pousser dans ton jardin. Et nous, nous restons sur la Terre, si jolie.

ENSEMENCER L'APPEL DE LA TERRE *HÓZHÓ FARMING*

La manière la plus agissante de réaliser ses rêves, c'est d'abandonner ses illusions.

Pierre Rabhi

Deux cultures. Une terre. Chez les Dinés, les terres arides du désert de l'Arizona obligent les hommes et les femmes à être à l'écoute de la nature plus que jamais. Ce n'est pas l'humain qui s'impose à la nature, mais l'humain qui s'adapte aux besoins locaux.

Me voilà prise par l'un des grands sujets du siècle. Les faits sont là. Depuis deux siècles, l'humanité a brutalisé l'écosystème qui nous abrite et nous nourrit. Nous évoluons isolés du reste du vivant, oubliant que nous sommes des êtres reliés à la nature. Mon expérience auprès des Peuples des Déserts du Monde et de Pierre Rabhi confirme que les peuples racines sont les sentinelles climatiques du monde entier. Pour moi, ils perçoivent mieux que quiconque la démarche essentielle à la sauvegarde de la terre. Pour les Dinés, il en va du petit grain de sable jusqu'aux lointaines étoiles du cosmos. *Hózhó* est devenu à mes yeux un droit à l'écologie, à l'autonomie des personnes, des fermes, des lieux de vie navajos. Fondée sur l'idée occidentale que l'humain est « propriétaire[83] » de la nature, le

83. Selon la loi navajo, il n'y a pas de propriété privée de la terre. Les individus obtiennent des permis d'exploitation qui leur permettent d'avoir accès aux terres pour le pâturage ou la production agricole et des baux de location pour l'habitat. À l'origine, ces permis étaient donnés à des familles qui, pour vivre, cultivaient la terre. Ils se considéraient de fait comme les « propriétaires » de ces terrains.

productivisme agricole occidental s'est développé de plus en plus à l'aide de pesticides et de variétés hybrides en terre dinée. Les échanges avec Sam, il y a quelques années déjà, me reviennent en mémoire. Depuis toujours, ce peuple guerrier prie, danse chante pour la terre. Et pourtant, les conséquences sont là : la santé, les spécificités culturelles, les économies locales sont touchées par un système qui empoisonne tout sur son passage. Chez les Dinés, il est question désormais d'une alimentation déséquilibrée – trop grasse, trop sucrée, trop salée – et d'une santé altérée. La nourriture des Occidentaux, peu chère car produite dans des quantités énormes, s'est substituée aux aliments traditionnels. Ce système insatiable a détruit plusieurs millénaires de traditions, de mode de vie et de savoir-faire fondés sur l'idée que l'activité humaine ne se pense pas indépendamment de la nature, ni contre elle.

Au fur et à mesure du temps, et forte de l'aide précieuse de la fondation de Pierre et de Navajo France, Pierre et moi avons mis en place un projet que j'ai appelé *Hózhó Farming*, Agroécologie en terre navajo[84]. Le projet, qui s'est déroulé sur plusieurs années de préparation et de recherche de fonds, a pu voir le jour et continue à exister. Il accompagne la réhabilitation d'une éco-agriculture dans des fermes en territoire diné. Associant des préceptes de l'agriculture traditionnelle à des innovations touchant l'utilisation dans le désert de pratiques agroé-

84. Depuis les années 1890, la terre d'Arizona est devenue de plus en plus sèche. L'économie agricole navajo ne s'est donc pas améliorée : les problèmes causés par la sécheresse, mais aussi l'influence de la société moderne américaine, la construction de routes pavées, la télévision, ont totalement modifié le système traditionnel et quotidien des Navajos.

cologiques cohérentes au contexte climatique et culturel. En 2017, Pierre et moi avons pu missionner deux experts en agroécologie et en rapport avec le Réseau des agroécologistes sans frontière[85]. Nous sommes allés en terre navajo pour réaliser un état des lieux de l'agriculture paysanne locale. En 2018, j'ai mis en place des séjours autour de *Hózhó Farming*, sous forme d'activités participatives aux techniques des paysans, aux enjeux de la chaîne de l'autonomie et des logiques alimentaires locales. Durant la dernière pandémie, je me suis adaptée à ne pas pouvoir les rencontrer in situ, d'autant plus que les Dinés ont été la deuxième population américaine, après New York, la plus touchée par le virus. J'ai cependant maintenu le lien autour *Hózhó Farming* avec la mise en place de rencontres en ligne, afin de donner des informations agricoles professionnelles pour les fermiers dinés en activité, via des tutoriels dédiés. En 2023, est venu le temps d'accueillir des paysans navajos en France pendant une dizaine de jours, à travers une formation immersive en agroécologie entre paysans français et navajos. Tout cela me met en joie, car l'impact et la durabilité de ces échanges dépasse ma vision initiale. Les paysans sélectionnés pour leur séjour de formation en France transmettront à leur tour les nouvelles méthodes acquises auprès des fermiers locaux en tant que personnes-ressources. Cela concerne, dès 2024, 2 770 fermes locales dinées réparties sur près de 15 000 hectares de terre.

85. Le RAESF propose les compétences de praticiens en agroécologie au niveau local, aussi bien à l'échelon national qu'international.

La mise en œuvre de ces pratiques entre ici et là-bas, en accord avec la philosophie de Pierre Rabhi et des Dinés, préserve le patrimoine nourricier pour une terre féconde, permet de réhabiliter des savoir-faire paysans biologiques en écho aux traditions dinées et de tendre vers une souveraineté alimentaire. Sans Pierre Rabhi, je n'aurais pas pu mettre en place toute cette aventure. Notre vision première est notre relation exemplaire à chacun d'entre nous et à tout cela – l'eau et la nature comme des biens précieux. *Hózhó Farming* me permet de renouveler, en passant à l'acte, ces intentions nécessaires. Je repense à ce moment passé avec Pierre. « Selon toi, en quoi l'existence et la survivance du peuple du désert navajo est-elle importante pour l'humanité ? » ai-je demandé à Pierre, qui a répondu : « Elle est importante pour l'humanité car les peuples qui sont encore enracinés dans des traditions comme les leurs sont porteurs d'un patrimoine. Un patrimoine qui sera de plus en plus utile à l'humanité quand elle se sera finalement perdue dans sa grande illusion... »

LA BEAUTÉ, UN PRÉSENT DANS LE MONDE QUI VIENT

Hózhóogo naasháa doo
Shitsijí' hózhóogo naasháa doo
Shikéédéé hózhóogo naasháa doo
Shideigi hózhóogo naasháa doo
T'áá altso shinaagóó
Hózhóogo naasháa doo
Hózhó náhásdlíí'

Hózhó náhásdlíí'
Hózhó náhásdlíí'
Hózhó náhásdlíí'

« Marcher dans la beauté »
Prière de clôture de la cérémonie
Navajo Blessing Way

Les peuples racines traversent de grandes difficultés. Ils ressentent la souffrance de la terre. Cependant, ils n'en restent pas moins ses gardiens.

Avant de vouloir explorer le monde des possibles dans le monde psychique et spirituel – « demander à l'univers » – il est recommandé de connaître les ressources et l'environnement terrestre. Demander participe à ce que l'équilibre de toute chose soit donné, pour tout et pour tous, en retour. Les nouveaux tourments viennent de la manière dont nous regardons le monde. Nous avons dépassé les limites de la planète. Nous devenons plus fragiles. Cette nouvelle fragilité nous engage vers un langage commun qui permet de ressentir que l'on appartient à quelque chose de plus grand. Dans toute exploration, il y a un ordre qu'il est recommandé de suivre, à commencer par l'intention première – préserver les liens d'harmonie qui existent au cœur de toute chose. En ces termes, on ne peut pas utiliser les outils précieux des Dinés et des autres Nations premières à des fins personnels, d'égoïsme, d'aménagements urbains et à tout ce qui favoriserait la dégradation des écosystèmes de la nature et du vivant. Face au dérèglement climatique actuel, cela entraînerait de nouvelles déstabilisations, un danger pour la Terre et ses habitants. Ma réflexion participe à aller au-delà de la peur et du manque de confiance en soi. Tout cela joue un rôle essentiel sur la psyché, le corps émotionnel, physique, spirituel. Le reconnaître permet d'agir autrement sur la société. Il me paraît donc essentiel de s'interroger sur la profondeur de l'être pour ouvrir la voie du cœur qui amène à une réelle transformation. Se poser la question : « Pourquoi suis-je là sur Terre, maintenant ? »

La transition individuelle et collective actuelles de la planète met en garde sur l'importance de modifier les formes pensées et les actes pour créer de la beauté de manière responsable avec une vision de long terme. Les outils philosophiques, humains et spirituels participent à ce que cette transition soit, elle aussi, harmonieuse. Pour cela, il est primordial d'aborder, de façon profonde, les pensées et les actes. Créer la beauté en soi et tout autour de soi, c'est former un tout qui génère des conséquences positives et harmonieuses. Se transformer, c'est transformer le monde qui nous entoure. Se laisser émerveiller par des façons de voir les choses autrement, c'est déjà un premier pas. Chaque pas devient le chemin, car le centre, qui représente la vie, est toujours là où nous sommes. Nous sommes reliés.

Aller vers le beau commence donc par soi-même. Le cœur et l'amour sont la voie de passage. La philosophie des Indiens navajos, les Dinés, m'a permis d'explorer la question du « pourquoi je suis là ». J'ai lâché les combats ne voulant plus atteindre des cibles. Je me suis mise au service, pour rendre réel un meilleur futur avec, entre autres, les enseignements de *'iiná*, de *k'é* et de *hózhó*. Selon moi, *'iiná*, le monde, a besoin du *k'é*, la bonté envers soi-même et les autres, et de *hózhó*, la beauté. Marcher dans la beauté m'enseigne tous les jours à me mobiliser pour un meilleur futur. Les ateliers, les films, la musique, l'écriture, les échanges en agroécologie – de tout cela découle une perception de paix et d'harmonie. Un monde créatif qui invite au rêve et à la vision. Associer créativité et beauté, représente à mes yeux, un cheminement universel de conscience spirituelle, un alignement avec les étoiles qui porte la beauté à l'unisson du monde.

Selon moi, la philosophie de la beauté dinée aide à tout cela. À pacifier les rapports de soi à soi, de soi avec les autres ; à redéfinir ce qui est bon, bien et moins bien ; à maintenir le lien avec le vivant. À respecter la parole de ceux qui m'ont ouvert le chemin. La nature et l'humain sont une seule et même chose. L'individu et le groupe sont une seule et même chose. Marcher dans la beauté me rappelle que nous sommes notre propre maison. La nature est la maison que nous empruntons à nos enfants. Puissions-nous marcher dans la beauté. *Hózhó.*

Marcher dans la beauté c'est aussi comprendre que :

Tout va ensemble.

L'énergie circule là où va la vision.

La meilleure chose maintenant est qu'il y en aura une autre demain.

Vous détenez déjà tout ce qu'il faut pour grandir.

Nous nous soucions, nous partageons, nous osons.

Utilisez, ne possédez pas.

Avant d'utiliser la beauté comme chemin de vie, souvenez-vous de cette phrase navajo : Vous ne pouvez pas réveiller une personne qui se prétend endormie.

JE MARCHE

Avec la beauté devant moi, je marche
Avec la beauté derrière moi, je marche
Avec la beauté au-dessus de moi, je marche
Avec la beauté autour de moi, je marche
C'est redevenu la beauté.
Aujourd'hui, je vais sortir
Aujourd'hui, tout ce qui est négatif va me quitter
Je serai comme avant
J'aurai une brise fraîche sur mon corps.
J'aurai un corps léger
Je serai heureux pour toujours
Rien ne m'en empêchera.
Je marcherai avec la beauté devant moi.
Je marcherai avec la beauté derrière moi.
Je marcherai avec la beauté en dessous de moi.
Je marcherai avec la beauté au-dessus de moi.
Je marcherai avec la beauté autour de moi.
Mes paroles seront belles.
Dans la beauté, tout au long du jour, je peux marcher.
Au fil des saisons, je peux marcher.
Sur le chemin marqué par le pollen, je peux marcher.
Avec la rosée sur mes pieds, je peux marcher.
Avec la beauté devant moi, je peux marcher.
Avec la beauté derrière moi, je peux marcher.
Avec la beauté en dessous de moi, je peux marcher.
Avec la beauté au-dessus de moi, je peux marcher.
Avec la beauté tout autour de moi, je peux marcher.
Avec la beauté tout autour de moi, je peux marcher.
Dans la vieillesse, errant sur un chemin de beauté, vivant, je peux marcher.

Dans la vieillesse, errant sur un chemin de beauté, vivant à nouveau, je peux marcher.

Mes mots seront beaux... car dans la beauté je marche
Avec la beauté, je marche
La beauté au-dessus de moi
La beauté au-dessous de moi la beauté à côté de moi
Avec la beauté, nous marchons !

TABLEAU XI

Pratiquer *hózhó* au quotidien

HÓZHÓ POUR VIVRE SANS BARRIÈRE

Du fond de tes mocassins, apprends à regarder.
La médecine du sable accompagne ta marche.
Du fond de ton âme, apprends à vivre.
Le cercle de la vie aiguise ta pensée.
Du fond de tes entrailles, apprends à ne pas oublier.
La sagesse réside à l'endroit même où tu t'égares.

Hózhó, marcher dans la beauté, est devenu un repère pour vivre avec de bonnes intentions. Créer un monde meilleur commence par soi et les siens. J'incite ceux qui m'entourent et me connaissent à en faire de même pour leur vie. Je pense que l'être humain naît bon et que chacun peut devenir un acteur pour honorer la vie et non la détruire. Lorsque je suis devenue grand-mère, je me suis dit qu'il était important que je parle du « Grand

Mystère[86] », et du « Créateur[87] » à mes petits-enfants. « Il était une fois... » Un moyen de leur donner la faculté de grandir et marcher dans le monde, en « libres penseurs ». Lorsque mes petits-enfants ont rencontré mon amie amérindienne Maggie, joueuse de tambour, le contact s'est fait dans la seconde même. Joie, envie de jouer, d'apprendre, de découvrir, de créer. Tout comme moi, Maggie pense que les jeunes entendent, ressentent et agissent en étant libres. Ils sont moins conditionnés par la société, les politiques et même la culture. Ils sont moins dogmatiques. Ils veulent réaliser leurs objectifs humains. Les jeunes ont besoin d'une motivation différente de celles des adultes qui ne prennent pas soin de la Terre. Ce sont eux qui sont les acteurs du changement dans le futur. C'est à nous, en tant qu'adultes, de le faire afin que les enfants se sentent libres de le faire aussi, parce que tout cela est naturel. Animaux, pierres, plantes, ciel, terre, humains. C'est ça, vivre pour un monde meilleur, c'est faire que l'existence *hózhó* soit, d'où qu'elle vienne, où qu'elle aille. Il est dit que le Grand Mystère a caché dans le cœur de chacun un défi – une graine qui le reflète. Ainsi,

86. La vision de certains Native Americans commence parfois par quelque chose appelé Le Grand Mystère, ou bien par un nom similaire qui désigne une source infinie, éternelle et indescriptible. Il ne crée pas lui-même. Il est celui qui délègue cette tâche à un aspect ou bien à un enfant de lui-même. Chez le peuple sioux, Wakan-Tanka, représente le Grand Esprit. À la fois Père et Grand-Père (en tant que Grand-Père) il est le Grand Esprit indépendant de la manifestation illimité. Les Hopis d'Arizona ont Taiowa, l'infini qui réside dans l'espace sans fin.

87. Selon les Navajos, seul le Créateur sait où se trouve le commencement. Sa pensée a créé la lumière à l'est, l'eau au sud, l'air à l'ouest et, créé à partir du vide, le pollen vers le nord. Ce pollen est devenu la Terre. La lumière, l'air, l'eau et la terre sont contenus dans tout ce qui se trouve dans la nature, et tout le monde naturel est interconnecté et égal.

apprendre à l'autre de prendre soin de la Terre, c'est reconnaître que cette graine réside chez l'autre. En chacun, réside un trésor naturel qui nous ait demandé d'honorer lorsqu'on l'a trouvé. Nommer la graine, c'est tisser le lien intemporel de ce patrimoine naturel de soi[88] à autrui. C'est reconnaître qu'il est précieux pour chaque être humain de se consacrer à autre chose que celle d'assurer sa survie sur le plan matériel. Lorsque les Dinés prennent soin de la Terre, ils parlent de *hózhó* et de *k'é*. Le défi n'est ni de rechercher le pouvoir à des fins personnelles, ni de dicter des règles de conduite issues du monde matérialiste. C'est être capable d'évoluer à travers une situation complexe sans devoir transgresser les règles du vivant. Ce qui m'aide à continuer à m'ouvrir à cela, sont les saisons, la lune, le soleil, les étoiles, la rotation de la Terre. Selon les Native Americans, tout cela réside entre la sphère la plus élevée, « la demeure » de la divinité régénératrice, ainsi que dans les mondes intermédiaires et parfois souterrains[89]. Toutes sont des manifestations

88. Selon C. G Jung, le Soi ordonne et oriente l'aspiration du conscient vers la Totalité. Il est un lieu où l'opposition des contraires est suspendue. Il propose une possibilité d'accomplir le processus d'individuation.

89. Selon les Native Americans, ils savent se situer dans ce grand processus évolutif de déploiement. Pour eux, notre humanité sur Terre n'a parcouru qu'une partie du cours complet. Ces peuples traditionnels parlent de quatre grandes ères raciales et géologiques précédentes. Ils parlent de la présente comme une cinquième ère. Plusieurs déclarations indiquent que le système solaire est composé d'un nombre de plans, de mondes ou de sphères au-dessus, en dessous, y compris le plan terrestre. Les manuscrits mayas et mexicains parlent de treize cieux ou mondes supérieurs et de neuf enfers ou mondes souterrains. Les Hopis comptent neuf mondes, la Terre étant le plus bas d'entre eux. Ils vont vers le cinquième monde. Certains Navajos pour qui leur enseignante sacrée se nomme Changing Woman se situent dans le quatrième monde; d'autres dans le cinquième Monde. Les Zunis du Nouveau-Mexique disent être dans le cinquième Monde. Le peuple sioux parle de quatre cycles majeurs et de White Buffalo Woman, leur grande éducatrice.

du Grand Esprit. C'est pourquoi il est essentiel de prendre soin de tous les règnes, de faire des offrandes, des chants et des danses. Tout cela est naturel aux yeux des peuples racines de l'Amérique du Nord. Il l'est aussi pour moi. Ma vision est qu'il le soit ainsi pour d'autres.

Je n'ai pas attendu que le chamanisme ou les « Indiens » soit en vogue pour aller vers les apprentissages de guérison venus d'ailleurs. Je suis partie à l'aventure, vivre avec les Dinés, six mois chaque année, pendant plus de vingt-cinq ans. Durant ces dernières années et en toute discrétion, j'ai voulu faire un retour à la source, « marcher dans la beauté », dont je suis devenue passeuse de la culture navajo, malgré moi. Le vent souffle en Arizona ! Il faut beaucoup de patience, d'énergie et de persévérance pour maintenir le cap.

HÓZHÓ, POUR FAIRE LE VIDE

Laisse ce que tu crois être le temps.
Éclaire ta demeure, même si tu ne le veux pas.
Écoute le vent, même si tu ne le vois pas.
Seul le présent existe.
Depuis toujours.

Anonyme

La Terre-mère ne tue pas ses enfants, ceux qui l'habitent. Elle les nourrit. Leur donne la vie. Elle leur enseigne le respect, selon ses lois et ses messages. Dans l'histoire de l'univers, hommes et femmes sont des nouveau-nés ! À l'échelle du temps, les êtres humains sont jeunes et fragiles. Le monde est conçu pour ce que les êtres veulent vraiment faire dans le monde. L'intention est devenue une chose essentielle sur laquelle je me suis concentrée et je pense qu'il est toujours temps de s'ouvrir à cette grande éclaircie qui est donnée à tous. Pour nourrir une intention – pure, vibrante et vivifiante –, il est utile de connaître le principe de donner et recevoir. C'est une valeur sûre et je pense que la culture du don comme le perçoivent les Amérindiens a été mal interprétée jusqu'à présent. Il est éminent d'avoir une compréhension claire sur la façon dont l'on perçoit la valeur de ce qui est donné, pris et demandé.

Donner n'est pas un sacrifice, ni une démarche généreuse, mais un engagement affectueux envers une personne, une communauté. Prendre, c'est faire confiance et rendre sous forme d'offrandes la pareille en prenant soin de la personne, de la communauté et de la Terre. Demander quelque chose qu'il n'est pas possible de donner en retour, c'est déséquilibrer le cercle de la vie qui, lorsqu'il est inégal, devient fragile. Les cadeaux ne doivent pas nécessairement être matériels. La richesse, pesée dans les biens tangibles, physiques et spirituels fait que ce qui est donné est le meilleur de soi. La valeur est ce que l'on en fait.

La transition actuelle que l'ensemble de l'humanité traverse permet, selon moi, de faire le point sur la gestion du passage de vie sur Terre. Mettre de l'ordre dans les pensées, prendre du recul face aux projections, aux illusions qui s'immisce dans l'existence, restaurer l'harmonie en soi, rester conscient de l'intention, vivre avec le principe du donner et recevoir, garder un œil ouvert sur les signes, les synchronicités que l'univers envoie, maintenir la santé, guérir la Terre. Voilà un beau programme ! Chaque personne est un fragment du soi, une graine, un défi à relever. Et chaque nouvelle compréhension de tout cela permet de faire le vide. Faire le vide m'a aidé à lever le pied sur l'idéologie et l'accumulation matérialiste du progrès. Cela m'a permis de prendre le rôle que j'ai eu à jouer pour préserver le vivant tout en développant des projets solidaires. Faire le vide m'a permis d'accueillir une nouvelle conscience au-delà des villes, des pays et des frontières ! Faire le vide permet la vigilance sur l'action à venir envers l'autre, la communauté et la Terre. C'est en cette période de transition, où tout montre qu'il y a un seul monde, interconnecté à Internet et à l'univers, qu'il est possible d'agir, pour guérir la Terre. Osez le faire !

HÓZHÓ POUR PACIFIER

Le changement est là. Oui, petit frère.
La beauté de la Terre te regarde.
Les règnes animaux, en attente, entendent leur liberté.
Toi qui vis l'attente, entends toutes ces belles choses.
Nous, ancêtres, sommes de l'or pour toi.
Protège ta famille, pacifie le passé,
restaure le cycle de la vie.
De notre tabac et notre pipe sacrés,
nous apaisons tes peurs.
Souviens-toi des dons que la nature t'a donnés.
Protège ta mère, ton père, respecte tes aînés.
Crée ta nouvelle vie en remerciant le Ciel
ton père et la Terre ta mère.

Nous sommes ceux du commencement.
Nous l'avons toujours été.

Anonyme

Hózhó est une forme de sagesse qui permet de transformer l'ennemi en allié. Nous sommes nous-même notre propre ennemi[90], responsable de ce qui nous arrive. Afin que l'harmonie soit au cœur de ma vie, j'ai dû apprendre à pacifier l'ennemi en moi.

Ce qui sépare les Français des Navajos n'est pas uniquement l'océan. Malgré son romantisme imperturbable, le Français, souvent râleur, garde en lui une insatisfaction coriace – « jamais content » ! Je pourrais dire que le concept *hózhó* est à l'opposé de cela. Alors par où suis-je passée pour que ce « concept » puisse devenir ma musique de chambre, mon livre de chevet, mon cheval de bataille ? Je me suis souvenue que les pensées et les idées engagent l'univers tout entier. Afin que mes décisions puissent être vivantes, j'ai appris à être « sage » – apprendre à vivre sans pleurnicher devant l'obstacle ; rester vigilante aux signes de la vie. Lorsque les obstacles devenaient difficiles, écouter ce qui m'éloignait de l'émanation de *hózhó* en développant mes talents et mes dons – mes pinceaux, mon tambour, ma voix, l'écriture, la sculpture, les films. Ce sont mes outils les plus sages et durables parce que je suis née « avec ». Développer ses dons et ses talents génère la paix en soi – calme l'anxiété, la colère, la jalousie

90. Dans *Ainsi parlait Zarathoustra*, Friedrich Nietzsche partage avec nous une idée qui stipule que nous sommes nos pires ennemis : « Tu seras toujours le pire ennemi que tu puisses rencontrer ; tu te guettes toi-même dans les grottes et les forêts ».

et l'intolérance. « Créer la paix », même lorsqu'une partie de la planète est en souffrance, en guerre, en crises humanitaires qui requièrent notre attention[91] est une réalité inadmissible. Apprendre à pacifier, c'est « prendre ses propres outils en mains », et créer haut et fort, que l'amour soit là où il n'y en a plus.

Certains hommes et femmes-médecine m'ont expliqué qu'il est important d'apprendre à pacifier des situations conflictuelles, prendre en compte le conflit pour trouver un accord sans idée de vengeance en retour. Cette façon de procéder me parle. Ça n'est pas mon rôle de générer ou d'alimenter le conflit. S'y confronter en soi, pour mettre fin au déni oui. Pour les Dinés, le rétablissement de la paix prend en compte un espace nommé chaos – *hóóchx̨ o'/ anáhóót'i'*[92] en langue dinée. L'engagement du *k'é*[93] permet de trouver la solution pour apaiser ce qui lie les êtres humains dans un respect mutuel. Il aide à quitter le conflit intérieur et entraîne une meilleure compréhension de *hózhó* – un voyage de rétablissement de la paix, du chaos à *hózhó*.

Je reconnais l'impact que les femmes et les hommes de connaissances ont eu sur moi en m'apprenant à maintenir *hózhó* en moi – une guérison transformatrice. Ils ont en eux un véritable pouvoir qui sensibilise les autres à cela.

---

91. La plupart des crises sont issues de conflits et de chocs climatiques. L'année 2023 établit un nouveau record et les agences des Nations unies et leurs partenaires humanitaires ont besoin de 51,5 milliards de dollars pour aider 230 millions de personnes nécessitant une assistance d'urgence dans 68 pays.

92. *hóóchx̨ o'* est l'opposé dualiste de *hózhó*. *Anáhóót'i'* est un terme qui exprime la désharmonie.

93. *K'é* solidaire à la famille négocie au nom de celle-ci.

Aujourd'hui, guérir de mes maux à travers ces principes de guérison continue à faire de moi un être sensible. Je reste ouverte à l'importance qu'est la conscience. C'est à travers elle que l'âme peut être débarrassée de ses émotions excessives. L'enseignement du *hózhó* et du *k'é* n'est ni douleur ni renoncement, ni revers de quelque chose qui ne se réalise pas intérieurement. *Hózhó* montre le chemin qui mène à la réalisation de soi. Aujourd'hui, je peux dire que ce processus me permet de vivre une guérison durable et relever les défis de ma vie quotidienne avec un sens de soi plus fort et plus intégré dans ma vie de tous les jours.

Nous sommes notre pire ennemi. Nous sommes aussi notre meilleur ami. Pacifier, c'est créer en soi un « pacificateur » capable de porter une réflexion créative et apaisante. Toute personne, qu'elle soit responsable de famille, gestionnaire, intervenante de première ligne ou autre, détient ce potentiel créatif qui permet à la famille, la communauté, au lieu de travail une meilleure entente. La communication, l'observation des enjeux historiques des conflits, la résolution des conflits, l'amitié, font que les pensées et les décisions convergent vers un point central. Celui de l'univers dont nous dépendons. C'est pourquoi j'ai beaucoup de respect pour ceux qui contribuent à restaurer l'harmonie.

ÉPILOGUE

Hózhó, malgré la pluie

La Seine a de la chance, elle n'a pas de soucis.
Et quand elle se promène tout le long de ses quais
Avec sa belle robe verte et ses lumières dorées
Notre-Dame jalouse immobile et sévère
Du haut de toutes ses pierres, la regarde de travers.
Mais la Seine s'en balance, elle n'a pas de soucis.
Elle se la coule douce, le jour comme la nuit.
Et s'en va vers Le Havre et s'en va vers la mer.
En passant comme un rêve au milieu des mystères
Des misères de Paris.

Jacques Prévert, *Spectacle*

PARIS, 2019

Place Saint-Michel. Pluie. Temps de chien. Pauvre chien. Il fait un froid de canard. Pauvre canard. Grève des métros. Moi dans la rue. Je lève le bras : « Hep, taxi ! » Le taxi ne s'arrête pas. Moi, en moi-même vers le taxi : « Tu as bien vu que je suis chargée comme une mule ! » Pauvre de moi. Paris froid, humide, gris sous la pluie. Je déteste. Moi en moi-même : « Tu ne vas pas commencer à te plaindre comme une bonne Française ! » L'eau de la pluie s'écoule le long du caniveau. Laisser couler l'eau. Je décide de marcher. Tant pis. J'arriverai les cheveux mouillés chez des gens que je ne connais pas. Enfin si, une amie. Elle pense que je devrais m'ouvrir au monde. Le monde parisien. Ses paroles résonnent dans ma tête : « Sors de ta réserve de temps en temps ». J'arrive enfin. Rue du Bac. L'école des Beaux-Arts n'est pas très loin. Des souvenirs me traversent l'esprit. Mon carton à dessin sous le bras. Mon premier bébé dans mon ventre. Mes envies de voyages existaient déjà.

La musique s'entend du bas des escaliers de l'immeuble. Je monte les grandes marches de pierres. On m'ouvre la porte. Moi, dans un bel appartement parisien. Haut de plafond. L'amie de mon amie fête son déménagement. On se présente : « J'ai travaillé plusieurs années dans la pub, et puis tu vois, je fais un break aujourd'hui. Je m'installe en Australie, tu comprends. » « Oui, je comprends », lui répondis-je. Dans la pièce principale, la musique hurle. Des piles de cartons empilés. Une personne, un serveur avec un plateau couvert de verres remplis, s'avance vers moi pour me proposer une boisson. « Hum. Je prendrais du champagne, s'il vous plaît. » J'adore le champagne. Une coupe. Deux coupes et hop. Je souris à droite à gauche et tente de me fondre dans l'ambiance de la soirée. Je m'approche vers un groupe de gens. Collés au buffet, un verre à la main, tous discutent bruyamment. J'écoute. « Tu sais si le budget pour le Maroc tient toujours... ? » « Il paraît qu'Antoine et Julie ne sont plus ensemble... » « J'aimerais devenir enseignant-chercheur à l'université, mais vu le nombre de postes offerts, c'est limite pour moi. Du coup bosser pour la pub après mon doctorat, pourquoi pas ? » J'ai envie de leur parler. Me présenter à eux. J'imagine la scène : « Eh bien, moi je viens de passer trois mois dans le territoire diné. Ça fait plus de vingt ans que je fais ça. Monument Valley. Le Grand Canyon, vous connaissez ? » Je ne vais rien leur dire, en fait. Je me souviens avoir eu la chance de rencontrer des gens talentueux lors de ma vie professionnelle dans le domaine de l'audiovisuel – Jean-Baptiste Mondino et la pub Peugeot des années 90. C'était quand ? Plus de vingt ans ? Déjà ! Un frisson me parcourt le dos. Mes cheveux et mes pieds sont vraiment mouillés. Sécher mes chaussettes, au moins ? Je me dirige vers une autre pièce et regarde autour de moi. Un radiateur quelque part ? Je m'avance vers un petit groupe de gens. Plus calmes, plus jeunes. 20 ans à peine. Mince alors. Ils pourraient être mes enfants. Assis sur des poufs marron en forme de pommes molles, certains d'entre eux jouent ensemble. Ils jouent à l'awélé[94]. J'ai appris à jouer à ce jeu de société africain quand je travaillais en Afrique. Une autre vie. Je commence à parler à l'un d'entre eux. « La légende de l'awélé[95], tu connais ? » Une affinité se tisse.

94. Jeu de société africain, de type des jeux de semailles africains, « compter et capturer » et dans lequel on distribue des cailloux, des graines ou des coquillages dans des coupelles ou des trous, parfois creusés à même le sol.

95. C'est à travers le désert que des villageois ont marché longtemps jusqu'à la mer. Après avoir fait des provisions de coquillages, ils sont repartis dans leur village. En chemin, ils ont fait des trous dans le sable pour y déposer les coquillages. C'est ainsi qu'est né le jeu de l'Awalé - des trous dans lesquels sont stockés des coquillages.

On finit par échanger et rire un peu plus tous ensemble. Je ne sais pourquoi – la joie du lien sans doute – je me mets à chanter. Des chants amérindiens rythmés. « Tu chantes quoi ? » Ils rigolent. Je leur raconte mon histoire. Ils me regardent avec des yeux ronds. « Ah, ouais ? Tu passes ta vie dans les réserves indiennes ? » On rit. On chante. Plus fort. Awélé, chants, rires, jeunesse, une sensation d'insouciance réveille mes 20 ans. C'est bon. Mon amie est venue nous rejoindre.

Quelques minutes passent. Des personnes, dont l'hôtesse, qui se trouvaient dans la pièce principale, viennent à leur tour nous rejoindre. L'hôtesse me regarde d'un air presque curieux : « Ça va ? » Je me sens agressée. « Pas mal. Et toi ? » L'air d'une chanson me vient d'un seul coup d'un seul en tête : « ... j'ai 10 ans... » À moi-même tout en regardant l'hôtesse : « ... si tu ne m'crois pas, tar'ta g[96]... » Je les regarde. On dirait que les verres sont collés à leurs mains. La chanson tourne en boucle dans ma tête. « ... Si tu m'crois pas, tar'ta g... » J'adore cette chanson.

Je reste dix minutes de plus. Pas plus. Taxi ou pas, je file chez moi. Quelque chose a changé à Paris. Ou bien est-ce moi ?

Home sweet home. Après une bonne douche chaude. Je me suis préparé une tisane de thym avec du miel et du citron. Je me sens fébrile. Comme à mon habitude et avant de faire le point sur ma journée, je brûle de la sauge en demandant correctement que je sois débarrassée des

96. « J'ai 10 ans » est le titre d'une chanson sortie en 1974, Elle est écrite et interprétée par le chanteur Alain Souchon et composée par le musicien chanteur Laurent Voulzy.

énergies négatives. Les amis des amis ne sont pas toujours des amis ! Je bois ma tisane de thym et m'enfouis sous ma couette. Les images des canyons me viennent à l'esprit. Être seule. Dans ce détachement des influences du monde. Seule, sans pour autant être isolée. Je suis seule et sans mur, sans idée toute faite qui m'encombre. Seule dans ce face-à-face avec moi-même, dans cette grotte aux merveilles où ne peuvent pénétrer les voleurs de bonbons. Mon cœur respire à travers le désert d'Arizona. Hors du monde et pourtant au cœur du monde. Inspire. Expire. Je me revois avec les jeunes. C'est bon les jeunes ! C'est peut-être pour mon amie et eux que je me suis déplacée sous la pluie ce soir-là. La chanson *J'ai 10 ans* me revient en tête. Rythmée de la bonne manière cette fois-ci. « *O weya, weya, heya*, j'ai 10 ans, *weyaha...* »

POSTFACE

De la « beauté » à « l'efficacité »

Cette route n'est pas très parcourue dans notre monde occidental : aller de « la beauté » à « l'efficacité ». Léopold Sédar Senghor, le poète et président sénégalais, chantre de « la négritude », concept créé par le poète martiniquais et longtemps militant communiste Aimé Césaire, soulignent l'un et l'autre qu'il n'y a pas d'œuvres au sein de leur culture qui n'associe pas précisément ces deux termes. On doit même se demander si l'art pour l'art est un précepte qui nous est propre. Partout ailleurs, en effet, dans toutes ou presque les sociétés autochtones, ce couplage – « beauté efficacité » – existe. Aussi faut-il saluer Lorenza Garcia, cette artiste sortie des Beaux-Arts de Paris, d'avoir fait sienne ce couplage à partir de la découverte des peintures de sable des Indiens navajos.

Chez eux, des œuvres éphémères non destinées aux musées. L'artiste devient le sacrificateur ! Il les donne à « consommer » dans des processus de rétablissement de l'harmonie chez une personne. Le grand Matisse, en 1905, allait jusqu'à comparer un tableau à « un calmant cérébral » à l'époque du fauvisme, quand la couleur se libère de toutes les contraintes du réel. C'est ce moment crucial que Lorenza découvre en rencontrant l'univers artistique navajo ; le sable y est le support des couleurs, composées de poudres aux tons primaires et que l'artiste, une fois l'œuvre terminée, répand sur le corps d'une personne en mal d'un déséquilibre. Lorenza adhère à ce principe comme si elle l'attendait depuis toujours, outrepassant ses études aux Beaux-Arts. À notre connaissance, c'est l'une des rares artistes occidentales, au talent si manifeste, à avoir franchi ce pas et à l'avoir franchi pour toujours. Ses propres œuvres portent aujourd'hui la sacralité de « l'élan vital », cher à Senghor et Aimé Césaire... Il s'agit d'une mue, mais aussi d'un sacerdoce car il y faut l'arc et les flèches de l'espérance, ce dont Lorenza semble être armée, pour notre plus grand bien.

Jean-Pierre Barou
Éditeur, auteur et journaliste

ANNEXE

LA RÉALITÉ DES NAVAJOS

Les peuples autochtones ont été probablement le premier groupe d'Amérindiens à être arrivé en Amérique. Les anthropologues ont déterminé la présence d'Amérindiens dans la région du Nevada vers 14 000 avant l'ère commune. Les Hopis et autres Amérindiens d'Amérique du Sud auraient fait partie de ce premier groupe. Il y aurait eu trois mouvements migratoires, durant lesquels des groupes Amérindiens auraient voyagé depuis l'Asie, puis à travers le détroit de Béring, vers les Amériques. Le premier date d'environ 15 000 ans avant l'ère commune ; le second, d'environ 12 000 avant l'ère commune, et le troisième d'environ 3500 avant l'ère commune. Il est dit que les Navajos, ou les personnes ayant parlé la langue dinée, arrivèrent avec le second groupe et vécurent durant une longue période dans l'ouest du Canada. Puis, vers l'an 1000 de notre ère, un groupe de Dinés s'est séparé du groupe canadien pour entreprendre un périple vers le sud des Grandes Plaines, ainsi que dans la région des Four Corners du sud-ouest américain. Ces groupes athabaskans du Canada s'appellent les Athabaskans du nord. Les Navajos font partie du groupe athabaskan du sud, et sont probablement arrivés dans la région du Nouveau-Mexique vers 1300 de notre ère. Beaucoup de Navajos traditionnels ne sont pas d'accord avec l'assertion qu'ils sont arrivés par le détroit de Béring : les récits de la création décrivent qu'ils ont été créés dans les limites des quatre montagnes sacrées qui entourent le territoire navajo. Pour contourner ce problème, selon l'historien John Yazzie, lui-même navajo, les Dinés ayant traversé le détroit de Béring ne représentaient pas la pensée, la spiritualité ou la culture navajos. Il en est de même pour celles ayant émigré du Canada. Cependant, lorsque les migrants parlant le diné sont arrivés dans la région des quatre montagnes sacrées, ils ont appris les enseignements spirituels issus de l'histoire de la création. Ce n'est qu'à partir de ce moment précis qu'ils ont été considérés culturellement comme des Navajos.

HISTOIRE

Les Navajos représentent, avec les Cherokees, la plus importante ethnie de ce qu'on appelle à présent les *Native Americans*, un terme auquel ils préfèrent d'ailleurs celui de *Indian Americans*.

Au XVIIIe et au début du XIXe siècle, les Navajos entrent en conflit avec les colons espagnols et mexicains. Ce contact leur permet d'introduire les chevaux, les moutons et les chèvres, qui sont toujours des éléments vitaux de leur économie. En mars 1864, le général Carlton donne l'ordre au colonel Kit Carson de faire le nécessaire pour forcer les Navajos à marcher 482 km depuis leur territoire jusqu'à Bosque Redondo, une « réserve ». C'est la Longue marche des Navajos. Une marche forcée de plus de vingt jours pour les décimer et les « civiliser ». Plus de 8 000 personnes ont marché dans les pires conditions. L'heure la plus sombre du massacre des Indiens d'Amérique.

Les Indiens navajos sont des résistants. À l'époque où, selon la formule du général Sheridan : « Un bon Indien est un Indien mort. » Leur déportation à Fort Sumner entre 1864 et 1866 en laisse plus d'un dans la poussière rouge. Le peuple se réveille à travers un de leurs chefs : Manuelito[97]. Il n'a pas le pouvoir de les forcer à se battre, et c'est en fin stratège qu'il obtient des autorités le traité de Fort Sumner, signé le 1er juin 1868. Il permet aux Navajos de retourner sur leur territoire d'origine, en sens inverse, à pied jusqu'à Dinétah.

WINDOW ROCK – GOUVERNEMENT NAVAJO

C'est à une quarantaine de kilomètres de la célèbre route 66 que se trouve, en Arizona à la frontière du Nouveau-Mexique, la capitale de la nation navajo, Window Rock (*Tségh#x00E1;hoodzání* en navajo), 2712 habitants. Après 370 ans de lutte contre le processus de colonisation, cette tribu amérindienne, la plus grande des États-Unis, a ses propres institutions politiques. Les Dinés ont leur propre président de tribu, leur conseil représentatif, leur système judiciaire et éducatif. Leur principe de gouvernance est devenu une démocratie étonnante au sein même du pays. C'est à Window Rock que siège, dans de modestes bâtiments de briques rouges, le gouvernement de la nation navajo qui se compose de trois organes : l'exécutif, le législatif et le

97. Le chef Manuelito était un chef de guerre et a peut-être participé à l'attaque des Navajos contre Fort Defiance le 29 avril.

judiciaire. Le Conseil composé de plusieurs membres élus par suffrage direct, dont plusieurs comités permanents, sert comme conseil d'administration du gouvernement de la nation navajo. La branche législative rassemble plusieurs commissions et services qui sont gérés par le président du Conseil de la nation navajo. Le président élu et son vice-président sont à la tête de l'organe exécutif qui, lui, se compose de divisions et de services. Ces divisions et services fournissent une grande sélection de services gouvernementaux aux membres de la nation navajo ainsi qu'à d'autres résidents de la nation. L'organe judiciaire consiste en un système de plusieurs tribunaux de première instance, ainsi que de tribunaux familiaux et une Cour suprême. Plus de cent dix subdivisions locales du gouvernement, appelées *Chapters*, existent à l'intérieur de la nation navajo. La police tribale navajo gère les infractions et délits, pendant que les crimes sont du ressort du gouvernement fédéral.

Le droit inhérent de la Nation à l'autonomie est sacré et démontrable à travers les actions quotidiennes de son gouvernement. En tant que corps gouvernant de la nation navajo, le Conseil de la Nation est habilité à voter des lois de la nation navajo. De tous les Amérindiens des États-Unis, les Navajos sont les seuls à vivre sur leurs terres d'origine[98]. Sauf exception, ils n'en sont pas propriétaires, mais simples usufruitiers. Le gouvernement américain conserve à ce jour la propriété de 85 % environ du sol et du sous-sol de leur territoire.

98. Les Navajos vivaient à l'ouest du Rio Grande, entre le plateau de Defiance et le Rio Grande, à l'ouest de Taos Pueblo. Chassés du nord du Nouveau-Mexique, de la région de Dinétah et de la région de Mount Taylor, les Navajos occupent une partie de leur terre d'origine parce que les guerres et les conflits les ont chassés vers l'est.

LA RÉALITÉ SACRÉE DES NAVAJOS

Bien qu'il existe différentes versions de l'histoire de l'origine des Navajos, elles contiennent un certain nombre d'évènements communs. Le territoire diné est une terre mythique. Les montagnes, les canyons et les paysages ocres préservent la demeure des « Êtres Sacrés » toujours présents. Un territoire totalement « en vie » et dans lequel, les mondes des êtres humains (les Dinés), des *Yeis* (les divinités détentrices de nombreux savoirs), des esprits (le monde des *Diyin Din'é*), continuent à vivre ensemble. Dans chacune des versions de l'histoire de la création selon les États, ceux du Nouveau-Mexique, de l'Utah ou de l'Arizona, il est parfois expliqué qu'un conteur détient une version pouvant être plus légitime qu'une autre. Il s'agit d'histoires transmises oralement d'une génération à une autre. Ce grand récit fondateur, par lequel les Navajos expliquent comment ils sont venus sur Terre, évoque leur progression vers une humanité profondément douée d'équité et de sagesse[99].

ÉMERGENCE DES QUATRE MONDES

Selon le *Diné Bahane*, terme navajo qui désigne l'histoire du peuple et de la création, les premiers êtres vivants, les Dinés, seraient apparus dans le « monde de la surface », le « monde étincelant » après avoir traversé trois mondes intra-terrestres. Ils durent quitter chacun des

99. Lorsque la Terre subit une trop forte pression énergétique négative, elle peut commencer à se déséquilibrer, ce qui contribue en partie à l'augmentation des températures.

mondes traversés en raison de leur impossibilité à pratiquer les lois que les dieux leurs avaient données pour rendre possible leur cohabitation avec autrui. Certaines versions expliquent que le monde actuel dans lequel vivent les Dinés est le quatrième monde. Pour d'autres, il s'agit du cinquième monde[100]. Quoi qu'il en soit, et malgré le manque de connaissance géré par les lois des dieux et entraînant la destruction des mondes d'avant, le Grand Créateur a constamment permis aux Dinés de prendre un nouveau départ vers un monde plus harmonieux.

Leurs mythes racontent pourquoi le monde est comme il est. Pourquoi les Dinés viennent du monde du ciel divin ; pourquoi les *Yeis*, les esprits, ont appris aux ancêtres des Navajos à survivre. Il est dit qu'avant que soit le début des temps, l'obscurité, le ciel et l'eau existaient. Puis l'eau et le ciel firent alliance. C'est dans cet océan de brume que vivaient le Peuple du Vent. Les Nil, *shi din'éé*.

C'est à l'intérieur d'un nuage que résonna l'écho de voix pouvant donner des directions pour mettre en mouvement le plan d'œuvre de l'univers. Le Créateur, qui commençait à réfléchir à la mise en place de la création, convoqua alors les Dinés, nommés à ce moment précis les *Diyin Din'é*. Tous se rassemblèrent pour construire

100. L'histoire de la création avec le cinquième monde proviendrait historiquement d'un officier de l'armée américaine nommé en 1897, le major Washington Matthews. Chirurgien, linguiste et connu pour ses études auprès du peuple navajo, ses recherches et ses initiations à divers rituels secrets navajos ont servi à dissiper la pensée erronée de l'époque vis-à-vis de cette culture. Dans le but de ne pas trahir le caractère sacré de l'histoire originelle, un homme-médecine aurait délibérément changé l'histoire de la création, en évoquant un cinquième monde. Le major Washington ayant rapporté et écrit ce qu'on lui avait dit, ses récits étant considérés comme authentiques, est celui que certains Navajos croient aujourd'hui.

un *hogan* – les quatre montagnes sacrées, avec en guise d'offrande le pollen sacré. Chaque montagne sacrée est associée aux quatre directions du cadran, et à quatre couleurs symboliques : le blanc, symbolise l'aube ; le bleu, le matin ; le jaune, l'après-midi ; et le noir, celle de la nuit. C'est le début du commencement. Celle de la création où des présences sacrées, surnaturelles, se déplacent dans des espaces/temps allant du premier monde jusqu'au quatrième monde.

Cette période relève d'un temps où les *Diyin Diné'é* représentaient une multitude de choses constituées par un tout – une existence avec un langage unique. Celui de la création. Dès le début du commencement, tout ce qui existait était en résonance et en accord avec la création. C'est dans cet espace-temps obscur que naîtrait au fur et à mesure la vie l'émergence des pensées, des mots et des lumières. S'ensuivront la naissance de l'univers, celle de la Terre et des étoiles, et l'existence physique des êtres vivants. Il est dit que la manifestation de l'existence de ce monde viendra par celles d'esprits, de corps et de matière – une mise au monde relié à la spiritualité appelée *Sá'a naghái bik'e hózhǫ́*.

ORIGINE DES MONDES

Dans le premier monde, ou monde obscur, *Ni' Hodiłhił*, il n'y a pas de soleil, de lune ou d'étoiles. C'est le monde noir. Vient l'émergence du *Niłch'i Diyin*, le vent sacré, lorsque les brumes de lumières traversent l'obscurité pour éclairer la présence des *Diyin Dine'é*, les Êtres Sacrés surnaturels. Ces derniers rassemblent les quatre souverains des quatre mers situées à l'Est. Sont aussi présents divers insectes comme la mouche, l'araignée ainsi que le Peuple de l'Esprit de l'Air ; certains animaux, comme Coyote, la chauve-souris, et les Êtres de brume. C'est en voyant le feu intérieur de chacun que Première Femme, *Áltsé asdzáán*, et Premier Homme[101], *Áltsé hastiin*, des êtres surnaturels, naissent. Tous ces êtres commencent à se battre et engendrent la mésentente. Ils doivent alors quitter ce premier monde en s'envolant par une ouverture à l'est. Tous sont déjà considérés comme les ancêtres des Dinés.

Le deuxième monde, le monde bleu, *Ni' Hodootł'izh*, est une terre où résident des mammifères, des oiseaux, dont les hirondelles bleues. Les créatures du premier monde offensent leur chef, *Táshchózhii*. Ce dernier leur demande de quitter les lieux. À l'aide d'une baguette de jais, Premier Homme, *Áltsé hastiin*, crée une baguette de jais afin que les êtres puissent se rendre jusqu'au troisième monde par une ouverture au sud. Ces créatures indéfinies provoquent la discorde, les insultes et la peur.

Vient le passage du troisième monde, le monde jaune, *Ni' Haltsooí*, un monde plus sage. Femme Araignée, qui venait du premier monde, apprend aux créatures indéfinies le tissage. Le peuple des montagnes apprend à Premier Homme et Première Femme à cultiver le maïs.

---

101. Washington Matthews explique que Premier Homme a été créé par l'union de l'aube, le blanc, et de la nuit, le noir. Première Femme a été créée par l'union du petit matin, le bleu, et de la fin de l'après-midi, le jaune.

Une nouvelle catastrophe arrive lorsque Coyote décide de kidnapper les deux enfants de Téhoołtsódii, la grande créature des eaux. Furieuse, celle-ci provoque une grande inondation. Le niveau d'eau des océans inonde les terres. Les créatures finissent par se rassembler vers les hauteurs de la plus haute montagne. De là, elles plantent un roseau géant. Puis chacune d'entre elles grimpe par l'intérieur pour émerger vers un autre monde.

Après quatre jours, elles arrivent dans le quatrième monde, le monde blanc, *Ni' Hodisxǫs*. Couvert d'étendues d'eau, on y voit les montagnes sacrées, formées à partir du sol prélevé des montagnes du deuxième monde. Ce monde est déjà peuplé de monstres : les *naayéé'*.

C'est dans le quatrième monde que Premier Homme et Première Femme planifient la façon dont les gens devront vivre sur la nouvelle terre. L'histoire raconte : Premier Homme était allongé, la tête à l'est, et Première Femme, la tête à l'ouest. Leurs pensées se mêlaient et étaient sacrées. Avec *Sá'a naghái bik'e hózhǫ́*, ils créent le Soleil, la Lune, les étoiles. L'obscurité donne ainsi place à l'égalité entre le jour et la nuit. Premier Homme et Première Femme deviennent maîtres en art de l'agriculture et de la construction des habitations. Mais Coyote, qui a gardé les deux enfants de la grande créature de l'eau, provoque une nouvelle inondation. Premier Homme et Première Femme décidèrent de déposer les deux enfants dans les rivières et les lacs afin d'apaiser la colère du monstre de l'eau.

L'histoire du quatrième monde démontre qu'à l'aide de médecines ramenées du chaos, Premier Homme – *Áltsé hastiin* –, Première Femme – *Áltsé asdzáán* –, et les *Diyin Dine'é*, établirent les « formes intérieures » de la Terre, du ciel, des montagnes sacrées, des plantes et animaux, des Dinés, créant ainsi le monde actuel. Le souffle, tout comme les « formes intérieures », leur fut donné. Cela inclut la parole, l'évolution et tout ce qui permet de les relier. Il indique aux Dinés que tout est uni dans une seule et même cohésion. Et que par conséquent, c'est à travers cette continuité, entre espace et temps, qu'il est possible d'accéder à la présence et aux pensées des Êtres Sacrés.

C'est dans le quatrième monde que Premier Homme – *Áltsé hastiin* –, Première Femme – *Áltsé asdzáán* – vont également participer à la création de la première déesse-mère navajo incarnée sur Terre : *Yoołgaii Asdzą́ą́*, qui deviendra *Asdzą́ą́ Nádleehé*, ou Femme Changeante, ou encore l'Aube. *Ch'óol'í'í*, qui pourrait signifier « grand épicéa », est le site appelé aujourd'hui Gobernador Knob, et sur lequel *Asdzą́ą́ Nádleehé* a été « trouvée » par Dieu qui parle, *Haashch'éélt'í*. Ce Dieu représente la sagesse, la raison, la connaissance.

ÉVOLUTION DE LA PENSÉE DINÉE

Les Dinés considèrent que l'ordre originel de ces mondes successifs suit les rythmes annuels de l'Univers. Cet ordre réside au cœur de la philosophie dinée tel un sillon. La création du monde des Dinés se compose de plusieurs plans, qui se succèdent de façon ordonnée et cohérente. Le mythe sur l'évolution de ces mondes souterrains souligne qu'il n'y a pas d'opposition entre le naturel et le surnaturel. Les êtres humains, le peuple de la surface de la Terre, les *Diyin Dine'é*, sont un seul et même groupe, composé de forces énergétiques. Il est constitué de celle du vent, *nílch'i*; celle des « formes intérieures », *bii'gistiin* ou *bii'siziinii*; des forces d'harmonie et d'équilibre, *hózhó*; et de disharmonie et désordre, *hóchó*. Même si le premier monde souterrain, celui des insectes, indique le chaos, le doute, la défaillance, chaque monde qui s'ensuit devient plus ordonné que le précédent. Ces passages de mondes conduisent les Ancêtres des Navajos du Monde de la Surface vers un meilleur équilibre participant à *nizhónígo Iiná*, qui veut dire une belle vie.

SUR LA MORT

Bien que le principe de mort existe dans les mondes précédents, Coyote introduit celle-ci dans le quatrième monde. La vraie mort est donc créée lorsque Coyote décide de jeter une pierre dans un lac en expliquant que si la pierre coule, les morts retourneront dans le monde précédent. Une version explique que le premier objet à avoir été jeté dans l'eau était du bois. Celui-ci, qui avait flotté, prédisait que personne ne mourait, car le bois restait à la surface de l'eau. Mais Coyote en décida autrement. Il proclama que la mort surviendrait si ce qu'il allait jeter dans l'eau coulait. Il jeta une pierre dans l'eau, qui a coulé. Les Êtres Sacrés se sont alors mis en colère contre lui. Mais Coyote leur a laissé entendre que si la mort ne se produisait pas, la Terre serait alors surpeuplée et il n'y aurait pas assez de ressources naturelles pour maintenir la vie. La création de la mort dans le quatrième monde signifie que la mort n'existait pas encore dans ce monde avant que Coyote ne l'y introduise.

En navajo, vivre une belle, ou une bonne, vie signifie que lorsqu'une personne meurt, elle retrouve une nouvelle vie parfaite dans l'au-delà; un endroit où tous les proches l'accueilleront. Dans le cas contraire, lorsqu'il s'agit d'une personne capable de passer sa vie à faire du mal autour d'elle ou de vivre pour promouvoir ses propres intérêts, celle-ci sera guidée vers un espace appelé *Chidi*. Cet endroit, considéré par les Dinés comme négatif, serait celui où se trouve la vraie mort. Vivre une vie négative, implique que la personne vit à l'opposé de la majorité des enseignements des Êtres Sacrés, et donc en désaccord avec l'ordre de l'univers, selon l'histoire du monde de la création.

LES MYTHES AUTOUR DE FEMME CHANGEANTE

La montagne s'élève, là...
Maintenant le jeune homme sacré
Au pied de la montagne
Dépose son enfant...

Chant neuf – *dsilyídje qaçàl* – chant de la montagne
« Chant vers un lieu à l'intérieur de la montagne »

Un jour, Premier Homme décide de marcher en direction du sommet du Ch'óol'í'í pour rencontrer les divinités, des nuages et des éclairs. Le chemin vers le sommet est difficile, mais la fraîcheur de l'air et la vue de la divinité Arc-en-ciel lui permet d'oublier sa fatigue. Le spectacle qui s'offre à lui est magnifique : un pont de lumière multicolore qui relie le ciel et la Terre l'invite à marcher et à chanter jusqu'au point culminant de la montagne. Son regard est alors attiré par une petite figurine. Située à l'un des pieds de l'Arc-en-ciel, cette statuette féminine, sculptée dans une pierre turquoise, est de la taille d'un nouveau-né humain. Premier Homme se baisse pour la prendre délicatement et décide de l'emmener chez lui. À son retour, Première Femme accueille la figurine dans sa maison. Quelques jours plus tard, Dieu qui Parle[102], un messager du monde des esprits, rend visite à Premier Homme et Première Femme. Il explique que tous deux, ainsi que d'autres dieux qui ont émergé des mondes précédents, doivent se rendre au sommet de cette même montagne dans les douze jours, en présence de la figurine turquoise[103]. Les jours passent et tous se rassemblent jusqu'à une zone plate située en dessous du plus haut sommet de la montagne. C'est à cet endroit précis que les *Yeis*, ou Êtres Sacrés, se

102. Dieu qui Parle est en général le premier à pouvoir s'approcher des autres pour donner des instructions : où aller, qui rencontrer, comment se préparer à tel ou tel évènement.

103. On raconte que Dieu qui Parle demande à Premier Homme, *Áltsé hastiin*, et Première Femme, *Áltsé asdzáán*, de ramener la figurine turquoise, après douze jours, à l'endroit où elle a été trouvée afin qu'ils puissent, par la suite, prendre soin à son éducation. En étant ainsi, Premier Homme et Première Femme, avec amour et affection, agiront avec leur pouvoir d'instinct et d'amour, car il est question d'élever la figurine turquoise qui deviendra bébé, puis enfant. Après l'enfance, viendra la période de la puberté. Une première cérémonie conduite par Dieu qui Parle marque ce passage où son nom, *Asdzaa nádleehé*, lui sera donné. Protégée par les Êtres Sacrés, l'éducation de Femme Changeante aura permis à ce qu'elle représente la première identité navajo de pure bonté envers tous les autres êtres vivants. La fin du mythe n'est pas claire.

sont rassemblés pour les attendre. L'un d'eux, que l'on appelle Corps Blanc, arrivant de l'Est, porte avec lui une statue en coquillage blanc sculptée de la même manière que la statue turquoise. Corps Blanc remet la statue aux Yeis et demande à Premier Homme de leur remettre à son tour la statue turquoise. Sur une peau de daim sacrée déposée à même le sol, on place les deux figurines. Sur cette même peau de daim, sont déposés également un épi de maïs blanc et un épi de maïs jaune. Dieu qui Parle recouvre le tout d'une autre peau de daim sacrée. Les *Yeis* procèdent alors à une cérémonie qui, en quatre étapes, va permettre à ce qui se trouve entre les deux peaux de daim de s'animer et de prendre vie. Le coquillage blanc et la figure turquoise se transforment alors en une seule et même entité : *Yoołgaii Asdzą́ą́*, qui deviendra *Asdzą́ą́ Nádleehé*, ou Femme Changeante, ou encore l'Aurore. L'épi de maïs blanc deviendra Garçon au maïs blanc ; l'épi de maïs jaune deviendra Fille au maïs jaune.

Durant la cérémonie, les *Yeis* ont insufflé à Femme Changeante les pouvoirs dont elle aura besoin pour maintenir l'harmonie dans le monde. Ces pouvoirs transmis par les *Yeis* permettent à *Yoołgaii Asdzą́ą́*, de grandir, jusqu'à devenir, *Asdzą́ą́ Nádleehé* - Femme Changeante. *Asdzą́ą́* signifie Femme. *Nádleehé* signifie changement, ou processus de changement.

Certaines versions autour du mythe de Femme Changeante expliquent que son pouvoir rayonne implicitement celui des Êtres Sacrés placés précédemment sur la peau de daim : toutes ces divinités représentent et perpétuent l'énergie du monde spirituel diné. Les

Navajos expliquent que tout vient de l'Est, l'endroit où tout existe en esprit. Cela inclut l'esprit du Coyote, de Première Femme, de Premier Homme, des autres dieux et Femme Changeante. Ces esprits existent depuis le Commencement. Mais Femme Changeante est venue à l'existence en tant qu'être vivant dans le quatrième monde afin qu'il soit en équilibre et en harmonie. Avant que les *Diyin Dine'é* ne décident de se retirer ensuite dans les montagnes sacrées[104].

Avec leurs accords, Femme Changeante crée, à partir de sa peau prélevée sur certaines parties de son corps, le Peuple de la Surface de la Terre. L'existence des Navajos est due à Femme Changeante. Selon les concepts d'harmonie ; d'espace-temps ; de commencement ; de liens intergénérationnels ; de vie ; d'amour ; de beauté ; d'univers et de passé, ce Peuple chemine. « *Sa'a nághaí bik'e hózhó* ». C'est ainsi que les Dinés vivent et grandissent aujourd'hui sur la Terre-mère. La mise au monde de Femme Changeante et le rassemblement des Êtres Sacrés constituent une cérémonie sacrée qui inclut et implique ce que les Dinés appellent *bíígiistíín*[105] – traduit

104. Les quatre montagnes sacrées de la création de *Diné Bikéyah* constituent de nos jours les « quatre orients sacré » du territoire navajo. À l'est, se trouve le mont Blanca, Tsisnaajinii. Au sud, le mont Taylor, Tsoodzil. À l'ouest, le San Francisco Peaks, Dook'o'ooslff. Au nord, le mont Hesperus, Dibé Ntsaa.

105. Un prêtre franciscain, le père Berard Haile, qui vivait à St. Michaels, non loin de la capitale navajo, Window Rock, avait interrogé plusieurs hommes-médecine traditionnels navajos. Le but du prêtre, qui parlait couramment le navajo, était d'essayer de comprendre leur monde spirituel. Il a traduit le terme *bíígiistíín* par « in-standing one » en anglais « forme intérieure » en français, d'où le concept d'âme.

par « âme » en français. Tout ce qui est créé est porteur de « In-standing One » ou « forme intérieure » ou « âme ». Tout ce qui existe porte le concept de *bíígiistíín*. La création de Femme Changeante manifeste la toute-puissance des Êtres Sacrés. *Bíígiistíín* donne vie au corps, *bíígiistíín* reçoit le souffle de vie du Créateur pour le redistribuer à l'ensemble des choses animées et inanimées. Les vivants, la nature, les Êtres Sacrés, tous portent en eux *bíígiistíín*[106].

La création de Femme Changeante incarne un *bíígiistíín* dont la finalité est d'émaner les pouvoirs de *sá'a naghái bik'é hózhó*[107] – sá'a naghái –, représentant l'énergie masculine et *bik'é hózhó*, l'énergie féminine[108]. Cette déité reflète l'interdépendance et les liens qui existent entre toutes choses. Son intronisation dans le quatrième monde, en transcendant le temps et l'espace, lui permet de se transformer sans cesse et échapper à la mort.

---

106. Selon l'historien John Yazzie, le processus de création comporte différents aspects. Le Soleil est composé de deux éléments. Le premier représente la partie visible, celle que l'on peut distinguer à l'œil nu. Le deuxième, la dimension spirituelle ou invisible, celle que l'on peut percevoir sans pour autant la contempler. Avant que la forme corporelle du Soleil n'apparaisse, la partie spirituelle doit préalablement exister. L'énergie du Créateur permettra d'animer le processus de *bíígiistíín* afin que, dans un premier temps, le Soleil puisse émerger spirituellement, puis dans un second, prendre corps. La fonction de *bíígiistíín* rendra possible sur tous les plans l'existence du Soleil. Sans *bíígiistíín*, la partie visible du Soleil n'aurait ni but ni existence. Par conséquent, tout a un *bíígiistíín*.

107. Le terme *Są'a naghái bik'é hózǫ́* peut se traduire par « le bonheur de vivre longtemps », et sous-entend qu'il est possible de vivre dans la beauté du cycle de la vie, à travers tous les temps et en toute chose.

108. Selon certaines versions, l'existence des « parents » de Femme Changeante serait une combinaison symbolique entre les énergies masculine – *sá'a naghái* – et féminine – *bik'é hózhǫ́*.

CÉRÉMONIE DE BÉNÉDICTION DE FEMME CHANGEANTE

Maison faite d'aube,
Maison faite des lueurs du jour à son déclin,
Maison faite d'un nuage noir...
Le nuage noir est la porte.
Du nuage noir est fait le sentier qui apparaît.
Sous l'éclair qui s'élève...
Qu'heureux maintenant soient mes pas.
Qu'heureux, sous la pluie abondante, soient mes pas.
Qu'heureux, parmi les feuilles, soient mes pas.
Qu'heureux, sur la trace du pollen soient mes pas.
Qu'heureux maintenant soient mes pas.
Que beauté soit cela qui m'attend.
Béni ce qui se trouve au-dessous.
Beauté ce qu'il y a au-dessus.
Que beauté soit tout ce qui m'entoure
Et que tout en beauté s'achève.

(Extrait du chant de bénédiction diné)

Il est dit qu'à l'origine, vêtue de bijoux représentants des *yoolgaii*, des coquillages blancs, des *diichili*, des coques d'ormeau, des *dootl'izhii*, des perles de turquoises et de jais, *bááshzhinii*, Femme changeante fut bénie par *tádídíín*, le pollen de maïs recueilli à l'aube – *hayíílka* –, et celui du crépuscule – *nahootsoii*. Après ce premier rituel, ses cheveux baignés de rosée, *dahtoo'*, on lui demanda de courir vers l'aube, l'est, aussi loin qu'elle pût. Cette cérémonie fut répétée pendant quatre nuits. Durant sa course, on put entendre le tintement des bijoux de sa robe. En confectionnant des meules pour moudre le maïs, un balai, des pots et des bâtons à remuer la nourriture, elle participa à l'entretien et à la transmission des bienfaits de la Terre.

LE MARIAGE DE FEMME CHANGEANTE ET DIEU SOLEIL

Selon la tradition, le premier mariage reconnu par les Êtres Sacrés a été celui de Femme Changeante et de Dieu Soleil – ou plutôt l'être intérieur du Soleil. Premier Homme dû à cette occasion se procurer une corbeille sacrée – « Corbeille de mariage ». C'est dans cette corbeille sacrée que Femme Changeante apprend à préparer la bouillie de farine de maïs. Lors de la célébration du mariage, Femme Changeante s'assoit à la droite de Dieu Soleil et lui, à sa gauchc. Ainsi est créée l'harmonie entre les deux. La bouillie sacrée de maïs est partagée par tous les êtres présents y compris les Êtres Sacrés – ils apportent des conseils de sagesse à Dieu Soleil et Femme Changeante. Ils leur précisent que des monstres des alentours devront disparaître pour maintenir l'harmonie. De ce mariage, *Tó bájíshchíní* – Né de l'eau – et *Naaghéé' neezghání* – Tueur de Monstres –, les Héros Jumeaux enfantés par Femme Changeante, accompliront la volonté des Êtres Sacrés en tuant un bon nombre de monstres. Ils débarrasseront la Terre de tous ces monstres. C'est pourquoi on les a appelés les Êtres Sacrés. Une fois leur tâche terminée, leur mère, *Asdzą́ą́ Nádleehé,* Femme Changeante, se rend au sommet du Ch'oolii pour rencontrer *Jóhonaa'éí* – Dieu Soleil. Il lui demande de le suivre pour vivre à l'ouest. Avant cela, elle a créé le peuple diné et lui a dit de se rendre au territoire Dinétah, le *hogan* entouré des quatre montagnes sacrées. Elle le leur confirme que toutes les filles nées du peuple diné auront leurs lunes. Le moment sera venu de préparer la cérémonie de la *Kinaaldá*. Ils devront chanter et s'occuper du quotidien correctement. Après cette période, les jeunes filles devenues des femmes porteront les enfants de demain. Femme Changeante accepte de suivre Dieu Soleil à condition de ne pas être seule. Dieu Soleil fait venir des wapitis, des buffles, des cerfs, des moutons de montagne, des lièvres et des chiens de prairie. Il lui construit une maison. Elle fait ses adieux à Premier Homme, Première Femme et à ses deux fils. *AJóhonaa'éí,* le Soleil, dit qu'il est temps pour les premiers peuples saints de quitter la surface du quatrième monde – premier monde, étaient, *Áłtsé Hastiin*, Premier Homme *Áłtsé Asdzą́ą́*, Première Femme, *Mą'iito'í Áłchíní*, Grand Coyote, et le Coyote *Áłtsé Hashké*. Quant à Femme Changeante, elle réside aujourd'hui à la grande eau de l'ouest dans une maison flottante au-delà du rivage, gardée par un hochet en coquillage blanc qui donne l'alarme à chaque visite. L'entrée principale de la maison est située à l'est. Chaque jour, une fois son voyage d'est en ouest terminé, Dieu Soleil lui rend visite ; Femme Changeante et *Jóhonaa'éí,* Soleil, sont souvent en harmonie. Parfois, ils se disputent et *Jóhonaa'éí* ne rentre pas chez elle à la fin de son voyage. À ces moments-là, il est dit que le ciel est orageux et que le monde entier souffre.

L'ENSEIGNEMENT DU MYTHE DE FEMME CHANGEANTE

Une mémoire toujours vivante
Notre vie n'est pas derrière nous,
ni avant, ni maintenant. Elle est dedans.

Jacques Prévert

Femme Changeante représente l'ancêtre primordiale. Les Anciens, mais aussi les cérémonies et les chants, racontent que Femme Changeante est hautement sacrée, comparativement à *Nahasdzáán*, la Terre, et à *Yádilhil Bii' Bil Haz'ánígí*, l'ordre de l'univers. Elle symbolise la santé de la Terre permettant à l'humanité de vivre en harmonie. Un de mes amis dinés m'expliquait que si l'homme décidait d'aller un jour vivre dans l'espace, son corps physique deviendrait faible jusqu'à ce qu'il meure. L'homme n'a pas été créé pour vivre ailleurs que sur Terre. Garante du juste temps cosmique, Femme Changeante représente, *nináhágháhígíí* – le cycle des saisons. Elle symbolise la naissance et le printemps – *daan daago*. Elle incarne la maturité et l'été – *shi shiigo*. Tout comme la vieillesse, l'automne – *'ak'eed*. Elle est aussi la mort, l'hiver – *haigo*. Puis elle renaît au printemps. Entre chaos et harmonie, capable de transcender le temps et l'espace, Femme Changeante maintient les fondements et le « dialogue » entre l'architecture, la médecine, l'agriculture, l'artisanat, les chants, danses et cérémonies, l'écologie, la justice et l'éducation navajo. Tout cela incarne un prolongement du mythe pour que règnent et demeurent la beauté, la guérison et la compassion en terre navajo et tout autour.

Quand le changement devient difficile, « Elle » rassure. Ces enseignements, qui ont été oralement transmis de génération en génération, assurent que le Peuple de la Surface de la Terre a su prendre soin de lui-même jusqu'à être aujourd'hui un État dans l'État ; une étonnante démocratie à l'intérieur du pays américain.

UNE JUSTICE ALLIANT TRADITION ET MODERNITÉ

L'eau est le sang de la Terre,
Le vent est la respiration de la Terre,
La nature est la peau de la nature.

Ann Marie Sayers

C'est à quelques kilomètres de la capitale Window Rock que je retrouve la famille de Patrick. Avec l'accord de l'homme-médecine, je suis conviée à participer à une courte cérémonie destinée à un jeune garçon, tout juste sorti de la prison de Window Rock, où il était incarcéré pour agression sur autrui et délit de fuite. Le propos de la cérémonie est que celui-ci puisse se sentir accueilli autant par sa famille que sa communauté. L'accueil chaleureux de l'homme-médecine dans le *hogan* envers le jeune patient m'émeut. Son timbre de voix, ses gestes bienveillants appellent à une guérison probablement attendue par toutes les personnes présentes. L'homme-médecine demande sur le ton de l'humour au jeune garçon : « Comment s'est déroulé ton séjour en prison ? Si je te pose la question c'est parce que je ne suis jamais allé en prison. » On rit tous un peu. Le jeune garçon est détendu. Il explique que durant son séjour, il lui a été possible de pratiquer le rituel de la hutte de sudation. J'ai par la suite voulu en savoir plus. Qu'est-ce qu'une prison navajo ? Comment juge-t-on ? Quelles sont les lois qui régissent la justice navajo ?

C'est dans le cadre de mes différents repérages pour *Navajo Songline*, que j'ai la chance de rencontrer un membre de la police de Window Rock dans les locaux modestes de briques rouges servant de siège au département de la sécurité publique de la nation navajo. La nation navajo a sa propre police. Elle est chargée des infractions de droit commun. En cas de crime commis sur le territoire navajo, l'enquête est confiée au FBI. Il m'explique ce que représente l'attribut de l'autonomie navajo, symbolisé par un signe que l'on voit sur toutes les voitures du personnel du gouvernement : le drapeau et le grand sceau de la Nation. Ils représentent à eux deux cinquante pointes de flèches symbolisant la protection de la nation navajo au sein des cinquante États d'Amérique[109]. Sur le grand sceau, l'ouverture au sommet du visuel, représente la direction de l'est. L'arc-en-ciel circulaire, qui jamais ne se referme vers le haut, représente la souveraineté de la nation navajo. Le soleil est représenté comme la lumière de l'est sur les quatre montagnes sacrées.

De cette rencontre s'ensuivra celle avec une femme-juge navajo.

109. Avant que l'Alaska et Hawaii n'obtiennent le statut d'État en 1959.

LA JUSTICE NAVAJO

Bureau de la femme-juge.

La puissante posture sociale de la femme-juge navajo n'enlève en rien la simplicité de son accueil. Son temps est compté. Un jugement est en cours. Je la questionne autour de la fonction de la justice navajo ; l'intégration de l'histoire de la création dinée au sein des textes de loi qui la régissent. La femme-juge m'explique : « Pour nous, les instructions premières pour restaurer la loi viennent des fondements de la vie du Peuple Sacré. Elles ont été données aux Dinés, sous forme d'enseignements que j'ai appris. Si nous perdons tout cela, nous aurons alors enfreint la loi du Peuple Saint. Mon métier me demande d'être en étroite relation avec des hommes-médecine. Eux et nos anciens disent que la loi écrite et appliquée par le gouvernement fédéral n'est pas une vraie loi. »

La juge me dirige ensuite vers la salle du tribunal. Son souhait est de m'expliquer les raisons pour lesquelles elle est devenue juge. « Après vous, je devrai traiter un dossier. Il concerne la violence des gangs causée par l'arrivée de nouveaux stupéfiants dans la réserve. Certains de nos jeunes refusent d'écouter les aînés. Ils font ce qui leur plaît. Je dois néanmoins préserver la santé mentale de nos jeunes. Les amener à avoir confiance en tant qu'autochtones. Je leur explique que les codes de loi dinés préservent et renforcent les pratiques et les croyances inhérentes aux droits et à la liberté individuelle de chaque Diné. J'ai étudié et je connais les règles du droit anglo-européen. Malgré cela, je ne porte pas la robe de juge au tribunal. Pourquoi ? Parce que nos lois ne jugent pas. La robe d'un juge représente l'autorité suprême. La porter, c'est valider infériorité du détenu face à l'ordre. L'intimider, le juger. Le condamner. La fonction de la justice navajo n'est pas là pour ça. Elle aide à trouver des solutions afin que soient résolus les problèmes. Nous, en tant que représentants officiels de la loi navajo, nous devons être la résolution du problème. » La juge m'apprendra un peu plus tard qu'avec la présence d'un homme-médecine, le détenu et elle se sont rendues sur le lieu où avaient été commis des actes subversifs. Une cérémonie a pu être réalisée afin que les lieux puissent être aussi purifiés et dégagée des mémoires négatives du délit.

Je suis surprise par les réponses de la juge, son témoignage m'a apporté une vision différente des notions de loi[110] et de justice – en prenant soin des victimes et des accusés tous deux affectés et entendus sur un même pied d'égalité, la posture de la justice pourvoit la réparation à la punition. Ces valeurs juridiques proposent une ouverture possible vers des lois d'équilibre reliées à leur histoire d'origine. J'apprends plus tard que trois autres valeurs fondamentales valident l'impact positif du droit navajo sur les personnes. Elles perpétuent les principes

110. Pour les Navajos, le mot « loi » se dit *beehaz'aanii* – la vie transmise par des mythes, puis transmis par des sages. Les enseignements de *beehaz'aanii*, énoncés dans les prières et les chants, racontent certains fondamentaux de Femme Changeante, à travers lesquels interviennent les principes d'harmonie – *hohaz'aanii*. C'est en se basant sur le mythe de la création et la naissance de Femme Changeante et en intégrant un principe d'ordre spirituel – restaurer de l'harmonie plutôt que de juger – que la justice navajo a su se distinguer des lois anglo-américaines.

établis par l'autorité spirituelle de Femme Changeante[111] sur la communauté.

Le système judiciaire navajo se veut « circulaire », sans début ni fin. Par opposition au système « pyramidale/vertical » pratiqué par les tribunaux occidentaux, le cercle n'a ni droite ni gauche. Les trois valeurs fondatrices du cercle sont, *k'é*, la solidarité de la parenté ; *hózhó*, l'harmonie, l'équilibre, la beauté et la paix ; et *k'éi*, le système clanique comme loi commune régissant la fonction de leur existence. Les tribunaux navajos prennent en considération ces trois règles pour décider du traitement juridique au cours du litige.

K'é permet aux uns et aux autres de rester soudés dans l'adversité. Il aide à faire preuve de solidarité dans ce qui soutient le monde des êtres humains en pratiquant l'ouverture, l'entraide et la bonté. Parce qu'il aide à gérer les relations et le lien de parenté, *k'é* incite à maintenir des relations de coopération et de convivialité lors d'obligations mutuelles. Cette démarche puise ses racines dans l'importance du foyer, de la famille, sans oublier le système clanique. *K'é* va de pair avec *k'éi*.

K'éi assez similaire à la valeur *k'é* valorise la structure familiale matrilinéaire navajo et réglemente les devoirs, les responsabilités et l'équilibre entre parents, de même clan, ou pas. *K'éi* favorise le désintéressement, la coo-

111. Les chefs tribaux, réfléchissent sur le rôle du mythe de Femme Changeante et de la création du Peuple Sacré. Certains Dinés, confirment que la perte de concentration sur les enseignements de Femme Changeante a parfois perturbé le rôle et l'influence des femmes au sein de la structure sociale navajo. Le chômage, les violences domestiques, les problèmes de santé n'échappent pas à la présence des Monstres.

pération. Il aide à guider les questions de mariage et d'héritage avec les membres de la communauté.

Hózhó correspond à l'état initial du monde lorsque Premier Homme et Première Femme mirent en route les affaires de la vie des Dinés. *Hózhó* est également présent dans le domaine de la Justice. Comprendre le rôle des mythes à travers le témoignage de la juge et de la justice navajo m'a permis de regarder et d'intégrer en profondeur l'importance de *hózhó*, du *k'é* et du *k'ei*.

Symbole d'une justice amérindienne retrouvée, les tribunaux navajos sont des modèles pour d'autres tribus. Ils permettent de reproduire un arbitrage traditionnel et valider, au-delà de la nation navajo, qu'il existe, pour les nations indiennes, une justice qui répare. Cette justice inspirante a également permis la mise en place de programmes de justice restauratrice en Europe. Depuis 2014, la France propose une trentaine de programmes similaires.

Justice 1

En 1982, les Navajos ont eu recours à la mise en place, de *Hózhóji Naat'aah,* des *peacemaking courts*, ou tribunaux de pacification. L'objectif des membres *Hózhóji Naat'aah* est de résoudre ou de restaurer des relations d'harmonie *hózhó* par l'intermédiaire de sages traditionnels locaux non rémunérés. Les conflits locaux concernent uniquement les problèmes de parenté ou non parenté, ou bien ceux des droits à l'élevage. Plus d'une centaine de ces « tribunaux informels » couvrent la nation, mais n'empêchent pas, selon le sujet du délit, le système vertical si besoin. Les participants, traités comme « égaux », bénéficient d'une justice restauratrice et beaucoup moins pesante.

Les cérémonies de *peacemaking* s'organisent avec l'aide des *peacemakers*. Ce sont des aînés hommes ou femmes, le plus souvent, qui sont reconnus comme des personnes honnêtes et bienveillantes et sont élus par la communauté. Ils parlent en langue navajo. Ces cérémonies ont lieu dans des *hogans* non loin des tribunaux. Lors de la cérémonie, un consentement doit être établi et validé par les parties présentes permettant la réconciliation et la réparation du litige.

Justice 2

La structure gouvernementale est composée du pouvoir exécutif, *Hózhóóji Nahat'á*; du pouvoir législatif, *Naat'áji Nahat'á*; du pouvoir judiciaire, *Hashkééjí Nahat'á*, et du pouvoir national, *Naayee'ji Nahat'á*. L'organe judiciaire se rassemble en un système composé de sept tribunaux de première instance, de sept tribunaux familiaux et d'une Cour Suprême. La Déclaration de la fondation de la loi dinée (1 N.N.C. § 201), *Diné Bi Beehaz'áanii Bitse Siléí,* est la suivante : « Nous, les Dinés, le peuple de la Grande Alliance, sommes l'image de nos ancêtres et nous sommes créés en relation avec toute la création. »

« Le peuple sacré ordonné,
Par des chants et des prières,
La Terre et l'univers incarnent la pensée,
L'eau et les montagnes sacrées incarnent la planification,
L'air et la végétation variée incarnent la vie,
Le feu, la lumière et les sites d'offrandes de pierres sacrées variées incarnent la sagesse.
Ce sont les principes fondamentaux établis.
La pensée est le fondement de la planification.

La vie est le fondement de la sagesse.
Lors de notre création, ces principes ont été institués en nous et nous les incarnons.
En conséquence, nous sommes identifiés par :
Notre nom Diné,
Notre clan,
Notre langue,
Notre mode de vie,
Notre ombre,
Nos empreintes.
C'est pourquoi nous avons été appelés le peuple de la Surface de la Terre Sacrée.
De là, la croissance a commencé et le voyage continue.

S'ensuit la loi naturelle des Dinés - Loi fondamentale, code diné / *Diné Bi Beenahaz'áanii* - § 206. *Diné Natural Law* :

A. Les quatre éléments sacrés de la vie, l'air, la lumière/le feu, l'eau et la terre/pollen sous toutes leurs formes doivent être respectés, honorés et protégés, car ils entretiennent la vie.

B. Les six montagnes sacrées, *Sisnaajini*, *Tsoodzi[*, *Dook'o'oosliíd*, *Dibé Nitsaa*, *Dzi[Na'oodi[ii*, *Dzi[Ch'ool'í'í*, et toutes les montagnes qui les accompagnents doivent être respectées, honorées et protégées, car elles constituent, en tant que chefs, le fondement de la nation navajo.

C. Toute la création, de la Terre-mère et du Ciel-père aux animaux, à ceux qui vivent dans l'eau, à ceux qui volent et à la vie végétale, a ses propres lois et a des droits et libertés d'exister.

D. Les Dinés ont l'obligation et le devoir sacré de respecter, de préserver et de protéger tout ce qui a été prévu. Nous avons été désignés comme intendant de ces parents par notre utilisation des dons sacrés de la langue et de la pensée.

E. La Terre-mère et le Ciel-père font partie de nous en tant que Dinés et le Diné fait partie de la Terre-mère et du Ciel-père. Le Diné doit traiter ce lien sacré avec amour et respect sans exercer de domination, car nous ne possédons ni notre mère ni notre père.

F. Les droits et libertés du peuple à l'utilisation des éléments sacrés de la vie tels que mentionnés ci-dessus et à l'utilisation de la terre, des ressources naturelles, des sites sacrés et des autres êtres vivants doivent être accomplis par le biais du protocole approprié de respect et d'offrande, et ces pratiques doivent être protégées et préservées, car elles sont le fondement de nos cérémonies spirituelles et du mode de vie des Dinés.

G. Il est du devoir et de la responsabilité des Dinés de protéger et de préserver la beauté du monde naturel pour les générations futures.

HÓZHÓ, POUR UN MONDE NOUVEAU

Kodóó shigaan k'eh dídóoh'įįł.
C'est ce que je veux que vous entendiez
sur la direction que nous prenons.

Manuelito, Chef navajo

Une histoire qui dépasse la fiction

Cryptographie, mot de passe, code d'immeuble, code-barres, tous ces outils de communication de notre quotidien relèvent d'une réalité ancienne où de nombreux conspirateurs, gouvernants et militaires illustrent quelques anciens chapitres. Selon les circonstances, ces outils déciment, tuent ou bien protègent. Lors d'un de mes passages à Window Rock, j'ai eu la chance de pouvoir chanter devant un large public navajo. C'était le jour du Navajo Code Talkers Day[112]. Le nom de cet évènement rend hommage aux engagements des Premières Nations qui ont contribué à l'effort de guerre des États-Unis pendant la Seconde Guerre mondiale ; à la reconnaissance de code américain[113] lié aux langues amérindiennes appelé « code navajo ». Lorsque j'ai entendu mon nom dans le

112. Le président Ronald Reagan a créé la journée Navajo Code Talkers en 1982. Cet évènement national a lieu le 14 août. Il rend hommage à toutes les tribus associées à l'effort de guerre, y compris les Cherokees, les Choctaws, les Comanches, Hopis et Navajos.

113. Certaines sources rapportent que l'une des premières utilisations par l'armée américaine d'une langue des Premières Nations pour coder les communications militaires se trouve dans l'histoire de la Première Guerre mondiale, lorsque la langue de la tribu Choctaw a été utilisée pour coder les messages liés à une attaque surprise contre l'allemand.

haut-parleur pour annoncer mon tour de chant, je me suis sentie prise d'une forte émotion. Dans le public étaient assis certains Code Talkers[114]. Vêtus de leurs apparats militaires, des chemises jaunes à boutons, ornées de leurs médailles de service et de leurs cravates bolo personnalisées, faite d'une médaille d'argent, entourée de turquoises. Tous portaient une casquette rouge du corps des Marines des États-Unis, sur laquelle était brodé en fil doré, Navajo Code Talker d'un côté et des noms comme Tarawa, Iwo Jima[115] Survivor de l'autre. Peu nombreux et accompagnés de leurs familles, tous avaient été des locuteurs qui avaient pratiqué le code navajo. Ces héros avaient transmis des messages par téléphone et par radio dans leur langue maternelle, le fameux code que les Japonais n'avaient pas pu déchiffrer. Reliée à leur histoire, accrochée à leurs regards souriants qui me regardaient, je me suis présentée à eux. Lorenza, chanteuse française qui s'intéresse à la culture navajo depuis plusieurs années et qui a appris les chants navajos. J'ai commencé à chanter pour eux. Il faisait chaud. Nous étions tous placés devant le Navajo Code Talker Monument, situé dans le parc tribal Window Rock Navajo. Entre deux chansons, une grand-mère est venue me rejoindre avec son tambour sur la petite scène. Elle m'a accompagnée et a chanté avec moi. Ce chant, avec le décor des roches rouges, la chaleur, les voix sortant

114. Plus de 400 Navajos Code Talkers ont été engagés durant la Seconde Guerre mondiale. 13 sont décédés durant la guerre. De nos jours, 3 d'entre eux sont encore en vie.

115. Guadalcanal, Tarawa, Peleliu, Iwo Jima, les Code Talkers ont participé aux assauts menés par les Marines dans le Pacifique en transmettant des messages par téléphone et par radio dans leur langue maternelle.

des micros, les spectateurs sortis d'un autre temps, aurait pu être une séquence d'un film. Tous semblaient aimer et apprécier ce moment suspendu. Puis le haut-parleur a finalisé mon intervention en me remerciant d'avoir été présente ce jour-là : « C'est un honneur pour nous qu'une personne venue de France soit venue rendre hommage à nos précieux vétérans. » Je ne sais pas pourquoi. Je me suis sentie « utile ». La présence de la jolie grand-mère à mes côtés était un cadeau. À la fin de la session, un Navajo Code Talker m'a fait signe afin que je le rejoigne. Je me suis accroupie à côté de lui pour me mettre à la hauteur de sa chaise de toile sur laquelle il était assis. J'ai posé mon bras sur le sien. Les anciens ont ce petit quelque chose qui me rassure.

Quelques jours plus tard, je l'ai rejoint chez lui. J'avais pris avec moi mon Certificat of Appreciation signé du président du Navajo Code Talkers Association, pour lui montrer. Il y avait sur une table des portraits de lui jeune, habillé de son habit de l'armée américaine. Un café chaud m'attendait. Il m'a demandé d'en prendre une tasse et de lui en servir une aussi. « À l'âge de 16 ans, j'ai été recruté dans les Marines comme locuteur. Les Japonais étaient très compétents pour déchiffrer les communications codées. Il a fallu contrer l'ingéniosité des cryptographes japonais. C'était durant la guerre du Pacifique. 1941 à 1945[116]. Ils n'ont pas pu déchiffrer le code durant les conflits. Nous avons utilisé des noms d'oiseaux et les avons appliqués

116. Le corps des Marines a recruté plus de 400 locuteurs de l'ethnie pour transmettre ses messages durant le conflit.

aux armes de guerre[117]. » Je lui dis ne pas connaître les jeux de cryptographie. Cependant, les tactiques du code navajo me paraissent surprenantes[118]. Protéger la Terre et défendre sa patrie seraient donc logés à la même enseigne ? La présence des Native Americans au sein de l'armée américaine fait que, de nos jours, de jeunes amérindiennes sont fières d'être soldates[119]. Moi, sceptique : « C'est la première fois que j'ai chanté pour des soldats. Ça ne me viendrait pas à l'idée de le faire dans le pays où je suis née. Ici, c'est différent. L'amour porté à mère Terre sans doute. Mais la guerre tue des innocents. Au nom de quoi ? » Il sourit : « Quand ils ont su que j'étais navajo, je n'ai pas eu le choix. J'ai fait mon sac et je suis parti. » Je me sens déphasée. Qu'aurais-je fait si j'avais été un homme ? Combattre ? Déserter ? *« Oh, the wind, the wind is blowing, through the graves the wind is blowing, Freedom soon will come, then we'll come from the shadows »*. La chanson de Leonard Cohen, *The Partisan*, m'envahit[120]. J'ai froid. En plein mois d'août. Un silence s'installe un instant entre

117. L'avion bombardier, Jay-sho, représente la buse ; le sous-marin, Besh-lo, représente le poisson de fer ; le lieutenant-colonel, Che-Chil-Be-Tah-Legai, représente la feuille de chêne argentée ; l'Amérique, Ne-he-mah, représente notre mère.

118. Selon la CIA, la technique du code navajo l'a rendu pour ainsi dire indéfectible.

119. Lori Ann Piestewa, membre de la tribu Hopi a été la première femme Native American à mourir au combat lors de la guerre en Irak.

120. Chanson écrite et composée par Anna Marly en russe en hommage à la résistance soviétique, puis devenue le célèbre *Chant des partisans* avec les paroles françaises de Joseph Kessel et Maurice Druon. Une autre chanson, *La complainte du partisan*, cousine du *Chant des partisans*, composée aussi par Anna Marly, mais avec les paroles d'Emmanuel d'Astier de la Vigerie, connaît un grand succès. Hy Zaret, auteur populaire américain entend la chanson sur la BBC pendant la guerre. Il l'a fait traduire. En 1969, Leonard Cohen donne à la chanson une nouvelle vie en mêlant les textes français et anglais.

nous. Un silence apaisant. Les Dinés vivent avec la présence du silence. C'est un enseignant. Mon ami reprend la conversation: « Nous tombons tous un jour. Cela fait partie de la vie. Les membres de ma communauté ont prié pour nous, les Code Talkers. Et nous, nous prions pour les personnes et les pays en guerre. Il y a des cérémonies pour tous les soldats qui ont combattu, qui ont été capturés ou blessés. En tant que vétérans, les chants, les peintures sur le sable qui incluent la puissante présence Tueur de Monstres, les prières sont dans nos cérémonies sacrées[121]. Elles m'ont aidé à défaire les serments que j'avais dû prêter dans l'armée. Nous continuons à prier pour tous les morts causés par la guerre. Amis, ennemis. Peu importe. Nos cérémonies de guérison traditionnelles aident à soulager les soldats du stress des combats et à maintenir les liens avec la famille, la communauté et la culture amérindienne. Les cérémonies nous aident à avoir une vie normale. Elles m'ont ramené à mes racines, à tout ce qui fait penser que tout ira bien. Nos aînés nous ont transmis à regarder, écouter, puis agir sans la peur. Ils nous ont appris à observer les animaux, voir comment ils préservent leurs petits. Aujourd'hui, je continue à observer et à agir avec un cœur tranquille. Lorsque je pense à ma vie, je remercie avec un esprit apaisé les enseignements qui m'ont été transmis par mes aînés. Cela me rajeunit. »

---

121. Bien que ces thérapies soient utilisées par les autochtones depuis des générations, au cours des dernières années, l'administration des anciens combattants a été témoin de la puissance et de la valeur du processus sensible à la culture. Des hommes-médecine dépositaires de la cérémonie, « La voie de l'ennemie » aide les anciens combattants autochtones à guérir du trouble de stress post-traumatique causé par les guerres.

Nous parlions de guerre et voilà que les derniers mots prononcés par mon ami offrent à la pièce où nous nous trouvons une nouvelle respiration. Elle me rappelle l'immensité de certaines parties de l'Arizona où j'aime me retrouver. De nouveau le silence. Dans ma tête, aucun vacarme. Je connais à peine cet homme. Je pourrais pourtant rester des heures avec lui. Malgré les souffrances causées par la guerre qu'il a connue, le timbre de sa voix semble être enraciné à la terre. Je suis ailleurs. Regarde, écoute, agit à travers le silence, ce signe d'équilibre parfait. Tout cela me porte. Sa voix interrompt ma rêverie : « Comment vas-tu aujourd'hui ? » Je ne m'attendais pas à sa question : « Comment je vais ? Hmmm. J'apprends, comme je le fais avec vous, à me tourner vers les autres de manière simple. Ce qui est simple n'est pas banal. J'apprends à regarder le monde autrement sans me sentir seule. Vous parlez des valeurs que vos aînés vous ont transmises. Je me reconnais à vivre le monde ainsi. Parfois, ma tête se remplit de questions. Pourquoi suis-je amenée à vivre tout cela, ici, en terre dinée ? » Il répond, au cœur de lui-même : « S'il est dit qu'il y a toujours une raison aux choses, apprends à vivre avec les choses qui n'appartiennent pas au monde de la raison. Pour nous, l'humain est dans son entièreté imbriqué dans le monde visible et invisible. Il n'en est pas séparé. Toutes les forces naturelles interagissent avec nos cérémonies et nos prières. En nous reliant à elles, elles nous aident à créer dans nos vies une existence meilleure. Apprends à vivre en harmonie avec le monde qui vient. »

J'apprendrai que tout ce qui relie le peuple diné à l'histoire de la création a permis de mettre en mouvement la communauté lorsqu'elle était en perdition durant la période de la Longue Marche. Se relier au meilleur futur possible voulait dire pour eux retourner vivre sur leur territoire d'origine entouré de ses quatre montagnes sacrées. L'un des témoins du film *Navajo Songline* raconte : « Lorsque nos anciens sont retournés sur leur territoire d'origine et qu'ils ont vu Tsoodzit, l'une de leurs montagnes sacrées, ils ont composé un chant. Non pas pour ce qui s'était passé, la souffrance, la cruauté de l'humanité, mais un chant appelé *Shí naashá*[122]. » Ce chant, composé en 1868, commémore la libération des Navajos de leur internement à Fort Sumner. Les paroles du chant expriment l'exaltation des Dinés lors de leur retour sur leur territoire. Le mot *hózhǫ́*, beauté, concept majeur de leur spiritualité, est utilisé tout au long de la chanson. C'est un chant que l'on peut encore entendre aujourd'hui en terre dinée.

---

122. « Je vais, je me promène. »

REMERCIEMENTS

Il y a une fabuleuse aura autour de la beauté. En tant que vecteur de paix, d'harmonie et d'ouverture, je remercie celles et ceux qui s'engagent et participent à faire vibrer la beauté au-delà des frontières.

Un grand merci à mes éditeurs, Michka Seeliger-Chatelain et Tigrane Hadengue et à toute l'équipe de Mama Éditions pour leur accueil dans le cercle de leurs autrices et auteurs.

Un grand merci à ceux que je chéris, Daniel et Ginette Garcia, Nicolas Szabo, Solenne Gros de Beler, Diego, et Haneelia Szabo, William Gros de Beler Lapoumeroulie, Jim Harrison, Haneelia Begay, Helen Herbert, Phil Harrison, Talibah Begay, Haneelia Begay, John Yazzie Jr, Andrew Thomas, Albert Chase, Lillie Lane, Ben Silversmith, qui suivent de près comme de loin mon chemin sur la voie de la beauté, au gouvernement navajo. Merci à la « tribu » Navajo France, Thierry Boutard, Didier Hilar, Valérie Chauve, Bérénice Galimard, Stéphanie, Vecchione, Pauline Daver, Blandine Hannequart, Alexandrine Caillau, Valérie Benet, pour leur engagement à Sandrine Antonini, pour sa disponibilité, aux adhérents et donateurs. Un grand merci à ma fidèle compagne de route, Agnès Szynkier, pour m'avoir accompagnée durant la rédaction de mon livre de ses conseils justes et pertinents. Merci à Sylvie Crossman et Jean-Pierre Barou pour leur grande amitié, leur préface et postface de mon livre. Merci à Maud Séjournant, amie de toujours, à Philippe Brizon de l'Agora et Jacqueline Warnet pour l'accueil de mes chants et conférences, à Jean-Pierre Chometon et à l'équipe de la revue *Natives, des peuples, des racines*, pour la publication de mes articles.

Merci à Laurent Huguelit, auteur de *Mère, l'enseignement spirituel de la forêt amazonienne* et tous les partenaires, contributeurs, contributrices, de *Hózhó Farming*, agro écologie en terre navajo, à François-Xavier Simon, Carine F. Pigny Supraconscience pour leurs capsules vidéo, à Valérie Grenon, « ma productrice », à Audrey Fella, autrice de *Femmes chamanes*, pour ses encouragements, à Frédérika Van Hingen, Cercle des Passeurs pour sa créativité, à la « tribu » Forum des Peuples Racines et Philippe Struder pour leur ténacité, à Gisèle et Robert Mauriès Cahors Blues Festival pour leur fidélité, à Nicolas Dubois, Nadège Letessier Le Silence du Temps, au groupe Jubilons pour jubiler, à mes amis Claudine Myclo, Michele Decoust, Rosine Fievret, Magalie Mounier-Poulat, Sabah Rahmani, Jocelyne Vitart, Michel Fareng, Pascal Fauliot, Magdalena Escobedo-Steele, April Lea Go Forth, Véronique Sommer, Bruno Vienne, Virginie Nogueras, Jean Jacques et Annick Rougier pour leur soutien.

Je remercie Anne Botella et Yazid Manou, qui m'ont permis de rencontrer les fondateurs de Mama Éditions.

Je remercie toutes celles et ceux que je ne nomme pas ici et qui ne m'en voudront pas.

Je remercie Ciel-père, Terre-mère et *all my relations*.

REMERCIEMENTS

À la médecine du sable, des chants, du tambour, aux esprits bienveillants, à Asdzaa Nádleehé, ma bonne étoile. En souvenir de Sam Begay, Pierre Rabhi, François de Witt, Eva Marchal, merci. *Ahéhee'*.

À PROPOS DE L'AUTRICE

Depuis plus de vingt-cinq ans, Lorenza Garcia partage sa vie entre la France et l'Arizona avec les Dinés, « le peuple » en langue navajo. Elle est initiée à la culture navajo à travers le principe « hózhó », dans lequel les chants et les peintures de sable sont des principes de guérison. Hózhó veut dire beauté, harmonie, santé, joie, humour, conscience, équilibre. Avec l'accord des hommes-médecine et femmes-médecine dinés, Lorenza fonde l'association « Navajo France » afin de partager son expérience à travers la réalisation de films documentaires, la création d'albums musicaux. Afin de cheminer vers la voie de la beauté, elle anime parallèlement des ateliers de chants et de réalisations de peintures contemporaines de sable inspirées du concept hózhó.

En 2015, elle produit et réalise, avec des chanteurs de la tribu navajo et ojibwa, un album musical appelé *La Beauty*. Lorenza continue à mener les activités de Navajo France, avec la participation des membres de la communauté dinée, pour des manifestations internationales, des actions et échanges culturels en France et en pays navajo, des ateliers artistiques et l'organisation de chantiers participatifs en agroécologie en terre dinée pour jeunes européens en lien avec le Fonds de Dotation Pierre Rabhi.

En 2017, Lorenza Garcia produit, et co-réalise avec Bruno Vienne un documentaire appelé *Navajo Songline*. Ce film retrace l'histoire des Dinés et leur rencontre avec Lorenza Garcia.

En 2018, elle crée avec le groupe musical de chanteuses Natives American, Thoz Womenz, le chant *Greatness*, qui parle du rapport à la terre et du rôle essentiel du féminin dans le monde amérindien.

En 2019, Lorenza Garcia réalise avec le musicien Laurent Danis, un album musical appelé *HOPE2U*, dont chacun des titres est basé sur un tempo unique esquissant le rythme des danses spirituelles amérindiennes *(round dance)*.

En 2020, elle réalise pour Ushuaïa TV le documentaire *Le chant qui guérit la Terre*. Le film rassemble le témoignage de soixante femmes Natives American, toutes joueuses de tambour. Il porte un regard croisé sur la culture occidentale et celle des peuples racines, afin de nous inspirer, nous permettre de transmettre à notre tour d'autres valeurs pour le monde de demain.

Retrouvez Lorenza Garcia sur ses sites internet : navajo-france.com et linktr.ee/lorenza.garcia

YOUTUBE.COM/MAMAEDITIONS

BIBLIOGRAPHIE

ADAIR, John, *The Navajo And Pueblo Silversmiths,* Normanby Press, 2015.

ALVORD, Lori et COHEN VAN PELT, Elizabeth, *The Scalpel and the Silver Bear – The Forst Navajo Woman Surgeon Combines Western Medicine and Traditional Healing,* Bantam, 2000.

AUSTIN, Raymond D., *Navajo Courts and Navajo Common Law. A Tradition of Tribal Self-Governance,* University of Minnesota Press, 2009.

BAHTI, Mark, et BAATSOSLANII, Eugene, *A Guide to Navajo Sandpaintings, Treasure Chest Pubns First American Edition,* 2000.

BELIN, Esther G., *The Diné Reader An Anthology of Navajo literature, édité par Jeff Berglund et Connie A. Jacobs,* University of Arizona Press, 2021.

BRODERICK, Johnson, *Navajo Stories of the Long Walk Period,* Diné College Pr, 1973.

BRUCHAC, Joseph, *Navajo Long Walk. Tragic Story Of A Proud Peoples Forced March From Homeland,* National Geographic Kids, 2002.

BRUGGE, Doug, *et al.*, *The Navajo People and Uranium Mining,* University of New Mexico Press, 2007.

BULOW, Ernie, *Navajo Taboos,* Buffalo Medicine Books, 2007.

BUTOR, Michel, CROSSMAN, Sylvie, *et al.*, *Peintures de sable des indiens navajo, La voie de la beauté,* Actes Sud, 1996.

CONGDON-MARTIN, Douglas, *The Navajo Art of Sandpainting,* Schiffer Publishing Ltd, 1999.

CROSSMAN, Sylvie et BAROU, Jean-Pierre, *Hozho. Peintures de guérison des Indiens navajo,* Indigène Éditions, 2002.

CROSSMAN, Sylvie, BAROU, Jean-Pierre et PONTY Jean-Michel, *Enquêtes sur les savoirs indigènes,* Calmann-Lévy, 2001. 2e édition Folio.

DENETDALE, Jennifer Nez, *Reclaiming Diné History: The Legacies of Navajo Chief Manuelito and Juanita,* University of Arizona Press, 2015.

DE WITT, François, *La preuve par l'âme, Un polytechnicien démontre notre immortalité,* Guy Trédaniel, 2015.

DOWNS, *James F., The Navajo,* Waveland Press Incorporated, 1984.

ELLIOTT, Erica M., *Medicine and Miracles in the High Desert: My Life Among the Navajo People,* Balboa Press, 2019.

ESSARY JACKA, Lois, *Navajo Jewelry: A Legacy of Silver and Stone,* Northland Editors, 1995.

FARELLA, John R., *The Main Stalk. A Synthesis of Navajo Philosophy,* University of Arizona Press, 1985.

FARIS, James C., *The Nightway. A History and a History of Documentation of a Navajo Ceremonial,* University of New Mexico Press, 1990.

FATHER BERARD Haile O.F.M *Navajo Coyote Tales: The Curly Tó Aheedlíinii,* sous la direction de Karl W. Luckert, University of Nebraska Press, 2014.

FELTES-STRIGLER, M.C., *La Nation navajo*, tradition et développement, L'Harmattan, 2000.

GETZWILLER, Steve, *Ray Manley's the Fine Art of Navajo Weaving,* Ray Manley Pub, 1984.

GOLD, Peter, *Navajo and Tibetan Sacred Wisdom. The Circle of the Spirit,* Inner Tradition, 1994.

GOOSSEN, Irvy W., *Diné Bizaad - Speak, Read, Write Navajo,* Salina Bookshelf Inc., 1995.

GRIFFIN-PIERCE, Trudy, préface de Scott MOMADAY, *Earth Is My Mother, Sky Is My Father: Space, Time, and Astronomy in Navajo Sandpainting,* University of New Mexico Press, 1995.

HAUSMAN, Gerald, *Meditations with the Navajo. Prayers, Songs, and Stories of Healing and Harmony,* Bear & Company, 2001.

JOHNSON NEWCOMB, Franc, et *Reichard*, Gladys Amanda, *Sandpaintings of the Navajo Shooting Chant,* Dover Publications Inc., 1989.

KELLEY, Klara, et Francis, *A Diné History of Navajoland,* University of Arizona Press, 2019.

KLAH, Hasteen M., *Navajo Creation Myth - The Story of the Emergence - the Diné Bahane' Legend of the Navajo Native American Peoples,* Pantianos Classics, 1942.

LINFORD, Laurance, *Navajo Places - History, Legend, and Landscape,* University of Utah Press, 2000.

LOCKE, Raymond Friday,

Sweet Salt. Navajo Folklore and Mythology, Roundtable Pub, 1990.

The Book of the Navajo, Holloway House Publishing CO, 1991.

MATTHEWS, Washington, *Navaho Legends,* Kessinger Publishing, 2009.

MCCLAIN, Sally, *Navajo Weapon – The Navajo Code Talkers,* Rio Nuevo Publishers, 2002.

MCCLOSKEY, Joanne, *Living Through the Generations - Continuity and Change in Navajo Women's Lives,* University of Arizona Press, 2022.

MCNELEY, James Kale, Holy Wind in Navajo Philosophy, University of Arizona Press, 1981.

MCPHERSON, Robert S.,

Dinéjí Na`nitin - Navajo Traditional Teachings and History, University of Alaska Press, 2022.

Navajo Women of Monument Valley: Preservers of the Past, 2021.

Sacred Land, Sacred View: Navajo Perceptions of the Four Corners Region, University Press of Colorado, 1992.

McPherson, Robert S., Robinson, Perry J., *Traditional Navajo Teachings - Sacred Narratives and Ceremonies,* 2020.

Michaelis, Bernhard,

Navajo Corn Recipes - Diné Binaadą́ą' Ch'iyáán, Native Child Dinetah, 2018.

The Navajo Treaty of 1868 - Treaty Between the United States of America and the Navajo Tribe of Indians, Native Child Dinetah, 2014.

Navajo Blessingway Singer - The Autobiography of Frank Mitchell, 1881-1967, édité par Charlotte J. Frisbie et David P. McAllester, University of New Mexico Press, 2003.

Nielsen, Marianne O., et Zion, James W., *Navajo Nation Peacemaking - Living Traditional Justice,* University of Arizona Press, 2005.

O'Bryan, Aileen, *Navaho Indian Myths,* Dover Publications Inc., 2003, réédition Legare Street Press, 2022.

Parezo, Nancy J., *Navajo Sandpainting. From Religious Act to Commercial Art,* University of Arizona Press, 1983.

Pavlik, Steven, et Tsosie Jr, William B, *The Navajo and the Animal People. Native American Traditional Ecological Knowledge and Ethnozoology,* Fulcrum Publishing, 2014.

Reichard, Gladys A.,

Navajo Medicine Man: Sandpaintings, Dover Pubns, 1977.

The Story of the Navajo Hail Chant, 2020.

ROESSEL, Monty, *Songs from the Loom. A Navajo Girl Learns to Weave (We Are Still Here : Native Americans Today)*, First Avenue Editions, 1995.

SAUERWEIN Leigh, *La mythologie Navajo*, Actes Sud Junior, 2001

SIMONELLI, Jeanne, et MCCLANAHAN, Lupita, C*rossing Between Worlds. The Navajo of Canyon De Chelly*, Waveland Pr Inc., 2008.

SOLTANI STONE, Ashkan et. ZAPPIA, Natale A, *Rez Metal : Inside the Navajo Nation Heavy Metal Scene,* University of Nebraska Press, 2020.

TELLER ORNELAS, Barbara et TELLER PETE, Lynda, *How to Weave a Navajo Rug and Other Lessons from Spider Woman,* Thrums LLC, 2020.

The History and Culture of the Navajo, Charles River Editors, 2013.

WASHINGTON, Matthews, *The Prayer of a Navajo Shaman,* Legare Street Press, 2022.

WHEELWRIGHT, Mary C., MCALLESTER, David, et illustrations de Jason CHEE, *The Myth and Prayers of the Great Star Chant, and, The Myth of the Coyote Chant,* Museum of Navajo Ceremonial Art, 1956.

ZOLBROD, Paul G., *Diné Bahane': The Navajo Creation Story,* University of New Mexico Press, 1987.

INDEX

A

B

C

D

E

R

S

T

U

V

Y

SOMMAIRE

CHEZ LE MÊME ÉDITEUR

COLLECTION CHAMANISMES
LES CLASSIQUES D'AUJOURD'HUI ET DE DEMAIN

Au-delà du tambour
Lettres à mes esprits alliés
Brigitte Pietrzak
(Préface d'Agnès Stevenin)

La chamane Brigitte Pietrzak interroge ses esprits sur le chamanisme et le sens de la vie : des questions spirituelles et existentielles, intimes et universelles.

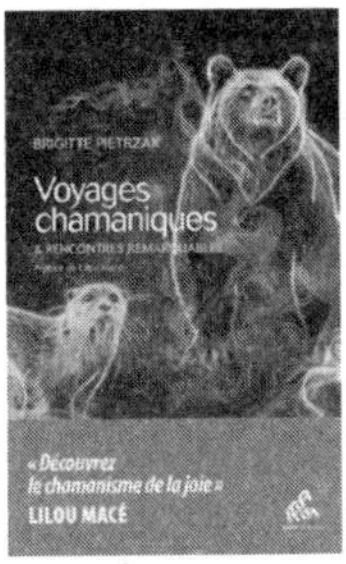

Voyages chamaniques & Rencontres remarquables
Brigitte Pietrzak
(Préface de Lilou Macé)

L'autrice raconte les moments forts de son apprentissage auprès de ses alliés du monde invisible et nous révèle les précieux enseignements reçus.

Ciel blanc, Ciel noir
Une initiation au chamanisme mongol
Brigitte Pietrzak
(Préface d'Audrey Fella)

Une chamane française remonte aux sources du chamanisme mongol. Quand magie rime avec lucidité, et pouvoir avec clarté.

Chamanes célestes
Rencontres avec les grands guérisseurs de Mongolie
Kevin Turner
(Préface de Laurent Huguelit)

Initiations, actes magiques, secrets révélés – les chamanes de Mongolie se livrent à Kevin Turner. Une aventure dont la portée spirituelle changera votre vision du monde. (Prix du meilleur livre chamanique.)

Femmes chamanes

Rencontres initiatiques
Audrey Fella

Une immersion éclairante au cœur du chamanisme féminin et occidental d'aujourd'hui.
Avec Maud Séjournant, Claire Barré, Lorenza Garcia, Myriam Beaugendre, Brigitte Pietrzak et Sandra Ingerman. (Prix ALEF des Libraires Mieux-être et Spiritualité.)

Fusion

Bouddhisme & chamanisme, un cœur à cœur spirituel
Laurent Huguelit
(Illustrations d'Angéline Bichon)

Lâcher-prise, acceptation et bienveillance – telles sont les intentions du voyage dans lequel nous emmène cet ouvrage qui allie théorie, pratique, et poésie. Bienvenue au cœur de la nature profonde...

Mère

L'Enseignement spirituel de la forêt amazonienne
Laurent Huguelit
(Préface de Matthieu Ricard,
illustrations d'Angéline Bichon)

« J'ai des choses à dire à mes enfants... » Invité par la forêt amazonienne à lui prêter sa plume, Laurent Huguelit nous fait découvrir l'enseignement de ce grand esprit que les peuplades indigènes appellent « Madre » – la Mère.

Les Huit Circuits de conscience

Chamanisme cybernétique & pouvoir créateur
Laurent Huguelit
(Préface d'Ervin Laszlo)

Défrichant le futur, Laurent Huguelit nous fait découvrir une cartographie de la psyché qui offre un outil précieux pour un monde en pleine transformation. Un livre audacieux et d'une grande clarté, qui marie chamanisme traditionnel, psychologie et channeling.

Le Chamane & le Psy

Un dialogue entre deux mondes
Laurent Huguelit, Dr Olivier Chambon
(Préface de Michael Harner)

Réalité des esprits, plantes rituelles, substances psychédéliques, vie après la mort, rapports entre chamanismes et psychothérapies sont au cœur de cette conversation éclairante. Un dialogue d'avant-garde.

Caverne et Cosmos

Rencontres chamaniques avec une autre réalité
Michael Harner (Préface de Laurent Huguelit)

Trente ans après son grand classique *La Voie du chamane*, Michael Harner nous livre *Caverne et Cosmos*, un livre déjà culte. Incontournable pour tous ceux qui s'intéressent au chamanisme, mais aussi à la spiritualité, aux expériences de mort imminente, à la conscience ou encore au channeling.

La Voie du chamane

Un manuel de pouvoir & de guérison
Michael Harner
(Préface de Laurent Huguelit)

Un manuel irremplaçable qui permet de comprendre et de pratiquer la transe chamanique sans plantes, avec pour seule aide un tambour. Une référence mondiale, entièrement mise à jour par Laurent Huguelit, auteur des *Huit Circuits de conscience*.

Deux Plantes enseignantes

Le Tabac & l'Ayahuasca
Jeremy Narby, Rafael Chanchari Pizuri

Deux éclairages visionnaires et complémentaires sur les « plantes maîtresses ».

COLLECTION TÉMOIGNAGES
DES PARCOURS AUX FRONTIÈRES DE L'EXTRAORDINAIRE

Vingt ans auprès des Navajos
Hózhó, mon chemin sur la voie de la beauté
Lorenza Garcia
(Préface de Sylvie Crossman,
Postface de Jean-Pierre Barou)

« Marcher dans la beauté », c'est être conscient que tout est relié, au-delà des sens.

Le yoga m'a sauvée
La quête existentielle d'une pilote de ligne
Isabelle Bacquenois

Entre terre et ciel, le récit palpitant d'une aventurière repoussant ses limites.

De l'urgence à la conscience
Quand la médecine rejoint la spiritualité
Dr Sophie Mainguy-Besnier
(Préface du Dr Thierry Janssen)

Pour la Dr Sophie Mainguy-Besnier, vivre sa propre maladie est un parcours initiatique qui va révolutionner sa vision de la médecine et du monde.

La petite fille qui fit mourir la mort
Emma Mira

Un témoignage formidablement inspiré, qui montre que l'on peut dépasser la douleur causée par la perte d'un enfant et accéder à la joie.

La guérison est un chemin vers soi

Caroline Fualdès

Un parcours de guérison novateur, aux portes de l'invisible.

Mon cancer, quelle chance !

Adeline Pasteur

Lorsque Adeline découvre qu'elle a un cancer, son monde s'écroule. Pourtant, avec le recul, une fois sortie de cette « aventure », elle affirme que le cancer est la meilleure chose qui lui soit arrivée.

Une vie en quête de sens

Ervin Laszlo
(Préface de Laurence de La Baume,
Postface de Stanislav Grof)

Dans cet ouvrage, Ervin Laszlo revient sur l'histoire de sa vie et les changements fondamentaux qui l'ont jalonnée, entre musique, recherche universitaire et activisme mondial.

Autobiographie d'une chamane française

Brigitte Pietrzak
(Préface d'Aurélie Godefroy)

Brigitte Pietrzak révèle ici son parcours intime et personnel, des premières étapes de son cheminement spirituel jusqu'à la découverte de ses dons de chamane en Mongolie.

De l'hôpital Sainte-Anne aux rives du Gange

Journal d'une guérison de l'âme

Marie de la Tour

(Préface du Dr Jacques Vigne)

Quel rapport y a-t-il entre l'hôpital Sainte-Anne à Paris et les rives du Gange ? Entre ces lieux emblématiques, s'articule le chemin initiatique de Marie de la Tour.

Un long voyage

Une autobiographie spirituelle

Guido Ferrari

(Préface d'Ervin Laszlo)

Un parcours de vie riche d'explorations et de rencontres avec certains des plus grands maîtres spirituels.

Nourritures célestes

L'éveil d'un pionnier de la restauration

Alain Cojean

(Préface d'Alexandre Mars, Postface d'Henry Vignaud)

Un entrepreneur visionnaire raconte sans tabou son aventure professionnelle hors norme, son ouverture à la spiritualité et sa découverte de la communication avec l'au-delà.

Les Couches de l'oignon

Du traumatisme à la résilience, un chemin spirituel

Célia Rombaut

(Préface d'Agnès Stevenin)

Dans ce témoignage intime et sensible sur les conséquences psychiques des viols qu'elle a subis dans un réseau pédophile, Célia Rombaut, devenue thérapeute, nous emmène sur le chemin de sa reconstruction, couche par couche.

Ma peau d'un autre monde

Voyage initiatique en terres aborigènes

Vanessa Escalante

Une plongée dans les secrets de la plus ancienne culture du monde, au fil d'un témoignage intime et immersif.

La grande dame du cannabis se dévoile

Michka

(Préface de Catherine Deneuve)

Une guerrière pacifique – un récit kaléidoscopique qui, subtilement, fait du bien.

[re]vivre

Mon expérience de mort imminente en Irak

Natalie Sudman

Toute fin est un commencement.
Le récit d'une époustouflante plongée dans l'au-delà.

Dans le silence de l'amour

Agnès Stevenin

Plus qu'un témoignage intime, ce troisième volet autobiographique d'Agnès Stevenin est une transmission qui agit par les mots, mais aussi par l'énergie vibratoire qu'elle diffuse. L'autrice nous accompagne dans la pacification de notre être, grâce à sa familiarité avec une autre réalité.

LES INITIATIQUES
DES HISTOIRES POUR S'OUVRIR AUX MONDES INVISIBLES

Shaman, L'Aventure mongole
Tome 1 - La Quête

Tigran (Préface de Claire Barré)

La Quête est le récit d'un jeune Français parti s'initier au chamanisme en Mongolie.
Une aventure spirituelle et amoureuse parsemée d'épreuves, à cheval entre deux mondes... pour que la flamme soit ravivée et le feu partagé.

Shaman, L'Aventure mongole
Tome 2 - La Vision

Tigran (Préface de Laurent Huguelit)

La Vision est la poursuite d'une transmission qui se déploie au cœur d'un récit mystique et passionné ponctué d'obstacles, à la lisière de l'invisible... pour que la connaissance soit sauvegardée et sa portée révélée.

Shaman, L'Aventure mongole
Tome 3 - L'Appel

Tigran (Préface de Priscilla Telmon)

L'Appel est l'accomplissement d'une quête ésotérique et charnelle au centre d'une passation de savoirs entre plusieurs dimensions... pour que la magie soit déployée et ses pouvoirs maîtrisés.

Shaman, L'Aventure amérindienne Tome 4 - Le Chemin

Tigran (Préface de Lorenza Garcia)

Le Chemin est le récit d'un Français, passionnément amoureux, qui voyage de la Mongolie à l'Arizona. Ce conte initiatique donne vie aux enseignements d'illustres femmes et hommes-médecines. Une transmission de savoirs sur trois générations, ponctuée de révélations... pour que la vision soit reçue et la voie partagée.

Shaman, L'Aventure amérindienne Tome 5 - Les Cieux

Tigran (Préface d'Audrey Fella)

Les Cieux relate l'aventure amoureuse et spirituelle d'un Français qui voyage entre les mondes visibles et invisibles. Ce conte initiatique diffuse les lumières d'illustres femmes et hommes-médecines. Une quête semée d'embûches et une passation de pouvoirs dans la magie d'une nuit noire... pour que l'étincelle soit transmise et le feu ravivé.

Shaman, L'Aventure amérindienne Tome 6 - Le Tigre & le Jaguar

Tigran

Le Tigre & le Jaguar dévoile la quête d'un Français entre les dimensions réelles et surnaturelles. Ce conte, porté par une histoire d'amour inspirante, révèle les pratiques d'illustres guérisseurs d'Asie et d'Amérique. Un éveil mystique sur trois générations de femmes-médecines, parsemé d'épreuves initiatiques... pour que la voix soit entendue et son message incarné.

Sara et le secret de la loi de l'attraction, Tome 1 - L'Éveil

Esther & Jerry Hicks

Suivez les aventures de Sara, petite fille curieuse et audacieuse, et de son ami Solomon, un hibou doué de la parole : elles vous mèneront sur le chemin du bonheur.

Sara et le secret de la loi de l'attraction, Tome 2 - La Pratique

Esther & Jerry Hicks

Solomon, le hibou qui parle, est toujours au rendez-vous ; et Sara et son nouvel ami Seth, deux enfants intrépides qui grimpent aux arbres et explorent des grottes, vont vivre des expériences parfois déroutantes mais toujours éclairantes.

Sara et le secret de la loi de l'attraction, Tome 3 - La Maîtrise

Esther & Jerry Hicks

Dans ce troisième et dernier tome, Sara va se doter de perceptions nouvelles, découvrir l'invulnérabilité, surpasser ses peurs et, par-dessus tout, apprivoiser le bonheur et le partager avec ses semblables.

Première édition originale, premier tirage

Photographies © Lorenza Garcia (sauf mention contraire)
Photographie de couverture © georgeburba (Adobe Stock)
Portrait de l'autrice © François-Xavier Simon
Conception graphique : Philippe Fourquet

Achevé d'imprimer en décembre 2023
sur les presses de Laballery à Clamecy (France)
pour le compte de Mama Éditions.

Ce livre est issu de forêts gérées durablement
et de sources contrôlées.

ISBN 978-2-84594-510-4
Dépôt légal janvier 2024
N° d'imprimeur 311472

L'imprimerie Laballery est titulaire des labels :

IMPRIM'VERT®

FSC
www.fsc.org
FSC® A000526